高校学术文库
体育研究论著丛刊

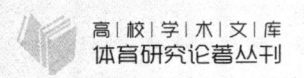

休闲体育文化多元解析与运动方法指导

赵金林 著

中国书籍出版社
China Book Press

图书在版编目(CIP)数据

休闲体育文化多元解析与运动方法指导/赵金林著.—
北京:中国书籍出版社,2018.3
ISBN 978-7-5068-6803-7

Ⅰ.①休… Ⅱ.①赵… Ⅲ.①体育文化—研究—中国
Ⅳ.①G812

中国版本图书馆 CIP 数据核字(2018)第 059093 号

休闲体育文化多元解析与运动方法指导
赵金林 著

丛书策划	谭　鹏　武　斌
责任编辑	牛　超
责任印制	孙马飞　马　芝
封面设计	崔　蕾
出版发行	中国书籍出版社
地　　址	北京市丰台区三路居路 97 号(邮编:100073)
电　　话	(010)52257143(总编室)　(010)52257140(发行部)
电子邮箱	chinabp@vip.sina.com
经　　销	全国新华书店
印　　刷	三河市铭浩彩色印装有限公司
开　　本	710 毫米×1000 毫米　1/16
印　　张	18.25
字　　数	350 千字
版　　次	2018 年 5 月第 1 版　2018 年 5 月第 1 次印刷
书　　号	ISBN 978-7-5068-6803-7
定　　价	72.00 元

版权所有　翻印必究

前　言

随着现代社会的不断进步,经济水平的不断提高,人们的生活水平有了进一步的提升,人们对健康的追求越来越显著。与此同时,先进科学技术的飞速发展,使得工作效率越来越高,人们的闲暇时间就比较富裕,这时候,就需要有能够满足人们在闲暇时间增进健康的合适方式,休闲体育就是最佳的选择。人们可以通过休闲体育运动有效促进身体健康,还可以放松身心,寓教于乐。可以说,休闲体育是当前,也是将来会一直持续下去的重要运动形式,并且会得到进一步的发展。

当前,休闲体育已经得到了较好的发展,并且形成了一种文化形态。休闲体育文化也已经成为当前相关专家学者的重要研究课题。为了使人们了解更多的休闲体育运动项目,掌握各种各样的休闲体育运动方法,笔者特意撰写了《休闲体育文化多元解析与运动方法指导》一书。本书在撰写过程中力求做到以下几点。

(1)将理论与实践有机结合起来。本书主要分为两个方面,一个是对休闲体育文化的多元化分析,一个是休闲体育运动方法方面的科学指导。力求做到理论与实践的有机结合,能够为读者提供更加全面、科学的指导。

(2)系统结构清晰,涉及的项目较为全面,且特色鲜明。

(3)用发展的眼光来对休闲体育文化加以分析。

本书在撰写过程中,参考并借鉴了部分专家学者的研究成果和观点,在此表示最诚挚的感谢！另外,由于时间和精力有限,书中不足之处,敬请广大读者批评指正！

作者

2017 年 12 月

目 录

第一章 休闲体育概述 ... 1
- 第一节 休闲体育的产生与发展 ... 1
- 第二节 休闲体育的概念与分类 ... 14
- 第三节 休闲体育的基本特征 ... 17
- 第四节 现代社会与休闲体育 ... 22
- 第五节 终身体育与休闲体育 ... 26

第二章 休闲体育文化内涵解析 ... 29
- 第一节 休闲论 ... 29
- 第二节 娱乐论 ... 35
- 第三节 游戏论 ... 40
- 第四节 健康论 ... 46
- 第五节 教育论 ... 51

第三章 休闲体育文化价值解析 ... 58
- 第一节 休闲体育文化价值概述 ... 58
- 第二节 中西方休闲体育文化的差异性与融合发展 ... 62
- 第三节 我国休闲体育文化价值的实现 ... 72

第四章 休闲体育文化的课程体系建设解析 ... 86
- 第一节 休闲体育课程的理论基础 ... 86
- 第二节 休闲体育课程的内涵 ... 95
- 第三节 休闲体育课程的目标与内容 ... 99
- 第四节 休闲体育课程的实施与评价 ... 106

第五章 休闲体育文化的产业化发展解析 ... 116
- 第一节 休闲体育产业的基本特征 ... 116
- 第二节 休闲体育产业的发展现状与存在问题 ... 120

第三节 休闲体育产业发展的对策研究 ………………………… 126
第四节 休闲体育产业的经营与管理 …………………………… 131

第六章 不同类型休闲体育文化产业的发展解析 ……………………… 143

第一节 体育健身休闲产业的发展 ……………………………… 143
第二节 体育赛事产业的发展 …………………………………… 153
第三节 体育旅游产业的发展 …………………………………… 163

第七章 具有娱乐健身特色的休闲运动方法指导 ……………………… 172

第一节 球类休闲运动 …………………………………………… 172
第二节 时尚类休闲运动 ………………………………………… 183
第三节 形体类休闲运动 ………………………………………… 192

第八章 具有民族传统特色的休闲运动方法指导 ……………………… 203

第一节 木　球 …………………………………………………… 203
第二节 门　球 …………………………………………………… 208
第三节 毽　球 …………………………………………………… 211
第四节 空　竹 …………………………………………………… 216
第五节 秋　千 …………………………………………………… 220
第六节 龙　舟 …………………………………………………… 225

第九章 具有极限挑战特色的户外休闲运动方法指导 ………………… 232

第一节 蹦极与攀岩 ……………………………………………… 232
第二节 冰雪运动 ………………………………………………… 238
第三节 水上运动 ………………………………………………… 256

第十章 现代社会不同群体的休闲体育运动指导 ……………………… 262

第一节 不同性别群体的休闲体育运动 ………………………… 262
第二节 不同年龄群体的休闲体育运动 ………………………… 268
第三节 残障人群的休闲体育运动 ……………………………… 275

参考文献 …………………………………………………………………… 283

第一章 休闲体育概述

第一节 休闲体育的产生与发展

一、西方传统休闲体育的发展

古希腊时期,伟大哲学家亚里士多德、伊壁鸠鲁等就开始论述并分析休闲以及休闲方式,其中,较为具有代表性的有,亚里士多德在其《尼各马可伦理学》第十二卷中将幸福存在于余暇之中的观点明确提了出来,他认为休闲的目的就是身心的放松,在休闲方式下可以使人进入另一境界。古希腊公民就是通过游戏、体育、音乐、绘画等方式来度过余暇时光。当时的雅典人上午忙于工作,下午就会到"帕里俄斯特拉"和"基姆纳西翁"等专门的休闲娱乐场所去尽情享受聊天、娱乐、运动等休闲之乐。

欧洲中世纪,休闲体育处于渐进式的发展。文艺复兴后欧洲才又再次恢复人文传统,休闲体育得到复兴。近代工业革命后诞生了新的体育项目,同时也带动了休闲体育和休闲产业的发展。由此可以看出,西方休闲体育的发展呈现出两头高中间低的马鞍形曲线。

(一)古希腊时期的休闲体育

希腊是欧洲古老文明的发源地,体育与休闲文化就是这些灿烂的文化中的重要组成部分。希腊三面环海,希腊人为了生存只能征服海洋,加之为抵御各种入侵以及祭神活动的需要,铸就了希腊人崇尚户外运动与冒险的性格,也造就了影响久远的古希腊体育运动。公元前 2000 年,早期希腊文明出现于克里特岛,克里特人在古代东方文化的影响下创造了自己的娱乐文化,其中包括舞蹈、斗牛、摔跤等活动。公元前 15 世纪至公元前 12 世纪,希腊进入迈锡尼文明,在民族节日里出现了若干祭礼活动上的竞技表演。公元前 11 世纪到公元前 9 世纪,这段时间被称为"荷马时代",体育运动已成为希腊人生活的一部分。当时,希腊人进行祭礼活动主要以竞技运动形式出现,如战车赛、站立式摔跤、拳击、赛跑、标枪、铁饼、混斗、射箭等比赛。公元前8世纪至公元前6世纪,希腊逐步形成了许多城邦制的奴隶社会,由于城邦经济文化的繁荣带来了古希腊奥林匹克盛会。历史记载的第一届古代奥运会于公元前776年举办。自此以后,古希腊人每四年举行一次奥林匹克运动会,一直延续到罗马帝国统治的394年。古希腊人在古代奥林匹克运动会上以力量、速度、柔韧、灵敏等来充分展现人体的力和美。最初竞技比赛在草地上进行,观众站在山坡上观赏场地跑、长跑、五项全能、拳击、战车赛、角斗、武装跑等项目。后来古希腊人构筑了公共余暇空间——体育馆,这样,能够让更多的人参与观赏公共体育活动,由此,古希腊人从事休闲体育也有了特定的场所。

古希腊的教育制度在很大程度上影响着人的身心全面发展,其中,最为具有代表性的当属雅典城邦的教育制度,其培养目标强调人的身心协调发展。它的教育制度对德育、智育、体育和美育即人的全面发展是非常重视的。在健身方面,注重身体的匀称、协调、强壮和健美,当时的雅典,把身体虚弱认为是缺乏教养的表现。在雅典,国家几乎不控制教育,男童7岁前在家接受家教,主要是以学习游戏为主,男童7岁后进入文法和音乐学校学习读书、写字、唱歌和体育,其中体育课是在教师的指导下进行轻松的活动,如跑、跳、爬绳、跳舞、游泳、球类等。13岁后升入体操学校。学习表演性歌舞、游戏和五项运动(即角力、赛跑、跳远、掷铁饼、投标枪)等课程。贵族子弟还可以进入古典学校,深入学习体育竞技运动与文化。18~20岁的青年要到士官团接受军事训练,服从国家需要到军队服兵役,如果没有战争,两年后就职于社会各行业。他们会坚持锻炼自己的身体,放弃体育锻炼的人会被认为缺乏教养。

古希腊哲学家们也都纷纷提出了自己在休闲与体育方面的观点和见解,其中,柏拉图主张休闲方式可以用体操来锻炼身体,用音乐以陶冶心灵。亚里士多德提倡按实际年龄接受教育,其主要观点为:体育、德育、智育和美育是相互关联的。他提出智力的健全依赖于身体的健全,因此体育应该在智育之前就进行。他还提出了学前儿童应逐步锻炼身体的主张。初等教育时期,儿童要学习体操、读书、写字、文法、计算、图画和歌唱。在古希腊,体育与教育结合,使公民在接受智力教育的同时也接受体育教育,由此可以看出,休闲体育为古希腊人的休闲方式之一。

古希腊人普遍存在的观点为:休闲比工作更重要,他们认为每一天都应该尽可能快乐地度过而不应受任何消极因素的影响。古希腊人时时刻刻都离不开游戏,正如法国哲学家丹纳所说:"不错,他们以人生为游戏,以人生一切严肃的事为游戏,以宗教与神明为游戏,以政治与国家为游戏,以哲学与真理为游戏。"希腊人的体育其实就是肢体的游戏,也是灵魂的游戏,休闲体育成为古希腊人生活的游戏。

(二)古罗马时期的休闲体育

为了军事扩张的需要,古罗马帝国在建立之初,其体育就具有浓厚的军事化特色。罗马的教育主要以道德教育和军事教育为主,将培养出既服从命令又能打仗的农民军人作为主要目标。古罗马帝国后期,由于古罗马帝国的强盛,再加之大部分的劳作由佃农和奴隶完成,使有闲阶层拥有大量可自由支配的时间。奴隶主开始追求奢靡而畸形的休闲活动,如观赏血腥的角斗竞技和享受大浴场成为奴隶主和公民的休闲爱好。因此,古罗马人对休闲的功利性是非常重视的。

古罗马的休闲主要从消费型休闲上得到体现,在公共空间大量兴建公共休闲设施,因此,古罗马的大浴池、室外剧场、运动竞技场、公园等公共休闲设施较多。就拿洗浴来说,休闲大浴池在当时风靡整个罗马城,罗马公民都喜欢洗浴。一位古罗马人曾说:"浴池、醇酒和美人腐化了我们的躯体,但这些又何尝不是生命的一部分呢?"这句话表明了洗浴在罗马人生活中的重要性。古罗马人以洗浴进行休闲娱乐的习惯始于公元前2世纪,公元前33年,罗马实行公共浴场免费制度,更多的人加入其中。浴场成了人人趋之若鹜的休息、娱乐及聚会叙旧的场所,即使有钱有能力自建私人浴室的富人也经常到公共浴场去。当时罗马的浴场数量很多,规模宏伟,装修奢华。当时罗马人洗浴的程序也十分讲究,无论贫贱,入浴场后都先换上轻便的运动服,做热身运动,然后依次进到温水浴室、蒸房、高温浴室以及干燥室等,最后再换上干净的衣服才算完成了一次洗浴。不过洗浴之后很少有人会马上离开浴场,因为真正的娱乐还在后面。大多数浴场除了有游戏室、热气室和浴池外,还有棋牌室、绘画雕塑艺术长廊、图书馆、阅览室、供音乐家演奏和诗人朗诵的大厅以及供哲学家、思想家们高谈阔论的演讲室,甚至还有职业运动员的训练室。在洗浴之后人们可以自由地进入到这些地方去消磨时光。

随着古罗马帝国的兴盛,古罗马贵族喜欢的休闲娱乐方式是观赏角斗竞技比赛,实际上,这是一种非常残酷、血腥的活动。贵族们热衷于这样一种极端的消遣方式的主要原因在于,角斗的刺激以及人们对英雄的折服。在角斗竞技比赛开始前,伴随着愉悦的演奏声,喧腾热闹的气氛早就形成了。当身穿紫色斗篷的角斗士们昂首步入角斗场时,在场的数万观众发出雷鸣般的欢呼声;当战车竞技结束后,"受喜爱的驭者的肖像被画在墙上、器皿上,妇女们也对他们着迷"。正因为如此,观看竞技表演成为最受罗马人欢迎的娱乐活动,而胜利的角斗士则成为人们心目中的明星。

在古罗马,公民们沉迷于血腥体育竞技表演所带来的巨大刺激与娱乐性。"在罗马城中残存的一块石壁上,拼嵌着这样一句话:打猎、进浴场、看角斗、寻欢作乐——这就是人生。"这就非常直观和形象地将古罗马人休闲行乐充分体现了出来。

(三)中世纪时期的休闲体育

中世纪,基督教禁欲主义在很大程度上影响着休闲体育,最终阻碍了休闲体育的发展。在民间,人们只有在农闲和宗教节日休闲,如在圣诞节、受洗节跳舞,这样也就带给普通大众在劳动之余的短暂休闲。

在中世纪后期,随着工商业的发展以及教会限制令的松动,宗教和世俗生活内容逐渐走向融合。普通大众的休闲娱乐与宗教结合起来,民间休闲体育也有了发展,譬如宗教节日的庆典体育表演,在民间,赛跑、跳远、投石、投棒、摔跤、舞蹈和各种球戏活动的出现受到人们的广泛欢迎和喜爱。群众性足球在9世纪的英国和13世纪的法国相继出现,群众性足球运动的产生与多神教驱除妖魔的习俗有关。

从1161年起,伦敦城外市场上定期举行有农民参加的马术比赛。神职人员也开始参与休闲运动,他们喜爱玩地掷球休闲运动,此运动被赋予宗教意义,神职人员把球击目标比喻为魔鬼,如果击球者击倒"魔鬼",那么意味着他的罪过可以被洗清。另外,一些著名的教士也参加休闲体育运动,如加尔文就非常喜欢散步、投铁圈和地掷球等。

11世纪,休闲运动还受到骑士教育的影响。当时贵族要成为骑士就要接受骑士教育,包括宗教道德教育、知识文化教育和身体训练。骑士的培养一般分为侍童阶段(7~14岁)和扈从阶段(15~21岁),每一个阶段中体育训练都占了相当大的比重。在侍童阶段,这些孩子跟从女主人,教学主要针对战争的需要进行身体训练,主要训练赛跑、角力、拳斗、射箭、抛掷重物、使用木棒等体育项目。他们在扈从阶段则跟随男主人,主要学习"骑士七技"即骑马、游泳、行猎、投枪、击剑、下棋和吟诗。少年准骑士还要用大量的时间练习徒步、骑马冲刺、长距离跑等实用军事体育技术。到了21岁方可参与骑士资格考核,合格后授予骑士称号。虽然骑士体育训练目的不是休闲娱乐,但是很多体能训练内容本身就属于体育,骑士体育在贵族们对休闲体育的选择和传播方面产生了较大的影响。

(四)近代时期的休闲体育

近代休闲体育是在文艺复兴和宗教改革的思想基础上发展起来的,文艺复兴运动对人体和人性的自然美进行了肯定,较为典型的如米开朗基罗的大卫雕像将人体均衡、黄金分割比例之美充分展现了出来。意大利体育教育家维多里诺(1378—1446)建立了身体教育、道德教育和智力全面发展的"快乐之家"学校。维多里诺倡导学习读书应该与运动结合起来,他亲自带领学生从事骑马、跑、跳、击剑、游泳、射箭、角力、跳舞和球类活动。夏天,他还带领学生跋山涉水、栉风沐雨,到野外做短期旅行。捷克教育家夸美纽斯(1592—1670)首创学校体育课班级授课制,主张人人平等参与体育运动。他认为婴幼儿时期游戏与智力同步发展,强调肉体应该与精神合一,被称为"学校体育之父"。英国哲学家洛克(1632—1704)提出培养绅士应该进行德智体全方位的教育,体育有利身心健康发展。洛克主张采用骑马、拳击、击剑、板球、划船、舞蹈等体育手段培养绅士的健康与勇敢的特质,强调绅士体育的资产阶级贵族特性,如在英国出现了绅士体育俱乐部,这些俱乐部以业余运动为主。

随着英国产业革命的兴起,产业工人的余暇时间与经济收入逐渐增多,再加上英国狭小的海岛环境和高强度的机器化大生产,英国人要度过个人的余暇娱乐时间必然选择休闲活动,19世纪,英国掀起了户外运动,大量的业余和职业体育俱乐部应运而生,如19世纪80年代的职业足球俱乐部等。英国工业革命结束后,出现了新兴的资产阶级和中产阶级,他们的生活方式发生了巨大的改变,他们的休闲活动方式也出现了变化。帆船、棒球、网球、高尔夫球、板球、游泳、橄榄球以及自行车和远足等运动是他们进行休闲体育活动较为理想的选择。

19世纪末,英国流行的户外运动是体育与娱乐的结合,以运动的业余性为主,这也使休闲体育运动走向了大众,近代休闲体育运动从此作为一种时髦的健身和社交活动开始在欧洲乃至全世界推行。

二、中国传统休闲体育的发展

中国传统休闲体育的产生与发展历程可以大致分为以下几个时期。

(一)先秦两汉时期的休闲体育

在远古时期,中国休闲体育处于萌芽状态,当时的休闲体育与社会生产方式之间有着非常密切的关系。夏、商、周、春秋时期,拥有空余时间又掌控社会经济命脉的奴隶主阶层开始出现,奴隶主阶层不再为生存而日夜操劳,他们在空闲之余寻求休闲娱乐。特别是春秋战国时期(公元前770年至公元前221年),铁器在农业生产中被广泛应用,这就在一定程度上对生产力的发展起到积极的促进作用,使得战国时期的手工业、商业更加发展,新兴城市出现,人口增加,中国社会形态由奴隶制向封建制过渡,政治、经济、军事、文化等方面都出现了深刻的变革,形成了百家争鸣的繁荣气象。虽然当时中国并没有"休闲体育"的概念,但是却出现了以放松、娱乐为目的的一些休闲活动,也有丰富多彩的"养生""休养"的休闲保健活动。

先秦到汉代是中国古代体育活动逐步形成和定型的重要时期。以各种体育活动的主要功用和开展的场所不同为主要依据,可以把这些体育活动大体分为四大类,即养生保健方法、军事性的技能和体能练习方法、娱乐性体育活动、宫廷体育活动。在这四类体育活动中,除了军事性技能和体能练习方法外,其余三类均主要以休闲、娱乐、保健、养生等为目的,属于休闲体育的范畴。

具体来说,先秦两汉时期主要流行的休闲体育活动有以下几种。

1. 五禽戏

从春秋战国时期到两汉,中国的医学和哲学有机结合起来,同时,还引入了阴阳五行等哲学概念,由此,独特的中医理论得以形成,《黄帝内经》就是其中重要的医学著作之一。而导引行气术就是在这样的中医理论指导下发展起来的,并且出现了两大养生派别:一个是以动为主的养生思想,直接以肢体活动为主体,配合呼吸运动和自我按摩的导引术;一个是以静为主,主要是通过控制意念和呼吸运动养生治病的行气术,也就是人们所说的"静气功"。当时人们养生的方法主要有"顺生""节欲""去害""运动"。养生的方式多主张静以养心,动以养形,动静相宜。"流水不腐,户枢不蠹,动也。"《庄子·刻意》篇说:"吹呴呼吸,吐故纳新。"经常地呼吸新鲜空气,把病气和对自己身体不利的因素排出去。

先秦到汉代也是中国古代休闲养生体育活动逐步形成和定型的重要时期。古人从"气"的认识出发,与动作有机结合起来,导引术便由此而形成了。华佗是汉末的一位医学家,他对运动对于健康的重要性是非常重视的。华佗受熊经、鸟伸、凫浴、虫跃、鸱视、虎顾等动作的启发,与自己实践有机结合起来,模仿猛虎猛扑呼啸,模仿小鹿愉快飞奔,模仿猿猴左右跳跃,模仿黑熊慢步行走,模仿鸟儿展翅飞翔,由此,五禽戏便被创立出来。通过这一系列的动作,能清利头目,增强心肺功能,强壮腰肾,滑利关节,增强身体的平衡性。关于五禽戏,在《三国志·华佗传》中有这样的记载:"人体欲得劳动,但不当使极尔。动摇则谷气得消,血脉流通,病不得生,譬犹户枢不朽是也。是以古之仙者为导引之事,熊颈鸱顾,引挽腰体,动诸关节,以求难老。"这段话的意思是说:人要运动,但不能过度,运动能促进人血液循环和呼吸系统的循环。华佗的养生思想丰富和发展了导引养生的方法。五禽戏的出现是中国古代导引行气术发展过程中的一件大事。所谓"导引",即"导气令和,引体令柔",也就是通过一定呼吸方式的行气以及配合肢体的动作,使身体的各个部分达到和谐和柔软。即今天人们所说的气功。

2. 蹴鞠

据传,早在黄帝时代就有了蹴鞠这种球类运动。由《辞海》可知,蹴鞠最早称为踢鞠,战国时期,蹴鞠又叫"踢鞠"。有确切史料记载的蹴鞠运动产生于战国时期,《战国策》及《史记》中均有相关记述。

史料记载,蹴鞠在战国时期在民间就已经相当普及了,《战国策·齐策》记载当时齐国首都临淄的繁荣景象时说:"临淄甚富而实,其民无不吹竽鼓瑟、击筑、斗鸡、走犬、六博、踢鞠者。"由此可以看出,当时临淄的居民生活富裕欢乐,经常斗鸡、走狗、蹴鞠。

两汉时期,蹴鞠运动发展速度较快,从百姓到帝王都喜爱蹴鞠运动。西汉学者桓宽在《盐铁论·国疾》中提到:"里有俗,党有场,康庄驰逐,穷巷踢鞠。""康庄驰逐,穷巷踢鞠",指的就是一般平民百姓的蹴鞠活动。当时,一些权贵专门收养蹴鞠高手,以供表演娱乐。最具有代表性的是汉高祖刘邦就是蹴鞠爱好者,他曾在宫中修建蹴鞠场。西汉时期,上至达官显贵下至平民百姓,都已经把蹴鞠当作一项不可或缺的休闲娱乐运动项目。

两汉三国时期,可以将蹴鞠分为两种形式,一种是表演性蹴鞠,一种是竞赛性蹴鞠,其中,表演性蹴鞠的娱乐功能更加显著。

3. 射箭与投壶

射箭的起源与发展和人类生存的关系也是非常密切的,西周时期,射礼活动就已经开始出现,具体来说,射礼不仅对掌握射箭技能有一定的要求,还强调了礼仪和道德观念的培养。

投壶起源于射礼,由于射礼的烦琐和对场地的要求,在诸侯相会或贵宾宴饮中以投壶代替射箭。正如《礼记·投壶》记载:"投壶,射礼之细也,燕而射,乐宾也。庭除之间,或不能弧矢之张也,故易之以投壶。"这一记载表明投壶是由射礼演变而来的。

最早的投壶方法是以短矢向宴会用的盛酒壶中投去,后来逐渐发展成一种游戏,并有特制的矢和壶具。先秦时期已有投壶活动,战国时期的投壶是贵族、士大夫们宴饮时的助兴项目,对礼节尤其讲究,主客需按尊卑长幼的顺序围壶而坐,依次将棘矢投向壶中,投中为胜,负者罚酒。同时有"司射"在一旁监督。为了防止所投的矢跃出壶外,壶内装有小豆。

到了两汉时期，人们更加注重投壶的游戏性，不再拘束于古礼，由此，一种新的玩法称作"骁"开始出现。这种玩法用竹箭将原先的棘矢替代掉，壶内不再装小豆，投进壶中的竹箭反弹回来，投壶者接住箭再投入壶中，如此反复，乐趣无穷。

4. 杂技百戏

杂技百戏是从先秦时期的角力中逐渐发源而来的，其发展将流散于民间的杂技、舞蹈和游戏融合在一起，杂技百戏通过特定的表演形式展现出来。演出的节目形式多样、内容丰富，规模大小不一，深受百姓喜爱。杂技中的寻橦、冲狭、燕濯、履所、叠案、弄丸、飞剑、马术、斗兽等，都与体育活动有一定关系。汉代百戏节目与体育经常交叉结合、混杂，以不断地创造出新节目，如倒立与叠案、戏车、走索、都卢、寻橦等节目，例如戏车与都卢、寻橦的结合，耍壶与舞剑、跳丸的结合等，无不显示出新的创意，使汉代的杂技节目更加丰富多彩，引人入胜。

角抵是汉代杂技表演艺术的重要项目，在当时非常流行，可分为三种形式，一种是人与兽斗，一种是兽与兽斗，还有一种是人与人相搏。公元前108年，汉武帝刘彻为了向外国使臣夸耀而举行了大型的角抵表演，长安附近"三百里内皆来观"。东汉以后，角抵与杂技合称百戏。

(二)魏晋南北朝时期的休闲体育

经历了从汉末到隋初这一社会秩序大解体时期，在动荡不安的社会环境下，长期以来的战乱纷争使人们的生活水深火热、朝不保夕，各个阶层的"忧生之嗟"的念头都普遍产生，既然死亡和灾难如此频繁，无法预期明天的生活，不如活在当下，及时行乐。士人们在老庄"无为"思想影响之下兴起玄学隐逸之风。归隐之后由于摆脱了朝堂的束缚，文人得以寄情山水、饮酒品茗、吟诗作赋而放松身心。这些饱学高才之士的种种休闲行为对魏晋南北朝时期中国传统休闲体育的发展起到积极的促进作用，这些传统的休闲体育活动在群众之间得到了广泛的开展。休闲活动的参与者由贵族上层下移到了平民阶层，使得这一时期的休闲体育活动得以普及，休闲体育方式呈现多样化，其内容丰富多彩。魏晋南北朝时期所盛行的休闲体育活动主要是围棋。

在春秋战国时期，围棋就已广为流传了。秦汉时期，由于受到焚书坑儒的影响，围棋发展一度处于停滞状态。魏晋时期，中国的围棋迎来了历史上第一个大发展时期。魏晋和南北朝围棋的兴盛，与当时的社会推尚玄学之风有关，围棋不仅在文人士人中流行，还引起了帝王们的兴趣，故而对社会各阶层都产生了重要的影响,这对围棋的兴盛起到了推动作用。

考古发现东汉时期就有了围棋盘,其形态呈方形,上面有十七道,下面有四个足。北周之《棋经》记载"三百六十一道,仿周天之度数",表明晋代时候的围棋已经出现了与现在围棋一致的十九道的棋盘了。当时围棋盘由十七线变革为十九线,这是围棋形式完善的标志,同时还出现了一系列的围棋棋谱。

南朝时期的梁武帝为推进围棋的发展而设立了"棋品制"。这种"棋品制"就是把棋士围棋水平的高低设定为"九品",授予棋艺相当的棋士为品格,围棋有了标志水平的等级制。在魏晋南北朝时期围棋"九品"制的推广促进了围棋的兴盛与发展,这一时期围棋已经成为人们生活中非常重要的一种休闲方式。围棋"九品"制后来传到日本,现在围棋的"九段"制就是由此而逐渐发展来的。

(三)唐宋时期的休闲体育

中国封建社会发展的高峰时期就是唐朝时期,这一时期国泰民安、商业繁荣、交通发达,经济的繁荣也对休闲体育和民俗体育的空前兴盛产生了积极的推动作用。同时,隋唐武举与文举制度的推行使西晋以来统治阶层的奢侈糜烂之风发生了一定的扭转,也使得统治阶层参与休闲体育活动成为可能。在民间社会,由于商业与农林业的高度发达,社会各阶层拥有了更多的自由时间和经济保障。民间休闲体育活动的开展力度得以提升,从而推动了民间各种体育休闲活动的兴盛。唐朝时期,社会各阶层对休闲体育活动的参与热情度高,其休闲体育项目的数量和参与阶层的范围都是其他朝代难以超越的。

宋朝农业生产发展迅猛,农业产量大幅度提高。在此背景下,手工业和商业得到快速发展,从而促进了城市规模的扩大。伴随而来的是城市人口的增加,所以宋代出现了许多繁华的大都市,城市相应出现了各种休闲体育活动、体育组织和体育表演,这些体育组织和体育表演的出现促进了休闲体育项目的创新和形式的多样性。这些形式多样的休闲体育活动使宋代百姓的休闲娱乐生活得到了进一步的丰富和充实,其中,在唐宋时期较为盛行的休闲体育活动主要有如下几种。

1. 蹴鞠

唐朝时期,蹴鞠的娱乐功得到了进一步的突出,其材质有了进一步的变化改进,充气的球被发明出来。唐人徐坚在《初学记》中记载:"蹴鞠之球,古用毛纠结为之。今用皮,以胞为裹,嘘气,闭而蹴之。"唐朝对蹴鞠的改进主要表现在将原来的实心球改进成了空心球,坚韧且有弹性,踢法更加多样化,也更具娱乐性和竞技性;唐代蹴鞠改汉代的"鞠室"为"球门",开展这项运动主要为朝廷群臣集体宴乐助兴和外交礼仪表演,由此可以看出,唐朝时期的蹴鞠运动具有较强的休闲娱乐功能。

这一时期,蹴鞠运动的场地有了球门,其球门竖在场地中间,在竹竿上扎上网以后留一个门洞。场地的设计避免了双方队员身体直接对抗,在此种形式下踢球就更注重技巧与娱乐性。比赛输赢的裁定以双方队员在规定的时间踢进球门洞里的球多少来决定胜负,进球多者为胜。

唐代,参与蹴鞠活动的不仅仅是男子,女子也可以参与其中,女子蹴鞠以运动量较小的"自打"为主要方式。这种蹴鞠方式,踢时不受场地限制,表演者在音乐的伴奏下踢出不同的花样。

到了宋代,鞠的制造工艺又有了进一步的提高。据《蹴鞠谱》记载,宋时出现了四十一种鞠。在汴京城,已经有了相当多的"蹴球茶坊"和"角球店"。宋代的皇帝和官员普遍喜爱蹴鞠,宋代礼仪规定,朝廷举行大的喜庆宴会时都要有蹴鞠表演,宫廷中还专门建有蹴鞠队。除了宫廷蹴鞠外,民间蹴鞠也进一步普及。北宋时,开封的百戏活动中就有表演蹴鞠的艺人;南宋时期,民间还出现了齐云社或圆社等民间足球组织,齐云社社团经常组织蹴鞠表演。

2. 马球

"马球"也被称为"击球""打球""击鞠",是从波斯传入的,可以说,这是马术与球术相结合的一项运动,与蹴鞠相比,马球更加惊险激烈,极受欢迎。马球在唐代发展成为第一球类运动,唐代历任皇帝和贵族阶层与马球都结下了不解之缘,历代皇帝大多喜好马球运动。譬如,唐高宗李治酷爱观赏马球表演,经常将吐蕃马球队请入皇宫之中,欣赏精彩而又激烈的马球娱乐表演。唐中宗李显也不例外,曾亲自到梨园亭马球场观看汉藏马球队之间的激烈比赛。唐敬宗酷爱打马球,他不但自己喜欢打马球,还要求禁军将士、三宫内人都要陪同参加。唐宝历二年(826)六月,唐敬宗在宫中曾举行过一次体育盛会,设立了马球、摔跤、搏击、散打、杂戏等多种项目,参加者人数众多,豪情踊跃。唐僖宗李儇对个人的马球技艺颇为得意,据《资治通鉴》记载,他曾自诩"若应击球进士学,须为状元"。唐玄宗也喜欢打马球,并且认为马球是"用兵之技""义不可舍",极力在军中提倡开展此项体育运动。唐代马球运动在社会上是非常普及和流行的。

到了宋代,刚开始军中规定定期举行马球运动,皇室权贵们的参加使得礼仪变得烦琐复杂,竞争性大不如前。随着这项运动在普通市民中推广开来,马球才逐渐开始普及,最终进入普通民众的业余生活。

3. 相扑

唐宋时期摔跤运动被称为"相扑",其在秦汉时期被称为"角抵"。相扑运动往往被唐代大多数君王所喜爱,究其原因,主要是由于其具有较强的娱乐性。相扑运动在唐代作为一项休闲活动不仅盛行于宫廷、富室及文官武将中,而且在民间也十分流行观看相扑比赛。在宫中,相扑经常作为散乐百戏的压轴戏。如唐玄宗曾于元和十三年(818)二月乙亥,御麟德殿大宴群臣及公主、郡主等,"观击鞠、角抵之戏,大和乐"。到了宋代此运动更为普及,北宋民间,有一种以相扑表演为主的组织叫"相扑社"。在宋代都市中,出现了"瓦舍"和"勾栏"之类的娱乐表演场所,大型的瓦舍可容数千人,"瓦市相扑者,乃路岐人聚集一等伴侣,以图手之资。先以女颭数对打套子,令人观睹,然后以膂力者争交"。可见,当时瓦舍是一个综合性的休闲体育娱乐场所,是市民休闲娱乐生活的中心。宋代宫廷相扑表演更为规范,吴自牧的《梦粱录》载,宋代宫廷御用之相扑手,乃御前卫队左右军士,名为"内等子"。宫廷相扑手被分为上、中、下三等,这些队员平时除了作为宫廷护卫外,还要在各种专门场所进行表演。

4. 踏青及其他休闲体育活动

踏青习俗早在先秦时期就已形成,唐宋时期踏青活动最为盛行。唐代踏青时间一般是从农历正月十五到清明节,历时两月之久,从帝王至普通百姓都热衷于踏青活动。《旧唐书》中就有相关的记载,具体为,唐代宗于农历二月初二前往郊外踏青:"大历二年二月壬午,幸昆明池踏青。"唐朝诗人白居易在《春游》一诗中说:"逢春不游乐,但恐是痴人。"一元复始,万象更新,这时到野外郊游踏青,是极富情趣和养生意义的雅事。杜甫也说:"江边踏青罢,回首见旌旗。"由此可以看出,唐时踏青出现万人空巷之景况。由于中国受儒家等级礼教思想的影响,中国女性出行备受限制,女性平时都居深闺大院难以外出。唐代春天踏青之时就是中国女性外出户外活动的最好时机,《开元天宝遗事》记载:"长安仕女,游春野步,遇名花则设席藉草,以红裙递相插挂,以为宴幄。"到了宋代,踏青已经全面融入清明节日习俗中,当时清明节追思先人的活动已经逐渐演化为赏景休闲娱乐的节日了。唐代称春季郊游为"踏履",宋代人多称"踏青",并设有"踏青节"。在宋代,郊游也曾出现过一波小高潮,但出游的节日选择在悄然改变,春天人们更喜欢选择清明节外出。踏青出游已大大超过了清明节本来的意义,千骑万众,轻车飞盖,汇成一条滚滚的洪流,流向亭榭池塘,流向花木盛开的郊外。张择端的传世名画《清明上河图》所描绘的便是北宋汴京人在清明节这一天郊游踏青的情景。到南宋时,清明节踏青已成为时人风俗,周密《武林旧事》记载,南宋人"寒食祭先扫松,清明踏青郊行"。

另外,唐代还有一个颇受欢迎的休闲运动项目,就是拔河,一般的,在每年农历正月十五都要举行大规模的拔河比赛。拔河流行于宫廷和民间,早期的拔河是用篾缆,唐代则用大麻絚,长四五十丈,麻絚"两头分系小索数百条,挂于胸前,分两朋,两向齐挽"。比赛时,双方都击鼓指挥。隆隆鼓声,使拔河赛场的战斗气氛非常浓郁。

除此之外,秋千是另一项受唐人喜爱的活动,据《开元天宝遗事》记载:"天宝宫中,至寒食节,竞竖秋千,令宫嫔辈嬉笑以为宴乐。帝呼为半仙之戏,都中市民因而呼之。"荡秋千是中国古代妇女能够参与的极少数休闲户外体育运动之一,这项运动多为妇女儿童玩耍。在北宋时,无论是在皇宫还是在民间都有荡秋千这一游戏,都城开封街市店铺还专门出售一种儿童秋千。儿童秋千有两种,一种是由父母举在手上;一种是立木架于地,并用彩画涂饰,秋千架十分精巧。

(四)明清时期的休闲体育

明清是中国历史上最后的两个封建朝代,也是封建经济高度发展、封建强权统治由兴旺走向衰落的时期。明初所采取的一系列有利于发展农业、手工业和商业的措施,对城镇的繁荣起到积极的促进作用。清代初期,封建经济又有恢复和发展。从明初到清中叶,个人支配的时间增多,为达到放松和娱乐目的,户外活动开始兴起。这一时期,休闲体育活动较为活跃,其中,较为典型的有摔跤、冰嬉等。清代中期之后,随着封建政治经济的衰败,传统休闲体育活动也逐渐没落。

1. 摔跤

明朝时期,摔跤在南方称为相扑,深受市民喜爱。这时期,相扑主要在南方流行,一般在农业节气进行表演。明人张岱在《陶庵梦忆》中记载,扬州清明节时,杂戏纷呈,其中有"浪子相扑"。摔跤在北方称为摔角,摔角场内铺有数寸厚的河沙,选手露胸束腰,相拽勾绊,劲提于足。

清代,汉人传统的相扑运动与满族的摔跤结合后,再加之满族习俗尚骑射,善溜冰,喜摔跤,摔跤在清代十分盛行。京城内外摔跤成风,摔跤场比比皆是。清廷内部还设有善扑营。并从八旗中挑选勇猛的跤手入营,演练摔跤、射箭等技术。清代摔跤通常可以分为官跤和私跤两种类型。具体来说,官跤的形式主要有三种:一种是军中摔跤。军中摔跤既是一种娱乐方式,又是一种军事训练的手段。一种是举行满族与蒙古族摔跤比赛。蒙古王公贝勒朝见清帝时,常举行满、蒙摔跤力士的竞技,并有赏赐。还有一种是宫廷内举行的摔跤比赛。宫中设有善扑营,人员是从八旗精干勇士中选出,其任务为"凡大燕享皆呈其伎"。民间的摔跤活动属于私跤,私跤又有用以健身娱乐和借以谋生者两类。后者除两人对抗形式外,还有一种"跤人子",即一人负两偶人作互抱之势,模拟两人摔跤的表演,即宋代之"乔相扑"一类,这个项目至今仍保留于杂技表演中。①

2. 冰嬉

冰嬉,本是北方各地传统的冬季民俗活动,最初是一种交通方式,经过不断的演变,发展成为娱乐和锻炼的方式。刘若愚《明宫史》对此就有相关的记载,具体为:德阳门外的河流"冬至水冻,可拉拖床,以木作平板,上加交林或藁荐,一人在前引绳,可拉二三人,行冰上如飞"。《燕京岁时记》也有相关的记载:"闻明时积水潭尝有好事者联十余床。"可见明代的冰嬉尤其以冰床活动较为盛行。拉冰床也是冰上游戏活动,明代冰床就以一木板制作而成,清代冰床则以木板下钉上钢条,使其滑行更为快速。人们坐在冰床上,既可以感受快速滑行的乐趣,也可以进行冰上比赛。

满族聚居关外时,已有冰嬉习惯,军队尤其擅长溜冰运动。据史料记载,天命年间,清太祖努尔哈赤的将官费古烈,"所部兵皆着乌喇滑子,善冰行……一日夜行七百里"。清人入关以后,把冰嬉定为"国俗"。据记载,每年冬月在太液池(今北海)都要表演冰嬉,习劳行赏,以阅武事而修国俗。

清代民间的冰嬉活动是非常普及的,滑檫比赛也就是所谓的滑速竞赛是民间一个主要休闲活动。"冰上滑檫者,所着之履皆有铁齿,流行冰上,如星驰电掣,争先夺标取胜,名曰溜冰。"

清代已有冰上蹴鞠比赛,"每队数十人,各有统领、分伍而立,以皮作球,掷于空中,俟其将堕,群起而争之,以得者为胜;或此队之人将得,则彼队之人蹴之令远,喧笑驰逐,以便捷勇敢为能"。

高台滑冰也是这一时期的典型休闲运动项目,具体来说,滑行者从高三四丈的"冰山"上下滑,名为"打滑挞","冬月打滑挞,先汲水浇地使冰,遂成冰山,高三四丈,莹滑无比。乃使勇健兵士着带毛猪皮履,其滑更甚,自其巅挺立而下,以到地不仆者为胜"。

还有一种是"冰上杂戏",具体来说,就是将杂戏移在冰上进行,较为典型的项目有舞狮、龙灯、彩船、飞叉、弹弓等,表演者均着冰鞋,滑行中作各种杂戏表演,受到群众的广泛欢迎。

---

① 谢卫.休闲体育概论[M].成都:四川大学出版社,2014.

第二节　休闲体育的概念与分类

一、休闲体育的概念

起初,在休闲体育产生之时,并没有将其概念确定下来,因此,"运动休闲""休闲体育""体育休闲"等概念混淆使用的现象就开始出现,由于没有统一和明确的概念,这也在一定程度上为休闲体育理论的进一步研究与发展带来了一定的困难。近年来,随着对休闲体育研究的不断增多,不同国家的学者对休闲体育的概念提出了自己的观点和看法,但始终未能在学术界达成一致。

近些年来,我国学者进行了很多休闲体育方面的研究。相较于西方而言,国内一些学者对休闲体育的概念的理解为:现代休闲体育是现代人在自由支配的时间内,依据自身兴趣和需求,自主选择和直接参与的一种体育活动,目的是娱乐身心、提高生活质量。由于研究角度的不同,不同的学者对于现代休闲体育运动概念的界定表现出一定的差异性,我国休闲学专家马惠娣对休闲体育的概念的认识为:"休闲体育,是以休闲为目的,或以休闲的心态参与的体育活动,是作为休闲生活方式之一加以选择的活动方式。"[1]我国学者陈玉忠对休闲体育的认识为,休闲体育是人们在闲暇时间内,以体育为途径或载体,为达到娱乐、消遣、刺激和宣泄等多种目的,获取直接的生理或者心理的满足而进行的形式多样、内容广泛的休闲活动。[2]国内有一些学者将体育领域的休闲称为"娱乐体育""余暇体育""运动休闲"等,有很多人认为休闲体育就是在业余时间里所从事的体育活动,这些认识使休闲体育与其他运动形式之间的区别有了一定的模糊性,并没有对休闲体育所强调的体育的心态与生活状态进行真正的理解。休闲体育对人的主体性是非常重视的,是相关的体育活动成为人们日常生活方式的重要组成部分。休闲体育运动是人们自发自主而参与其中的,从人的内心需求出发,对人在体育活动中的享受尤其进行重点强调。人们通过休闲体育活动能够将身心的疲劳更好地消除掉,对于人的精神更加饱满是有一定的帮助。还有其他一些学者对休闲体育运动的概念进行了不同的阐述,在

---

[1] 马惠娣. 休闲、休闲体育、后北京奥运会[J]. 广州体育学院学报,2008(2).
[2] 陈玉忠. 论休闲体育与体育休闲[J]. 上海体育学院学报,2010,34(1).

此不再进行赘述。将各位专家学者的观点综合起来,为了能够更加全面地理解和认识休闲体育运动,可以从以下几个方面入手。

首先,从休闲体育的构成方面来说,其主要由体育和休闲两部分构成,其含义为通过体育达到休闲的目的。休闲有着多种多样的方式,体育只是其中的一种,休闲体育是将休闲局限于体育之内的一种休闲活动,它以休闲作为体育活动参与的核心目的,人们参与体育活动的目的也各不相同,有人是为了减肥,有人是为了健身,有人为了塑形,也有人是为了学习和交流。而休闲体育的核心是休闲而不是其他,现代社会体育的功能和价值获得了极大的拓展,其不仅具有较为显著的健身娱乐功能,同时也具有教育和社会整合等多项功能,而休闲体育突出了休闲的功能。

其次,从休闲体育的过程方面来说,休闲体育以身体的直接参与为基础,无论是户外休闲体育,还是室内休闲体育,都具备这一基本特征,个人参与休闲体育的过程,从某种意义上来说,不仅是个体通过身体的适度活动完成休闲的过程,同时也是个体通过身体活动实现身心调节的过程。

通过对上述这些观点和看法的综合,可以将休闲体育的概念界定为:休闲体育是人们在闲暇时间所进行的以增进身心健康、丰富和创造生活情趣、完善自我为目的,选择一些比较流行的运动项目而进行的身心锻炼活动。休闲体育运动具有健身、游戏、娱乐等属性,具有改善与促进人的身心健康,提高人体机能水平的重要作用。这些属性与作用是人们日常生活所需要的,因而,休闲体育是人们休闲生活的重要内容。

二、休闲体育的分类

休闲体育的分类方法主要有两种,具体如下。

(一)根据身体状态进行类型划分

按照这一分类标准,可以将休闲体育分为三种类型,具体如下。

1. 观赏类休闲体育运动

观赏各种体育竞赛和休闲体育运动的表演,就是所谓的观赏类休闲体育运动。在这种类型的休闲体育中,参与者往往是以观众的身份出现的。

对于受众来讲,其在观看这些比赛和表演的过程中,人们会表现出兴奋、激动、惊叹、沮丧、愤怒等各种不同的情绪。通过对他人所进行的休闲体育活动的观赏,能够使人们的心理压力获得很大程度的释放。另外,在观赏这些表演与比赛的过程中,观赏者还可以学到很多相关的体育知识,并且对体育精神有一定的认识和体会。

2. 益智类休闲体育运动

通常情况下,棋牌类的休闲活动是比较常见的益智类休闲体育运动。在棋牌类休闲活动中,棋牌活动的参与者身体活动量较小,脑力支出相对较大,因此,往往将其认为是智慧与心理素质的竞争。通常情况下,此类休闲体育活动往往是多人参加的集体活动,并且表现出了默契与配合、经验与心理素质等较为显著的特征。

垂钓是安静类休闲体育运动的一种重要活动形式,相比较而言,在垂钓活动中,参与者的体力与脑力的支出都相对较小,可以将其认为是一种不错的修身养性的休闲方式。

3. 互动性休闲体育运动

互动性休闲体育运动的形式主要有两种:一种是结合自然的休闲运动,一种是与人协作的休闲运动。不同形式的特点和范畴也会有所差别。

(1) 与自然相结合的休闲运动

利用自然界的资源进行的互助的体育休闲活动,就是所谓的利用自然运动。为了确保这这类活动的安全,需要专业的指导或者在医护人员的监督下进行,比较常见的有空气浴、温泉浴、泥浴、沙浴、药浴、蒸汽浴等。

(2) 与人协作的互动式休闲运动

通过专业人员技术活动来缓解身心的疲惫、消除烦躁心绪、减压、调节身心的一种活动形式,就是所谓的互动式运动。通常情况下,可以将推拿按摩、针灸、足浴、理疗等都归纳到互动式休闲活动的范畴内。

(二) 根据项目性质进行类型划分

按照这一划分标准,可以将休闲体育活动分为很多种类型,其中,比较主要的有眩晕类运动,命中类运动,技巧类运动,冒险类运动,养生类运动,健身舞类运动,游戏竞赛类运动,水上、冰雪类运动,户外休闲运动等,每一种类型都具有各自的内容、特点(表1-1)。

表1-1 根据项目性质分类的休闲体育内容及特点

分类	内容及特点	项目
眩晕类运动	借助特定的运动器械和设备,使人在运动中获得在日常生活中难以体验到的空间运动感觉,感受身体与心理极限刺激的休闲体育运动	游乐场上各种产生滑动、旋转、升降、碰撞的游艺项目,如过山车、蹦极等

续表

分类	内容及特点	项目
命中类运动	运用自身的技巧和能力,借助特定的器械击中目标的休闲体育运动	打靶、射箭、投篮、保龄球、台球、高尔夫等
技巧类运动	人运用自身的能力,借助特定的轻器械所表现出的高度灵巧和技艺的休闲体育运动	花样滑板、自行车越野障碍等
冒险类运动	人类对大自然的一种具有挑战性的、有严密的组织措施和安全保障的休闲体育运动	沙漠探险、漂流、游泳横渡海峡、滑翔伞等
养生类运动	节奏都比较和缓,经常参加可达到强身健体的休闲体育运动	瑜伽、普拉提、太极拳、木兰拳、木兰扇等
健身舞类运动	通过各类民族传统歌舞的形式和有音乐伴奏进行的休闲体育运动	民族舞蹈、秧歌、舞龙舞狮、形体、肚皮舞等
游戏竞赛类运动	将竞技体育比赛项目的规则进行简单化和游戏化改造之后,形成的休闲游戏比赛活动	沙滩排球、三人制篮球等
水上、冰雪类运动	在水上和冰雪上进行的休闲体育运动	水上项目有游泳、潜水、滑水、摩托艇、帆板、冲浪等;冰雪项目有滑雪、花样滑雪、雪橇、滑冰等
户外运动	指人们回归自然的各种体育休闲方式	野营、远足、登山、攀岩等

第三节 休闲体育的基本特征

一、参与性特征

休闲体育具有很强的社会实践性,因此,这就对人们的参与性有着一定的要求,并且使人们在参与的过程中能够充分体验相应的感受,获得这种较为特殊的感受。一般来说，没有自身的参与，自己所期望的那种感受就不可能得到，也不能将自己最真实的想法和感受充分表达出来。有人认为，体育竞赛和表演属于修心体育的范畴，并且可以将其分为两种类型，即参与型和观赏型。但是，从本质上来说，这两种类型并没有太大的区别，因此，上述观点是错误的。也由此可以得出，休闲体育是参与性的，是活动者亲身参与和实践的过程，它是通过非正式的、自发的体育活动、追求身体放松和心理愉悦的体育活动。

二、自然性特征

人的生命活动形式主要有两种，一种是内部活动（生理、生化活动），一种是外部活动（物质与能量代谢）。不管个体是否愿意，这种过程总是在人这一有机体内部不断发生并进行着。要想维持生命结构的存在，一方面需要促使消散过程不断地积极进行，另一方面则需要通过与外界进行物质交换来实现已经消散能量的补偿。然而，这两个方面的活动都要借助于有机体的外部活动。因此，人们总是会选择大量涉及身体运动的游戏或者娱乐方式。

生命在于运动，而运动是在一定的规律基础上进行的。休闲体育运动能够使人们通过运动获得健康和快乐的需要得到较好的满足，同时，这也是生命的本能需要，然而，作为社会中的人，不仅仅只有这些需要，还有交往的需要、获得成就的需要、发展自我的需要等。而这些需要在参与休闲体育运动的过程中都能一一得到满足。因此，无论是以前还是现在，人们亲近休闲体育运动、参与休闲体育运动都是生命活动自然发展的客观要求和规律。

三、自发性特征

休闲体育是人们在休闲时间内进行的一种自发性的主体活动。可以说，休闲体育完全是出于一种个体或某一群体真正的主体需求，在个人可以自由支配的时间里进行体育活动，其中，强制、被动或非自愿成分的任何方面都是不存在的。在休闲体育活动中，由于是主体自觉自愿的需要而参与，因此，其不仅能使身心发展的需要得到较好的满足，而且这种良好的情绪体验还会对其持久参与的积极性产生积极的激励作用，从而使"需要—满足—更大需要—更大满足"的持续不断的良性循环得以有效形成。

当前，社会飞速发展，受此影响，休闲体育也得到了进一步的丰富和完善。随着自由时间的增加,休闲已经不仅仅是单纯的休息和放松,而是成为每个人的生活权利,成为个人生活重要的组成部分。现代人有充分的自由意识,而在休闲体育活动中,能够将人们对自由时间的支配权充分体现出来。

四、时代性特征

不管是什么样的体育活动,它们都是在一定社会文化发展背景下产生的,这对于休闲体育来说也不例外。具体来说,休闲体育是人类一定的经济、文化的产物,并在特定的社会背景下逐渐发展起来的。在不同的历史时期,其物质文明和精神文明也各有不同,因而所产生的休闲活动方式也各不相同,体育休闲活动也是应不同时代的要求和进步而演变和发展起来的。

从对历史的发展进程中可以看出,不管是在什么时代,体育活动总是可以现身于社会当中,成为民众喜欢接受和参与的休闲活动方式。即使是在神权的统治之下的中世纪(5～15世纪)欧洲,也很难抑制民众追求身体游戏的需要,少年儿童始终是游戏的先锋,他们将武士的打斗也变成自己进行身体娱乐的活动形式。当然,休闲体育运动毕竟是社会文明的一种表现,在很多情况下,它与社会科学技术的发展水平都有密切的关系。目前,休闲体育活动往往是与科学技术以及材料革命的结合,相较于之前的活动来说,其更加倾向于身体的自然活动是有一定的差别的。

五、伦理性特征

休闲体育本身是一种社会行为,其在一定程度上受到一定社会伦理道德及规范的制约,这已经成为一种必然,因此,活动参与者要想被社会其他人所接受,就必须要遵守这些道德原则,否则其活动将会遭到禁止和抵制。由于当前社会的进步和人与人之间的关系的愈加完善,这种伦理特性的突出性和重要性就更加显著。不管是什么样的个人,社会对于其将自己的休闲娱乐欲望的需求建立在损害他人利益和伤害他人身体的基础上的行为都会进行一定的谴责,这就充分体现出了休闲体育活动的伦理性特征。

六、规范性特征

休闲体育的规范性,实际上就是大多数休闲体育活动都对休闲参与者的行为确定了相应的规范,在活动时间和方式、与他人的关系等诸多方面都做了一定的要求,也就是所谓的"活动规则"。从某种意义上来说,尽种活动规则并没有严格的规定,但是,对休闲体育活动参加者的行为的约束却或多或少有一些,这在多人同时参加的休闲体育活动中表现得更为突出和明显。一般来说,这种规范性往往会以社会文化体系的方式一代一代地继承下去,成为活动参与者普遍遵守的行为规范。

七、层次性特征

通常,可以将休闲体育的层次性的内容分为三个方面:第一,活动人群的年龄层次;第二,动作内容的难易层次;第三,活动方式的经济消费水平层次。这几种层次的划分具有非常重要的社会意义,同时也表现出休闲体育研究的不同视角与内容。下面就对这三个方面进行深入剖析和探讨。

(一)活动人群年龄的层次性特征

对于不同年龄阶段的人来说,其需求与爱好也会有一定的差异性,这种需求与爱好会在一定程度上直接影响人们体育休闲方式的选择。一般来说,少年儿童往往会对滑板、轮滑、小轮自行车等一些新奇的个人活动感兴趣;青年群体则对足球、篮球、网球等具有一定挑战性和对抗性的活动更加感兴趣;中年人对体育活动的品位和档次较为注重,而老年人则对交流互动性较强的活动较为青睐。因此,从某种意义上来说,年龄会作为主要因素对体育休闲活动分层产生影响,甚至还会起到重要的决定性作用。

(二)动作内容难易的层次性特征

体育运动有着丰富多样的内容,不同体育运动项目的技术和动作难易程度也会有一定的差异性。内容的难度是完成活动所要求的技术标准高低的问题,这往往作为一种重要依据来供人们对休闲体育活动方式进行选择。需要强调的是,这种选择主要是由活动者对自己运动能力的评价所决定的,一般来说,运动能力比较强的个人,往往会选择一些技术动作难度较高的运动项目;而个人运动能力自我评价较低者,那些无须多大努力就能够做到的活动项目往往是其重点选择的对象。丰富多彩的休闲体育运动内容能够使不同人群的运动需要得到相应的满足。

(三)活动方式消费的层次性特征

体育与经济之间的联系是非常紧密的,经济条件一定会对人们参与体育活动产生或多或少的制约作用。活动方式的经济消费水平是一种具有显著社会性特征的分层,与个人的社会身份以及阶层的表征具有密切的联系。一些体育休闲活动方式明显属于高消费,这些活动的参与者必须要拥有相当雄厚的财力,带有明显的炫耀性消费特征;而另一些体育休闲活动方式则可能对个人的经济情况有一定程度的要求,不仅可以显示出个人的身份地位,同时还能够表现出个人的运动能力;一些人更愿意选择那些不需要太大开销,就可以开心愉快活动的运动项目,他们也没有多余的金钱花费在休闲体育活动当中,所以他们也不在乎自己玩的活动属于哪个层次。有很多形式的消费,在开始时是奢侈,但是随着社会的不断发展,这些形式会逐渐大众化而成为人们必要消费的一部分。休闲体育运动同样是这样一种演化的趋势,许多运动项目在开始时总是少数人能够参与的活动。在这种情况下,这些项目或者活动完全成为个人身份的一种标志。至少在一定时期内,这样的项目或者活动一般是一定社会阶层所特属的,具有炫耀性消费的特征休闲活动。

八、时尚性与流行性特征

对于大部分人来说,往往会将时尚性与流行性混为一谈,认为时尚就是流行,流行就是时尚,这是非常片面的,因为两者之间是有所差别的,具体如下。

(一)时尚性特征

一般来说,休闲体育的时尚性主要在两个方面得到体现:一方面,人们参与体育休闲活动的主要目的在于,将自己与某个社会阶层之间的平等性等级关系充分表现出来;另一方面,人们借休闲体育来将自己与另外某个阶层之间的差异性表现出来。由此可以看出,时尚性是休闲体育的一种较为典型的特征。

参与休闲体育活动的人们同休闲体育本身都将现代时尚的特征充分体现了出来。如,尽管休闲体育对物质和实际的东西并不重视,但是,休闲体育活动却始终离不开这些具体的东西;人们对待休闲体育的态度也主要有两种,一种是积极参与,一种是完全无所谓。

实际上,时尚性将社会事物、社会发展趋势和社会需求的协调统一体现了出来。人们对休闲体育的需求是随着社会物质文明的不断发展而逐渐形成的。在当前的社会中,休闲体育已经成为青年人的时尚选择,究其原因,主要有两个方面:一方面,休闲体育能够使人们在运动时产生愉悦的情感,形成良好的交流和互动;另一方面,休闲体育能够使人们将自己的情感宣泄出来,同时也能够将剩余的精力发散出来。

(二)流行性特征

某种事物在社会上具有十分广泛的影响,并形成了一种时尚性的外在表现,就是所谓的流行性,从某种程度上来说,流行是时尚的结果。尽管休闲活动已经成为生活活动的重要组成部分,但是,在现代社会条件下,新的体育休闲活动项目不断地创造出来,并且会在非常短的时间内在世界范围内进行广泛的传播,其中,比较典型的能够体现流行性的表现为奥林匹克运动会的项目设置的不断扩张。

休闲体育的流行性往往从活动项目的迅速传播与悄然消失的形式上得到体现。事实上,人的自由时间和人性特点完全决定着休闲体育的这种流行性特征。当人们拥有了自由时间之后,就会面临着支配和打发这些时间的一个问题,体育活动对于身心健康的保持以及打发时间都是很好的选择。另外,随着人们求新求异意识的不断增强,这就对休闲体育的流行性提出了更高的要求。当然,周而复始也是社会事物发展的一种具有规律性的特征,休闲体育也是一样,可能过了一段时期后,一个曾经流行而后又消失的体育项目再次流行起来,并为另外的一代人广泛地接受。

第四节 现代社会与休闲体育

关于现代社会与休闲体育的关系,主要从两个方面得到体现,一个是和谐社会,一个是现代社会生活方式。

一、休闲体育与和谐社会

(一)和谐社会的内涵

和谐社会是一个历史的范畴,是人类社会由低级社会形态向高级社会形态发展的结果,是生产关系适应生产力、上层建筑适应经济基础发展的结果。

和谐社会历来是人类社会追求的目标。和谐的思想自古有之。荀子说:"万物各得其所和以为主,各得其养以成"。孔子的"致中和"及道家主张的"合异以为同""天人合一"均表达了前人对和谐社会的憧憬和追求。和谐社会是指人与自然人与社会和人的自身全面和谐的状态。马克思认为人、自然和社会是统一的。人和自然的和谐融洽、人和社会的协调发展及人自身协调发展是一个和谐社会的本质要求。[①] 党的十六届四中全会明确指出所谓的和谐社会就是形成全体人民各尽所能各得其所而又和谐相处的社会,是党执政的社会基础,是实现党执政历史任务的必然要求,是实现社会稳定和可持续发展的必然要求。

(二)休闲体育在构建和谐社会中的作用

休闲体育对于和谐社会的构建会产生积极的影响和作用,具体来说,主要表现在以下几个方面。

1. 休闲体育积极促进人与自然的和谐发展

自然是人和人类社会生存、发展的基础和前提。虽然人类社会的发展和自然界对人类社会的制约成反比例变化,但无论到任何时候,自然界的作用都不会完全消失。人首先是作为有生命的个体事物而存在,人类是自然的一个组成部分,人类社会的发展规律以自然界的规律为基础并受其制约和支配。可以说人类社会的发展过程实质上就是不断认识和改造自然的过程,现代文明史是人类不断征服自然,改造自然即"人化"的过程。人类在"人化"自然的过程中在很大程度上忽视了自然规律的存在,忽视了人类自身的自然属性,不断地以自身为中心对自然界加以破坏:对自然资源的掠夺性开发、对森林的任意砍伐、对环境的大肆污染等。

人与自然的交融与交流,使人胸襟开阔、心性广大。休闲体育能够使人们从钢筋水泥的高楼大厦之中走出来,从高速的工作生活节奏之中解脱出来,投身到大自然的怀抱,从事登山、攀岩、滑水、冲浪、垂钓、滑翔、跳伞等各种休闲运动之中,融入自然之中,充分享受作为"自然人"的自由,尽情享受大自然给人类带来的快乐,从而促进人与自热的和谐发展。

2. 休闲体育对人自身的协调发展起到积极的促进作用

(1)休闲体育对人身心健康和谐发展起到积极的促进作用

随着生产力的发展,机器生产代替了手工操作,人们伏案工作时间增长、激烈的竞争和高速的生活节奏导致了现代人的大量"文明病"产生,加速了人的异化,各种生理、心理疾病迅速上升。如果不能及时地对所谓的文明病加以遏止,将会给国家和社会造成重大的损失。个体的健康是社会

---

① 钱利安.休闲体育理论与实践调查研究[M].杭州:浙江大学出版社,2008.

和谐的基础,没有个体的健康就谈不上社会的和谐。体育可以增强人的体质,这一点无须多言,体育运动还可以增进人的心理健康。科学研究发现:经常进行体育活动能促使如内啡肽,LHD－2等"快乐素"的分泌,这些物质能够起到调节情绪、振奋精神的作用。同时,休闲体育对于释放紧张力,疏导淤塞压抑的情绪,抵制抑郁、焦虑和困惑等消极的心境起到一种积极的作用,从而有助于防止心理疾病的产生,促进人类自身的协调发展。

(2)休闲体育对人类意志品质和良好道德作风形成起到积极的促进作用

人们在休闲体育运动的过程中,人体要承受一定的生理和心理负荷。要完成一定的动作就得依靠意志来克服由负荷所引起的困难,从而为人们意志品质的形成提供一个良好的机会。休闲体育运动可以培养人们沉着、勇敢、顽强、果断、积极进取、吃苦耐劳和坚持不懈的优良品质。同时,在休闲体育运动的过程中,人们亦要遵守一定的活动或游戏的规则,而且在运动中经常以两人以上协作的形式出现,这就为人们形成遵纪守法、关心他人、文明礼貌、团结友爱、互相帮助等道德作风提供了一个现实的场景。

(3)经常参与到休闲体育运动中能够使大脑的工作机能得到有效提高

人体的运动可以改善大脑的供血、供氧情况,可以促进大脑皮层兴奋性增强;可以使抑制加深,使兴奋和抑制更加集中,使神经过程的均衡性和灵活性加强;对体外刺激的反应更加迅速准确,大脑分析能力加强,工作能力得以提高。

3. 休闲体育积极促进人与社会的和谐发展

(1)休闲体育对人际关系的和谐起到积极的促进作用

社会的和谐在很大程度上是指人际和谐。社会是人的社会,人际的和谐是社会和谐的一个重要的标志。人是社会性动物,人不能脱离社会而存在。人只有融入社会之中,才能不断地发展自我、完善自我,才能成为真正意义上的人。人们在社会交往之中形成了各种各样的人际关系,可以说良好的人际关系是一个社会和谐的主要标志之一。然而在现代社会中,人与人之间的关系并没有如人们所想象的那样能够随着社会的进步而获得相关的发展。

休闲体育为人际关系的和谐和健康的发展提供了一块肥沃的土地:它能够使人们从残酷的社会竞争中解脱出来,投身到大自然的怀抱之中,去尽情体味那种与世无争、悠然自得的情怀,从而淡化人们之间交往的功利意识;它能够使人们从虚拟的网络世界中回到现实的社会生活之中,它能够为人们之间进行直接的、面对面的交往与交流提供一个广阔的平台。可以说,休闲体育不仅是休闲娱乐健身的载体,也是消除寂寞、拓展交际、增进情感交流及交友的润滑剂。在运动中的环境中因为存在着共同的喜好和痛苦,人与人之间容易产生共鸣、达成共识,增进彼此的信任和情感。同时,在运动中人们能够密切配合、真诚交往。所以说,休闲体育对促进人际关系的和谐发展起到一种非常重要且积极有效的作用。

(2)对于个人社会角色的转换,社会等级层面上的差异和歧视的消解都是有所助益的

在社会生活中,每个人都会扮演一定的社会角色。所谓的社会角色是指与人的某种社会地位、身份相一致的一整套权利、义务的规范与行为模式,它是人们对具有特定身份的人的行为期望,它是构成社会群体或组织的基础。由此可见,一个人的社会角色的界定在很大程度上取决于他的出身,他的社会经济的、政治的地位。从而便随之产生了等级层面上的差异和由此而引起的社会歧视,所谓的社会公平、平等和公正受到了挑战。和谐社会的核心价值理念是平等、公平与公正,维护社会的平等、公平与公正是社会和谐的基础与前提。人们凭着对运动的兴趣与爱好参与到休闲体育之中,体验着休闲运动给自己带来的快感。人们都暂时转换了原来的社会角色,抛却了平日的地位悬殊,而是以一种平等的社会角色(运动爱好者与参与者)参与到体育运动之中。无论你是谁,你都要遵守你们共同约定的运动或游戏的规则。不论你的职业、年龄、职位、社会地位如何,你都必须亲身参与到其中,否则你将永远无法体验到运动所带来的快乐。由此,平日的领导者在活动中也许会变成被领导者,下肢伤残者有可能会成为垂钓冠军,小学生也有可能成为院士的指导者,商战的失败者也可以变为游戏、比赛的胜利者……这种社会角色的转换有利于消解社会等级层面上的差异和歧视,对个人和社会的进步与和谐都起到了积极的作用。

(3)对于减少犯罪、维护社会的稳定是有利的

"稳定"是"和谐"的基本内容,"和谐"是建立在"稳定"的基础之上的。没有"稳定","和谐"就无从谈起。犯罪是破坏社会稳定的一个重要的因素,而休闲体育对预防犯罪能够起到一种积极有效的作用。现代社会激烈的竞争和生活节奏的加快,大大地增加了人们的精神压力。伴随着生产力的提高,人们拥有了更多的休闲时间,这就促使人们去寻找能够调节心理上、精神上压力的休闲方式。在闲暇时间里,人们如果不用积极健康的生活来缓解精神上的压力,就有可能出现闲而生危甚至于犯罪的情况。休闲体育是一种文明,科学,健康的生活方式,它是让社会成员排遣精神压力的,为青少年发泄积蓄精力提供了一个平台。从事休闲体育可以使人们的

身心在闲暇时间内得到更好的调整和发展,把他们的精力转移到有益的事情上来,从而使他们避免陷入酗酒、赌博、打架斗殴、聚众闹事等恶性旋涡。同时,引导人们从事正当的休闲体育可以分散和转移社会问题,减少犯罪。从而维护社会的稳定与和谐。

二、现代社会生活方式与休闲体育

科学技术的发展带动现代生产方式的进步,先进的科学技术促进休闲体育产品的创新与发展,特别是现代高科技新型材料的出现对休闲体育产品的发展起到积极的促进作用。

生产力的发展导致生产方式的变化,而生产方式的变化则带来了生活方式的变化。在这个瞬息万变的社会,人们的生活节奏越来越快。现代生活方式给人类带来的是严重的城市问题,如城市人口膨胀、喧嚣繁杂以及休闲空间的缩小等问题。随着经济的发展,人类也为之付出了巨大的代价,如环境污染和食品安全等问题,这些问题困扰着人们。人们试图从城市问题中解脱出来,选择休闲体育方式就成为一种必然。休闲体育因其自身的新颖性、独特性、休闲性和个性化成为改变这种生活方式的一个最佳选择。具体来说,可以从以下两个方面得到体现。

一方面,改革开放以来,西方国家的休闲观逐渐对中国人们的休闲观产生了影响。通过休闲体育运动可以拓展人际交往,增进情感交流,结识不同年龄、不同性别和不同职业却有共同爱好的人,大家因为休闲活动而有了共同的语言,在精神上也容易产生共鸣。因此,休闲体育就成为现代人健康、科学、文明生活方式的必然选择。

另一方面,休闲体育的娱乐与休闲化与现代人生活休闲化的要求是相符的。休闲体育中的项目多倾向于在大自然中进行,较为具有代表性的有登山、攀岩、郊游、野外旅游、滑雪、冲浪、垂钓、木筏漂流等,给人们提供了一个亲近大自然的机会,走进自然,得一份闲适。休闲体育的发展是体育与时俱进的必然产物,是人们利用余暇时间达到健身、娱乐、消遣和宣泄的目的,从而使获得最佳心理体验的一种有意义的现代生活方式得以产生。

第五节 终身体育与休闲体育

终身体育是让人在生命的各个不同阶段都坚持参加体育活动,并达到身心健康、愉悦身心的最佳目标,而休闲体育作为一种健康、科学、文明的生活方式,它正以独特的休闲性、自主性、自由性及积极的亲身体验性吸引着现代人,释放着当代社会快节奏给现代人带来的种种压力和负担,休闲体育是终身体育的具体内容,而坚持终身体育思想,并坚持终身参与体育锻炼正是休闲体育的最终目的,也是人类改造自我、发展自我的最佳手段与方法。

一、终身体育的概念

关于终身体育的概念,还没有形成统一的说法,不同的人持有不同的观点,比如,有人认为终身体育是指一个人终身都要接受体育教育和从事体育锻炼,使身体健康,身心愉悦,终身受益。有人认为终身体育是指一个人终身进行体育锻炼和接受体育教育,即要在人一生中实施教育等。尽管表述不一,但在我国,通常会将终身体育的概念界定为:终身体育是指人们在一生中所进行的身体锻炼和所受到的各种体育教育的总和。换句话说,就是从一个人的生命开始,到生命结束,都要因适应环境与个人的需要,进行身体锻炼,以取得生存、生活、学习与工作的物质基础或条件。

二、休闲运动与终身体育的关系

运动是健康身体的自然需要,健康体现着大学生对自身前途和命运的基本关怀,休闲运动是体现这种基本关怀的最佳手段。今天,我们已经由人类自己创造的异化环境,走向知识经济时代,脑力劳动已不可避免地走向主导地位,人类比任何时候都需要体育。由此应运而生的校园休闲运动无疑将对高校体育的育人效应——即健身健美、愉悦情感的近期效益和终身体育的远期效益发挥重要作用。

(一)学生终身体育是在大学体育的依托下实现的

终身体育将是未来我国高校体育中的一个永久性话题,究其原因,主要是由于在人的一生中,大学期间是上承儿童、少年时代,下启青、中、老年时期的生理"中介"环节。在这一"环节"中,对终身体育操作的合理与否,直接关系到大学生的后半生健身行为。如果要充分发挥高校体育的育人效应,扎扎实实地进行终身体育教育将是事半功倍的有效途径。

体育作为以身体运动为手段来提高人类健康水平的积极过程,当然不会是一种凝固而停滞不前的社会实践。体育要使大学生的娱乐、享受需求得到较好的满足,就要以其趣味性、创新性来提高吸引力。时代要求封闭体育向开放体育过渡,现代社会已经义无反顾地由强制性体育迈进自娱性体育的过渡时期。信息社会导致人类个性的差异化,必然导致体育活动越来越丰富并以其自身的魅力来吸引人。大学是人生的转折点,大学生面临从学校教育到社会实践的转变,因此高校体育是关系到学生未来体育生活化、体育终身化实现的关键。高校体育阶段不仅要解决体育学习的问题,而且要解决当前和今后运用的问题。风行校园的休闲运动正是在这一思想引导下,遵循"全民健身计划纲要"中提出的"学会两种以上体育健身方法"的原则,成为培养学生终身体育能力和意识的重要环节,成为全民健身战略目标的依托。

(二)学生终身体育是在休闲运动的基础上实现的

大学是学生接受体育教育的最后阶段,高校体育在实现终身体育的全过程中肩负着承前启后的历史重任,对培养终生身心健美的合格人才担负着重要使命。有高校的调查显示,"扩张"休闲运动的时间和空间在高校早已司空见惯。当前,学生终身体育思想的增强,休闲项目备受学生青睐,间接体育学生热衷于呐喊助威、服务,主要原因在于,其动力既有其集体荣誉感和团体凝聚力的一面,更多的是学生从"玩"乐的兴趣出发。

兴趣发生于运动的过程中,快乐发生于运动所得到的结果。心中无限快乐且有快乐的结果,何愁不终生去从事它。可以说,休闲运动是奠定终身体育的坚实基础。当代的大学生在紧张的学习之余,更迫切地需要较高层次的精神文化生活。他们在获得知识的同时也在努力追求余暇生活的丰富多彩,尤其对既能使身心健康发展、直接健美形体,又能陶冶情操、使人获得精神和物质满足的体育娱乐活动有较大的兴趣和参与热情。提高体育素质,使体育成为他们学习生活中不可缺少的一部分,从而自觉、积极、主动地参加体育锻炼,为步入社会后坚持自我锻炼奠定良好基础。

第二章 休闲体育文化内涵解析

休闲体育是人们满足身心需求的一种自觉自足的社会文化活动,其产生的渊源不仅来自于大量的闲暇时间与丰裕的物质财富,还源于人类对积极生活观念及人生价值的探求。这种对自身精神生活的重视,展现了人类社会的文化变迁,是对人类生存目的的回归,体现了文化变迁中人类的抉择。休闲体育文化是人类社会文化的组成部分,是在文化的休闲维度和体育维度上产生的一种交叉性的文化。从文化的角度探讨休闲体育,是将体育运动作为一种休闲方式,放在人类文化的大背景下加以考察,以探索其发生和发展的过程、机制、建构要素以及影响因素。本章在认识休闲体育概念的基础上,对休闲体育文化内涵进行解析,从休闲、娱乐、游戏、健康四个方面进行分析研究,从多个角度研究我国当代休闲体育文化的内涵,是我国当代休闲体育文化价值实现的理论基础,为休闲体育文化的解析提供依据。

第一节 休闲论

有史以来,休闲便是人类日常生活的一部分。随着现代化进程的发展和社会文明程度的不断提高,人们的工作时间逐渐减少,闲暇时间越来越多,因而更加关注身心的健康和休闲方式的选择。休闲作为一种积极参与生活的方式,是一种人生的境界和追求,是人类社会文明的标志,与西方的受现代工业文明影响的休闲文化相比,东方的休闲观念积淀于深厚的农业文明之中,具有自身的特点。

一、休闲概述

(一)休闲的概念

汉语中的休闲在英语中可以表达为 leisure,是由拉丁语派生而来,意思是"自由的"。广义上讲,Leisure 的定义有定性和定量两层概念。定性说主要受古希腊文化的影响,认为是一种心理存在或心理状态,是人们摆脱了生理需求和工作束缚的一种心理体验,强调的是精神的愉悦。定量说则认为,是可随意支配的时间,是人们维持身体生理需要,如吃饭、睡觉等所需的时间和工作时间以外的那段时间,同时也是个人根据兴趣自由参与各种活动的时间。休闲的概念可以从三个方面进行概括。

1. 休闲是闲暇时间

休闲是一切必要之事都处理完毕,最后剩余的闲暇时间。这种定义中的休闲是可以计量的,因此,受到时间预算分析专家的欢迎。能够将花费于非生存性活动上的时间,以分钟计量。这个方法以"可使用时间"来辨认休闲,并且几乎将休闲视为自由时间、娱乐或游戏。休闲因此成为各种休闲活动的代名词,用来填充多余的空闲时间。这种闲暇时间指从事休闲活动所使用的时间,是生活当中可自由、随心所欲运用的部分。生活之中,扣除实际需要参与的时间后所剩余之部分,因此,有所谓的剩余说的产生。以剩余时间的观念定义休闲指工作之外剩余的时间。但休闲的基本设定是做一个人真正想做的事,所以可能会在工作时间发生,但可支配时间内的活动,如睡觉、排队等,亦不能称之为休闲。即在可自由支配时间里会产生休闲,但不等于时间在个人手中就会有休闲。

2. 休闲是休闲活动

这一层面的理解就是休闲就是非工作性质的活动,只要人们认为是休闲的,就是休闲。休闲是有功能的,是人格塑造的自由选择活动。休闲本身就是人的需求,是生产的需求,是生活的需求,也是人生的需求。从广义的层面定义休闲活动,包括休养生息、自我娱乐、学习其感兴趣的技能,抑或是卸下其专业、家庭及社会责任之后所自愿参与的社区服务工作。休闲是自愿性而非强迫性,其所追求的并非为了维持生计,而是在于获得真正的娱乐。

3. 休闲是一种心理状态或态度

休闲是一种实现自我的休闲观。休闲是一种状态、一种态度、一种心智的状况,无关时间、空间与活动。这种休闲见解,最早由古典休闲观引申而来,并由那些持相似观点的人发展至今。亚里士多德认为,音乐和思想是最具休闲性质的活动,这类活动是人类才能的最佳使用。由深思冥想启发着音乐呈现,如作诗、歌唱、舞蹈,还有乐器弹奏等。有些现代作家将宗教崇拜也加上去,为寻求个人与宇宙和谐境界的宗教活动。休闲具备了庆典活动的观念。以休闲所存在的精神讨论其定义,则基于个人对于自由的认知或者对于资源的支配状况而定。休闲的关键,在于个人对于休闲的体验,是否感到自由、无拘束,或者在从事活动之时,是否能随心所欲地控制活动而非让活动控制个人。休闲是有目的的活动,把时间用于有目的、有意识地丰富生命活动,是个人具有相对功利行为的结果。

休闲的概念可以归纳为,在自由支配的时间里以轻松的心境从事的自娱活动。

(二)休闲的功能

1. 身体功能

从事休闲活动如慢跑、游泳、打网球等运动,能避免因缺乏运动而发胖或罹患与心脏血管有关的疾病,定期的肢体动作活动能确保身体的健康。

2. 社会功能

休闲参与的时候,能与拥有相同嗜好的朋友及家人相聚,分享珍贵的情谊与乐趣,并能达到社交的目的。

3. 心理功能

据研究约有 50%～80% 的疾病是由于心理压力过大引起的,休闲活动可以减轻心理压力,消除疲劳。每个人都有被肯定、认同的欲望,休闲活动提供机会让每个参与者均能从中获得有形或无形的被肯定的机会,因此,获得成就感亦是其效益之一,对于情绪的缓冲、心态的调适都有助益。

4. 教育功能

休闲活动提供艺术、人文科学等不同领域里的体验,能获得新的知识、充实生活、提高个人生活质量。

5. 艺术功能

艺术活动是休闲活动的一种,因此,艺术活动中所具有的审美意识与美学价值即成为休闲效益所在。

二、休闲体育概述

(一)休闲体育的概念

作为休闲活动方式之一的休闲体育,是人们在闲暇时间为了身体健康和心理愉悦等目的而参与的各种体育活动。从运动形式上,无论是为了增进健康而进行的爬山、跑步、游泳,还是群体娱乐性的羽毛球、网球等游戏,或是对抗性的篮球、足球比赛,甚或冒险刺激性的蹦极、小轮车等极限运动均属于休闲体育活动。其参与者无论年龄大小、身份不同、能力各异、身体强弱,不管是主动参与体育活动还是被动观看体育比赛,都属休闲体育服务的对象。休闲体育在促进人类进步和社会发展中所起的有益作用,也越来越受到学者们的关注。休闲体育活动不仅可以提高人们的生活质量,还可促进家庭和睦,减少犯罪率,改善环境,降低医疗花费,提高生产率,增加财产估价,从而有利于个人、社会、环境和经济的发展。

(二)休闲体育的特点

休闲体育的特点,应该具有表现体育对人类身心终极关怀的人文精神。

1. 符合自身的体能情况

休闲体育活动要选择符合自己身体素质实际情况的运动,没有过高的技术与规则要求,哪怕没有运动基础的人,只要有健身愿望,就立即可以进入角色,不必羞于对体育毫不了解,不必害怕在运动上的低能,不必担心运动高手的见笑,只要按自己的意愿运动就足够了。人们尽可能选择趣味运动,甚至寓工作于娱乐,以增进自身在社会交往中的亲和力和凝聚力。一般不提倡长时间耗尽体能的运动,而应选择自己生理能接受,对身体各系统的功能能起到调节作用、使锻炼者心情舒畅的活动内容。近年来,一些体育学者的科学研究证实,追求过高的运动负荷、体能极限消耗往往是造成身体伤害的主要原因。

2. 运动形式多样

由于是个人在闲暇里从事的活动,体育休闲娱乐不拘泥于形式,可以集体活动,也可以单独活动,可以安静活动,也可以在音乐伴奏中活动,散步、慢跑、跳交谊舞、大众健美操、扭秧歌、练气功等,无论哪种锻炼方式,一切可以根据个人喜好进行选择。为了防止休闲方式粗俗化、单一化、趋同化,休闲性的身体活动应该多元化、个性化,并不断创新。

3. 自愿选择活动内容

许多体育休闲娱乐活动进入社会经营性场所后,需要付费,如游泳馆、滑雪场、健身房等。这对普通百姓来讲,因经济的原因而不能经常坚持。但可以选择不需正规场地,在公园、广场或家中都可进行的活动。丰富多彩的中华民族传统体育恰恰可以在人们选择和进行休闲体育活动时给予启示、提供参照。

4. 活动时间灵活

高效率、快节奏,是现代人生活和工作的一大特点,付出过多的时间从

第二章　休闲体育文化内涵解析

事体育锻炼会成为人们的一种负担。但有些运动项目,不特意安排整段时间是无法进行的,人们想锻炼,却苦于没时间。休闲体育活动在时间上要求比较宽松,可以在工作间歇的时间里进行,也可以在茶余饭后的零散时间里进行,也可以早、晚进行,时间安排可长可短,完全依个人的体力、兴致、忙与闲的具体情况而定。

5. 放松心情

人们在心情愉快的状况下从事休闲体育活动,可以不必为动作的笨拙而担心,不必为从事锻炼的花销而忧虑,不必为占用过多时间而着急,不必为达不到某些体育标准而悲伤。它使锻炼者忘却烦恼,摒除一切不利健康的情绪影响,使活动过程不仅是健身的过程,而且也是消除精神紧张使身心放松的过程,体现了生态化养生的中华传统保健文化观念。

(三)休闲体育的内容

休闲体育强调的是大众对于体育活动的直接参与,它主要包括五个方面的内容,即指导性体育、非正式体育、单位内体育、单位间或校际体育和俱乐部体育(表2-1)。

表 2-1　休闲体育的内容

内容	特点
指导性体育	提供学习平台
非正式体育	自我指导,个性化,随意性的自我参与
单位内体育	同一部门之间的体育活动
单位间体育或校际体育	不同部门之间的体育活动
俱乐部体育	以共同兴趣爱好组成的活动团体

1. 指导性体育

休闲体育中的指导性体育主要指通过授课、实地讲解或讲习班等形式为体育活动参与者提供学习体育技能、方法、规则等的机会,以提高他们的运动成绩和技术水平。授课地点、对象和内容可根据参与者的具体情况确定。尽管在休闲体育中学习体育技能是重要的一部分,但它强调的是参与者在学习过程中能够体验到快乐,从增长知识和提高技能的过程中获得满足。

2. 非正式体育

非正式体育以个体参与为主,强调个体的兴趣及愿望,无既定目标,其目的是健身和娱乐。排球比赛、棋牌类游戏、朋友间的随意篮球赛、滑板、滑雪、骑自行车等均属非正式体育。参与者自行决定活动项目、场地和参与时间。人们参与非正式体育活动的动机主要来自于对自身健康的关注和参与休闲体育活动的热情。

3. 单位内体育

单位内体育是指同一组织机构或单位（如学校、企业、社区等）内部的人员所组织的体育比赛或活动。单位内体育最早仅指大学校内休闲体育，但20世纪初，其范围扩展到市政和社区休闲部门、中小学、企业、私人俱乐部、部队等。单位内体育一般是有组织、有安排的体育活动，因此，需要本单位或本系统相关机构的规划与领导。

4. 单位间体育或校际体育

单位间或校际体育是单位内体育的扩展。通常，它可以是各单位或学校的冠军队之间所进行的有组织的体育比赛，也可以是各单位代表所参与的体育节日或体育活动。单位间体育活动可以是强调娱乐与社会交往的非正式活动，也可以是强调取胜夺冠而组织良好的正式活动。

5. 俱乐部体育

俱乐部体育，主要是指由共同的体育兴趣而组织到一起的成员兴趣小组，如长跑俱乐部、划船俱乐部、桥牌俱乐部等，它是休闲体育中重要的组成部分。通常，因目的不同，体育俱乐部可分成竞技性俱乐部、指导性俱乐部和社交性俱乐部三种类型。因其存在的背景不同，休闲俱乐部可分为市政背景下的俱乐部、军队俱乐部、商业性俱乐部、学校俱乐部等。

三、休闲体育的发展

休闲体育活动融入生活方式已经是社会发展的世界性潮流，发达国家的人们已经做出了榜样。尽管大部分中国人的体育活动仍然仅仅只是停留在学校的受教育阶段，但越来越多的人正在把体育活动视为休闲娱乐的重要内容，作为自己生活的组成部分。

由于一些社会强力因素的影响和闲暇的增加，休闲包含更多具有广泛意义的内容，并且被认为对个体和社会的发展是有基本价值的。在一个以休闲为中心的社会里，大量闲暇的增加，也可能潜在地影响到个体和社会的休闲质量。人们为了高效地利用闲暇以最终提高他们的生活质量，其途径就是增加更多的休闲体育活动。在这种高质量的生活里，休闲体育活动是一种对健康人生可靠的和有价值的投资。而这一些准备可以通过休闲体育教育进行,这样的教育应该完全迎合个体和社会的需要。

对休闲生活的良好适应,有助于个体享受高质量的生活。高质量的生活通常被描述为有效的、有意义的、富有的、有趣的生存,这种生存基于人的享受感、满足感、履行感和自由感。体育正是表达了这样一种价值观,它基于人们的身体、精神和社会的安康;基于最崇高的和最久远的人类友谊、和平的价值观念,不阻碍别人对幸福的追求,因而得到广泛认同。

第二节 娱乐论

随着社会的发展和人们生活水平的提高,体育已经从过去相对单一的身体竞技与教育行为演变为社会文化的多元载体。伴随着大众文化的飞速发展,体育娱乐文化也已经成为重要的文化形式。越来越多的人开始沉浸在体育文化带来的快乐之中,体育文化也逐步成为反映社会文化价值体系的重要载体。娱乐的目的是获得快乐,而快乐是人生的理想状态之一,快乐促进身心健康,从生理和心理方面研究娱乐,可以促进体育活动更有效地开展。

一、娱乐观概述

(一)东西方的娱乐观

娱乐是休闲活动的特征,是人的一种需求,满足这种需求是为了达到快乐的结果。研究娱乐,就是探索如何获得快乐的过程。人具有趋乐避苦、趋利避害的行为趋向,寻求快乐是人们孜孜不倦的追求。快乐与幸福更多的是心理、精神上的满足,是建立在一定物质条件上同时又以与他人共同的快乐、幸福为条件的。探索人类快乐的理论,自古以来就是思想家的趣事。

1. 西方的娱乐观

西方思想家认为求乐避苦是人与一切生物的本性,幸福快乐是人生的目的。他们对人性与快乐理论进行了深入的探索。最早提出快乐论的学者是古希腊昔勒尼学派的创始人亚里斯提卜。他认为,快乐是人生的唯一宗旨,快乐就是善,痛苦就是恶。其余一切都无足轻重。任何快乐都是好的。他主张满足各种感官的欲望,生活的目的是快乐。合理的享乐是最高的幸福,快乐和痛苦是判断善与恶、真理与谎言的尺度。

马克思是唯物史观的奠基人,他反对人成为金钱的奴隶,认为这是一种异化,他渴望的是人人都能自由而全面地发展,在人间实现天堂。马克思在其博士论文里肯定了伊壁鸠鲁的科学研究,并指出"他是古代真正激进的启蒙者,他公开地攻击古代的宗教,如果说罗马人有过无神论,那么这种无神论就是由伊壁鸠鲁奠定的"。

人文主义者强调知识对人的行为和获得幸福的决定作用,其宗旨是反对神学干涉人的本性和命运,在人性论的基础上进行了对快乐的思考。

2. 东方的娱乐观

"乐"出现在史前时期,在没有文字的原始社会,人类生活、生产经验的传授,主要是通过口耳相传和形式的模仿,故特别重视"声教",因此,韵语说唱就逐渐发展起来了。《礼记·乐记》说:"乐者,音之所由生也,其本在人心之感于悟也……乐也者,圣人之所乐也,而可以善民心,其感人深,其移风易俗(易)。故先王著其教焉。"在古代,音乐与舞蹈往往是紧密联系结成一体的。高兴时手舞足蹈、快乐吟唱,中国古代的"游乐"与西方的"身体娱乐"在根源上是相通的。

受东方文明的传统观念影响,中国人习惯从节俭中寻求乐趣。有限的资源和自然经济的劳作方式,使中国人不能像西方人那样恣意消耗资源,纵情享乐。不纵欲,也不禁欲,而是"乐而有节"地娱乐。物质欲望满足的快乐,感官刺激的快乐,最终是为了保证身体的健康。反对穷奢极欲的过度刺激的中国传统观念,可以矫正人类社会现代化带来的观念误区。在休闲活动中,人们从周围环境中索取越少,他们得到的快乐就越多。东方的快乐,赞赏情感的愉悦,充满着"仁爱"的温暖,是后现代社会的精神追求。

(二)娱乐的界定

娱乐是人类在基本的生存和生产活动之外获取快乐的非功利性活动,它包括生理上获得快感,更主要是指心理上得到愉悦。将娱乐仅仅归结为感性的消遣、感官的快乐,认为娱乐活动所满足的仅仅是一种低级的生理欲望,而不可能是高级的心理需要,是一种过于狭隘的认识。我们不排除人类的某些娱乐方式或某些人的娱乐活动只局限于生理快感的层面上,但也不应该由此得出结论:所有的体育的娱乐功能都只能或应该停留在这个层面上。我们要提倡的是健康、高雅、完善人性的娱乐方式和趣味。

打球是娱乐,打牌是娱乐,看戏是娱乐,看小说也是娱乐,各种形式的娱乐活动所起的作用有一致的地方,即引起快乐,而且这种活动和人的具有明确功利性目的的活动有所区别,如在极度疲劳时睡觉、在饥肠辘辘时饱餐,都可以获得极大的快乐,但一般并不将这些活动视为娱乐活动。同时,在参与或观赏这些似乎能摆脱现实、忘记一切的纯娱乐活动的过程中,人们也获得一定自由享受的乐趣,并且也有可能获得对现实的某种超越性的体验。从这个意义上讲,即使是在这些纯娱乐性的活动中,也完全可能包含有审美的因素。娱乐和审美显然是紧密联系的。追求快乐的方式是不以个人的意志为转移的,随着时代的变迁、人的衰老,人对长寿、健康、体质增强、技巧娴熟的欲望是永远不会得到满足的,人类也就永远不会停止在体育活动中对快乐的追求。

二、体育与娱乐的融合

娱乐是体育运动的基础。体育就是健康,它对人们的身体和精神有好处,对个人和社会也有益处。只有持续地努力,才能把这种思想意识形态植根于大众之中。科学家们一致认为,体育锻炼具有药物作用,这就意味着能增强人们的身体健康,个人的健康也就是社会的健康,娱乐是长期从事体育的基础。

众所周知,古代奥运会与宗教祭祀有着密切的联系,体育活动的发端就具有神性的一面。随着历史的发展,现代奥运会在工业化文明的背景下萌发并走向繁荣。工业化和科学技术的发展使人类从繁重的体力劳动中解脱出来,人们开始有较多的闲暇时间参与体育活动,但是体力活动得到解放并不促使人们全部投入到体育参与过程中,而是有相当一部分人利用闲暇时间通过各种媒介观赏体育赛事和文化活动。这在一定程度上营造了现代社会特有的体育娱乐文化场域。网络媒介等现代社会的传播工具促使人们从多角度了解体育活动的参与人群,体育事件和明星的所有行为都成为民众关注的目标。

遵循快乐原则促使大众愉悦并在参与的过程中实现了教育与社会化的进一步促进。因此,体育娱乐文化在民众中广受欢迎,迎合了现代社会发展过程中人们的娱乐心态与主观需求。现代社会中人们摆脱了传统宗教的"禁欲主义",体育娱乐变得合理合法。

随着社会的发展,人们生活水平不断提高,人们不仅获得了更多的财富和闲暇时间,而且获得了更多的娱乐消遣方式。特别是近年来随着一系列大型体育赛事的举办,体育的影响力和认知能力大大提升,人们的思维方式也在发生变化,开始重新审视体育的功能和价值,越来越多的人开始关注体育娱乐活动和体育赛事,同时随着人们对自身健康的关注有更多的人投入到了体育健身活动之中,一些体育项目也成为社会发展的时尚运动,引导着社会文化发展的潮流。

三、体育娱乐的发展

(一)体育娱乐功能凸显

体育作为一种特殊的文化活动,具有明显的娱乐功能,它贯穿着人自由自觉的特性,在体育活动中,娱乐性与理性、娱乐的个体性与社会性都不应是对立的,娱乐并不等于排斥理性的思考,更不等于排斥社会性的内容。

娱乐是从人的幸福和自我满足的体验中产生出来的个人情感状态,它具有优胜、成就、兴奋、成功、个人价值和喜悦等情感特征。娱乐能增强人们积极的自我想象。娱乐是对于审美体验、个人实现或从别人那里获得肯定反馈的一种反映。由此看来,不仅不应将消遣娱乐与工作学习对立起来,而且应当把它看成是一种必要的生存状态,是对紧张的工作学习的一种补偿。体育是消遣娱乐的一项内容,反过来说,消遣娱乐也是体育的一项功能。

体育的乐趣主要在于通过审美得到自由享受与审美快感。体育给人的快感,并非是从一系列可能使人产生快意的事物中随意选择出来的,而是一种"高级的快感",是从一种高级活动(即身心健康)中取得的快感。从这一点来讲,体育和其他娱乐活动的娱乐功能并不等同;体育的娱乐功能与审美功能也不是完全等同的,不能因为由于快乐产生审美,便认为审美即等于娱乐。体育休闲活动的本质特点就是娱乐性。但我们不应该要求体育和其他娱乐形式(如看电影、玩游戏等)发挥一样的娱乐功能。体育并不能也不应该取代其他娱乐方式的作用。

(二)体育娱乐的平民化

在绝大多数人们的心里体育早已脱离了传统社会赋予的价值认识,已经成为集社会、经济、政治和文化等多元符号为一体的复杂文化现象。体育娱乐文化代表着消遣、欢乐、惬意,更代表着健康的生活方式,因而在现代社会中体育娱乐文化摒弃了理想主义的"宏大叙事",专注于大众的"平民叙事"成为时代特征。

伴随着体育商业化的进程,精英运动员与具体的体育媒介事件都成为民众和社会舆论关注的主体,社会文化的舆论场域始终彰显着精英化的体育精神,普通民众在这个舆论场域中只能扮演"局外人"和"观众"的角色。

第二章 休闲体育文化内涵解析

伴随着社会的变迁,原本处于幕后的"看客"也开始走向体育娱乐的前台,普通民众得以充分享受体育带来的快乐和激情,自媒体时代促使人人都成为媒介和舆论传播的主角。随着体育发展方式的转型,部分精英体育的培养模式也开始逐渐发生转变,诸如丁俊晖、李娜等"举国体制"之外的运动员在国际赛事上崭露头角,原本高不可及的"精英体育"开始逐步走向"平民化",在现实生活中普通民众向竞技体育发起的挑战比比皆是,帆船航海英雄郭川、极限马拉松选手陈盆滨等一次又一次通过自身的表现彰显了英雄本色。

不仅如此,在体育传播媒介的报道主体关注上也呈现了由精英化向平民化的转型,对精英运动员的报道也一改传统的"英雄主义"视角,更多地关注其平民化的一面,在报道内容和播出的时间上也为了迎合广大民众的口味进行调整。一些媒介已经将关注的焦点集中在普通民众,在展示体育参与者生动鲜活的平民化形象的同时其神秘感也消失殆尽。可以说在社会变迁和大众文化转型的背景下,体育娱乐文化的主题已经从精英文化转向平民化视角,已经从崇高走向普通进而成为人们娱乐的重要载体。

(三)体育产业发展对娱乐的依赖

现代体育与休闲娱乐融为一体,是社会进步、人们生活质量提高的必要步骤。体育自身社会功能的进一步丰富和发展,体育与政治、经济关系的重新定位,才能使体育发挥娱乐性,促进消费性的"休闲产业""娱乐产业"等蓬勃发展。

体育娱乐的发展,给我国体育产业和体育市场的发展注入新的活力。体育产业作为第三产业,属于服务型经济,服务于运动参与者和运动观赏者,体现了"体验经济"的特点。从体验经济这一新的经济和文化形态的角度来理解体育产业的发展,不失为一种独特的思路。所谓体验,就是以商品(产品)为媒介,激活消费者的内在心理空间的积极主动性,引起胸臆间的热烈反响。这就要使消费者在整个情感体验过程中获得某种心理满足,从而心甘情愿地为此支付一定(或额外)的费用。体育竞赛就是一种特殊的体验。体育运动和娱乐体验不是免费的午餐,消费者将为这种文化体验而付费。随着新经济的发展,以健身运动和娱乐为特点的体育消费成为当代经济发展的增长点。"消费革命"时代的一个重要特征就是体育休闲娱乐已成为满足社会需求的一种供给。为此,在新经济时代,要进一步做好城市体育休闲娱乐工作,充分发挥体育的经济作用,分析体育市场的娱乐需求,促进体育与经济协调发展,加快体育文化产业发展的步伐。

(四)体育娱乐促进健康

享乐不会带来健康,快乐却有利于健康,身体娱乐更能够直接促进健康。在全民健身运动和提高生活质量的呼唤中,我们应该充分利用体育的娱乐作用,推动全民健身运动,促进国民体质和健康水平的提高。身体娱乐不仅有和其他身体活动一样的锻炼效果,还要求通过创新来达到身心健康。选择和变化是快乐的要素,丰富多彩的体育运动项目为身体娱乐提供了广阔天地。不断会有体育运动新项目、体育锻炼新形式出现,这些新项目、新形式也一定会迅速发展兴旺起来。从事所喜爱的运动,可以使每个人达到体力和精神健康的佳境。生命在于运动,而体育休闲娱乐活动更是在增强人体体质的同时,给人们带来了愉快的情绪。而良好的心理状态,又是促进健康的基本条件。

人民大众休闲文化水平的提高,是一步步发展起来的。关键是人的观念要转变。以往人们对社会生活的理解具有很大的片面性,似乎我们的社会生活就只有生产劳动,人的社会关系就只是生产关系,完全忽略了休闲娱乐在人们社会生活中的地位和作用。事实上,人的劳动以及由劳动形成的生产关系,最终还是为了生活,其中包括更好地休闲娱乐。这是人类健康发展的必要环节。因此,身体娱乐是为了个人的健康、群体的健康和全人类的健康。

第三节 游戏论

一、游戏概述

(一)游戏的概念

人类最初只能根据自己的生存条件,以徒手为主,做一些简单的游戏。比如,在古代,人们为了抗击野兽而制作的怪异面具和怪兽服装,就是孩子们喜闻乐见的面具游戏的雏形。随着人们生活经验不断丰富,游戏的内容也不断多样化,形式也逐渐复杂化,对游戏的活动要求也有所提高。特别是语言和文字的出现,更加丰富了游戏的内容和表现形式。相继出现了说白、歌唱式游戏、猜谜、猜字词、计算、棋牌类等游戏。随着中外文化和教育的交流,国内外许多民间游戏得以相互传播。我国清朝外交官张德彝氏,

第二章 休闲体育文化内涵解析

在 18 世纪 60 年代,在周游列国后,记录并整理了八部游记,其中就有 60 多则是关于外国民间游戏的介绍和引进。随着生产力的逐步提高,游戏逐渐脱离对生产和生活实际的简单模仿,趣味性、竞争性、创造性逐渐增加,规则也随之完善。

西方的游戏理论中荷兰的文化史学家、语言学家约翰·胡伊青加,对游戏进行定义:"游戏是一种自愿的活动或消遣,这种活动或消遣是在某一固定的时空范围内进行的,其规则是游戏者自愿接受的,但又有绝对的约束力,游戏以自身为目的而又伴有一种紧张、愉快的情感以及对它不同于日常生活的意识。"人们对于游戏的态度普遍是积极的,并且乐意接受其平等、公平竞争的规则。

通过对中西方游戏理论的研究不难发现,游戏作为一种极具乐趣的社会现象,吸引了众多学科的学者的研究。他们从生物学、人类学、语言学、文化学、心理学、教育学、社会学和哲学等不同的视角对游戏进行分析、研究,试图找出游戏的本质和意义。因此,概括各派的观点,我们可以将游戏表述为:游戏是休闲的娱乐活动,游戏是自发的娱乐活动,游戏是自主的娱乐活动,游戏是假想的娱乐活动,游戏是人的一种生存方式等。具体而言,从内在特征来看,游戏可以表现为愉悦、规则、自由和和谐;从外在表现来看,游戏则可以表现为虚拟、对话、表演和体验。

(二)游戏的特征

1. 自由特性

强迫不是游戏,游戏是自觉自愿的活动,游戏起始和停止是随意的,不受时间限制,游戏区别于劳动,不同于工作,只有当游戏被视为文化功能时,如作为一种仪式或庆典,它才会有责任和义务。可见,游戏以自身的规则而进行时是自适的。然而,游戏作为社会文化而存在,游戏的自由特性也只是相对自由性。例如,相对于社会文化内容的政治活动,体育的参与者普及面更大,参与的人数更多,受种族差异、政治态度、经济地位和文化层次的影响相对也较小;体育竞赛由于和各国的语言差异全无牵涉,和各国的一般文化背景也关系不多,成为一种所谓的"全人类的共同财富"。

2. 非功利性

游戏的非功利性与其自由性能特征是一致的,现实世界中,体育游戏与社会文化的方方面面密切联系,最直接的是愉悦身心的健康效果。我们今天力倡的体育生活方式,"健康第一"的学校教育指导思想都是体育的社会效应。体育游戏肩负的文化职能更是如此,如财富、声望和社会地位的取得,行为规范和价值观念的形成,对民族精神和传统文化的弘扬等。

3. 时间独立性

只有当人们脱离了日常事务,把日常生活的杂念弃之脑后,游戏活动才是纯粹的。这个意义上的游戏活动就像原始社会的宗教或庆典活动,在那种时刻,人们沉醉于活动本身,追求一种欢乐、脱俗、永恒和神圣的体验。

游戏超越时空又受限于时空,其独立性是相对的。现代竞技运动也多少具备了这种有限制的"空间和时间上的独立性",使其较为明显地与人类其他文化活动形式区别开来。竞技运动的场地就是空间上的独立,运动场通过围墙同外部世界分离开来,面向运动场的座椅,限制了观众的活动,也聚合了观众的视线。看台上的观众暂时抛开日常的琐碎、烦恼和各种杂念,全身心地沉浸在激烈而又扣人心弦的比赛中。时间上的独立性,可以理解为竞技运动中钟表所反映的"客观时间"和为某种竞技运动而特意规定的"主观时间"。在竞技运动中,场上的运动员和看台上的观众忘掉了"客观时间",被人为规定的比赛时间所左右。还有些运动竞赛项目,如棒球,几乎是在无视"客观时间"的情况下进行的,没有结果,比赛就不会终止,运动员和观念处于忘我境地,沉浸在运动竞赛的氛围中。游戏在时空上的独立性,使游戏世界与日常生活世界分离,这种分离是由空间和时间上的独立性造成的,这种分离感是游戏特有的具有象征意义上的文化需求造成的。

4. 表象性

游戏的世界是与外部分离的,这种分离感不仅是由空间和时间上的独立性造成的,而且也是由它特有的具有象征意义或物质意义的文化需求形成的。这些文化需求包括与游戏相关的特有的规则、价值观、技巧,以及游戏者特有的服饰、游戏设施等,形成了与游戏外部现实世界截然不同的亚文化氛围。

例如,现代竞技体育的文化需要体现在诸如体育设施、场地、运动服装等物质内容上,特别是运动员的运动服,赋予他们以特定的角色意义,使他们同观众区别开来,并使观众易于辨别比赛双方,以采取相应的不同态度。这些需要也体现了一些规范体育运动本身的规则和价值观等,如公平竞争和互相合作的价值观。这是理想的社会伦理价值在体育界的缩影。它在其他社会领域难以得到切实执行,却在体坛上以一种完善的体育道德形式得到了升华,反过来又有利于推动其他领域的精神文明建设。

二、体育游戏概述

(一)体育游戏的概念

今日体育游戏的起源,可追溯到遥远的原始社会时期,其历史与人类历史几乎一样悠久。我国古代最初的体育游戏,大概是直接从动物本能的基础上发展而来的。远古先民"饥则思食,食饱则鼓腹而游,渴则思饮,饮足则跳跃自娱",这种"鼓腹而游"和"跳跃自娱"活动,当属本能性和自娱性的原始体育游戏。

进入21世纪,游戏内容更加多样化、游戏形式更加大众化、游戏方法更加科学化、游戏设施更加现代化等特点,使游戏的参与性和观赏价值大大提高。体育游戏是以"玩"为活动形式,以身体运动为主要特征,以促进身心全面发展为目的,具有浓厚娱乐气息的一种游戏。人们既可在娱乐中有趣味地竞争,也可在竞争中体验愉悦,真可谓健身、益智、育德、促美。在轻松活泼的气氛中,求得健康与精神享受,这正是体育游戏的巨大价值和魅力所在。体育游戏将成为人们的一种追求,成为人们社会生活和余暇活动中的一个重要内容,成为人们完善身心、充实自我、展示自我、体现人生意义的一个重要领域。

随着社会的发展和进步,游戏也在不断发展和变化,逐渐以身体活动为主要特征的体育游戏,作为游戏的一个分支,逐渐从游戏里分离出来,成为一门独立的学科。根据年龄、体育项目、身体五大素质、运动量大小、活动场地或者人生活的不同的空间等标准进行划分。此外,根据组织和参加游戏的人的目的不同,划分为娱乐游戏,益智游戏,体育游戏等。因此,体育游戏作为各种类别的个体活动和集体活动的总和,是以体育动作为基本内容,以游戏为其表现形式,以增强体质为主要目的的特殊的体育活动。

(二)体育游戏的实质

以身体活动为主要特征的体育游戏,作为人们休闲活动的主要内容和最佳形式,必然也有一定的理论基础和依据,从游戏实质的宏观考察中可见,游戏和工作是相对而言的,通常人们总是把游戏和工作视为两种不同的基本活动,游戏与工作的本质区别:游戏的终极是改造自身,不产生有社会意义的产物,行为由内部动机激发,即主要源于直接的兴趣,具有主动性。工作目的的终极是创造财富,改造客观世界,其动机是意识到社会的职责,行为具有强制性。从这个意义上说,工作是人的基本生活生理的需要,游戏是人的自由余暇活动的需要,其意愿也不受任何外加力量的强制和束缚,游戏的目的在于充分发展自己的各种能力,在于完善个体、愉悦身心、实现自我,尤其使人的创造力得到发展,活动本身就是目的,体育游戏是游戏的一个分支,这就是游戏和体育游戏活动的实质所在。

(三)体育游戏与游戏的关系

游戏是指在无忧无虑的情况下,发泄自己内心的一种以娱乐形式为存在的活动。游戏是人自觉行为显示的最大特点,限制较少,游戏是人最好的自由活动。原来的游戏是在一个没有约束的前提下产生和实施的娱乐活动。游戏的目标是追求幸福,游戏是其表现形式,但随着社会的进步和人类各种社会制度的健全,约束人们的行为,评价事物的标准已逐步形成。人类的原始游戏,也由开始的"自由"和"无拘无束"演变为在以某种方式和变更修改后的"游戏"。

体育游戏正是这个游戏改进的产品。从游戏的发展而衍生出来的体育游戏,结合身体发育和智力发育,具有独特的教育意义的现代游戏方法,它不再只是一个"自由"的、"松散"的一般游戏,也并不是一般的严格控制的体育教学和训练,而是要以促进身心健康的发展为宗旨的,以体力与智力性活动为一种手段的体育锻炼和娱乐性活动。体育游戏与游戏的最大的区别在于双方在娱乐性相一致的背景下,体育游戏比游戏更加注重方式和方法,两者在竞争激烈的表现程度上有许多不同。

三、体育游戏在休闲体育文化方面的发展

(一)体育游戏是休闲体育的重要内容

在人类社会漫长的进化过程中,体育游戏和体育一样,经历了从原始体育、古代体育、近代体育到现代体育的发展历程。无论是何种阶段的体育,休闲与体育一直保持着紧密的联系。体育游戏是人类在生产活动中产生出的多以全身的自然活动为主的一种特殊社会文化活动,它具有娱乐、健身、教育、竞技、冒险等多种特点与功能。体育游戏首先是以身体再创造的形式发挥其效力。然而,体育游戏并不单纯是为了空闲时间的娱乐和愉快的休养,而重点是求得人体的积极恢复和确保人的整体性。

由于奥运会中的竞技体育本身对大众的吸引,促使大众更多地投入到体育运动当中来,竞技体育的发展同时也会为大众参与休闲活动提供更多的场地设施和更好的条件,体育游戏是体育的载体,它是以娱乐的形式为

第二章 休闲体育文化内涵解析

最理想的活动方式。体育游戏以其丰富的内容和形式以及多项活动价值吸引着人们。不同年龄、性别、职业的人可根据自身的身体特点、环境条件、兴趣爱好进行体育活动。或健身或娱乐,或竞技或康复,各取所需,各得其乐。体育游戏可以作为一种文化快餐,丰富人们的闲时生活,又是一项积极健康、易于人们经常参与的余暇活动。无疑,体育和体育游戏将成为休闲社会的重要内容和最佳形式。

(二)民间体育游戏的独特地位

历史发展到今天,作为一种独具民族传统文化魅力且经济实惠的休闲体育形式,民间体育游戏依然在人民大众的文化休闲娱乐生活中发挥着不可或缺的作用。尤其随着我国小康社会的不断发展和人们休闲娱乐需求的不断提高,还有全民健身运动的深入开展,民间体育游戏正在越来越受到人们的青睐。比如舞龙舞狮、放风筝、扭秧歌、鞭陀螺、跳绳、踢毽子、拔河、跳皮筋等,以及一些少数民族地区的民间体育都得到了较好的开展,极大地丰富了人们的文化休闲娱乐生活。

体育游戏、民间体育游戏与休闲体育之间既有密不可分的内在联系,又有发展演进过程中的实质差异。体育游戏是一种由内部动机引发的,融娱乐、情感、超越、规则、自律、公平、模仿、虚拟生活体验为一体的自主性活动。民间体育游戏是体育游戏的一个分支,休闲体育是体育与休闲结合而成,与用作其他方面的体育有所不同,它更能彰显指由内部动机引发的,为了从外界环境的压力中解脱出来,使个体能够以自己喜欢的、本能地感到有价值的运动方式,去休息、消遣、培养与谋生与经济利益无关的体能、智能和运动能力,自发地参加体育活动和自由发挥运动才能的一种社会文化活动。以欣然之心态,择喜爱之项目,强躯体之筋骨,这就是休闲体育的真谛和价值所在。

(三)体育游戏对于人的生命的健康发展

余暇的出现和休闲体育的兴盛是社会的一大进步,休闲体育的健身、娱乐功能在本质上反映了人类生活质量的提高和社会文明的进步。体育游戏固有的本质特征表明它在满足人类休闲活动中所占有的重要地位,它在非功利性的场合中营造了娱乐、友好、真诚、愉悦和轻松的氛围,为人与人之间进行情感交流、增进了解、产生认同架起了沟通的桥梁,使人的精神世界得到更多的终极关怀,对于防止精神匮乏、缓解精神贫困、避免精神家园的荒芜具有精神导向价值。体育游戏是人类休闲活动的主要内容和最佳形式,这是大众体育发展的必然走向。在各种休闲方式当中,体育游戏无疑是对于人的生命的健康发展来说最具积极意义的方式之一。民间体育游戏是我国宝贵的文化遗产,是独具民族传统文化魅力的休闲体育形式,努力弘扬和发展体育游戏文化,是体育自身发展的需要,也是构建积极健康的大众休闲生活的需要。

第四节 健康论

一、健康概述

(一)健康观的形成和发展

健康是人类生存和发展最基本的条件,近年来随着慢性非传染性疾病对健康危害日趋广泛和日益加重,慢性病和健康的致病因素日益引起重视。与此同时,国际社会对健康不公平和健康对社会经济影响的重视日趋增强,促使对健康的内涵及其核心界定的关注。

在人类发展的历史长河中,健康观伴随着医学进展、社会进步不断丰富和发展。19世纪末,自然科学的疾病观雏形形成,认为疾病是由单一的病原微生物引起的。这个时代认为健康就是保持病原微生物、人体和环境三者之间的生态平衡,这种健康概念只涵盖了自然因素,忽视了疾病的其他因素。

20世纪90年代,世界卫生组织将健康定义为:"一个只有在身体健康、心理健康、社会适应性良好和道德四个方面都健全,才算是完全健康的人。"生物、心理和社会医学模式和整体论医学观提出后,得到普遍认可。此后,国内外众多学者投身健康理论的研究,提出了很多健康的定义。例如"健康是人们在其日常生活环境中创造和享有,人们在这种环境中学习、工作、游玩和献出爱心。健康从关心自己及他人中得来,从理解决策和控制自己的生活行为中得来;只有人们在其生活的社会能创造使社会每个成员都获得健康的条件时,才会有健康可言"。目前,能够得到公认的健康定义尚待确定,这正说明对健康的探索和认识还处于动态的发展中。

(二)心理和精神健康是核心

半个多世纪前,WHO提出的整体健康观是一种积极的健康定义,在这一健康内涵中,强调心理和精神健康是健康的一个不可或缺的重要组成部分,尤其是将健康扩展到心理健康和社会适应性的范畴是对健康观认知的一个重要进步。但对心理和精神健康与整体健康的关联和处于何种位置并没有明确阐述。

在 WHO 提出的整体健康观的基础上,心理和精神健康是整体健康的核心,是个体健康最为重要的决定因素。而个体心理调适能力是其心理和精神健康的关键。这是因为生物体(尤其是人类)在生存中对外界所具有的适应能力,主要体现在机体能否具有真正与不断变化的外部和内部环境相适应的能力,不仅能够抵御微生物的侵袭,还能够承受精神和心理方面的冲击。而这种适应能力的核心是良好的心理调适能力。只有具备良好的心理调适能力的人,才能达到心理和精神健康的良好状态,进而具有躯体健康和良好的社会适应性的整体健康的完满状态,实现这一整体健康的关键是要促进心理和精神健康。

(三)大健康观

"大健康观"是一种健康价值观。大健康观是以大健康为基础,通过凝聚、抽象、升华等理论建构方法形成科学的,达到理论高度的,体现了健康价值原则、健康价值规范、健康价值理想、健康价值信仰,具有价值观核心要素和典型表现形式的健康价值观。大健康观就是以人类的健康、民族的健康为根本的健康价值存在论;人、社会、生态和谐为特征的健康价值本质论;以追求天人合一,形神和通,遵循健康生活方式为特征的健康价值方法论;以实现躯体健康、心理健康、履行社会责任的能力健康、道德健康,以及提高生命质量在内的整体的、全面的、全社会健康的健康价值目的论。

大健康观关注到全球化与本土化间的互动,认为应秉持一种超越传统与现代、西方与东方、本土与全球的二分对立的视角。全盘接受相同内涵的现代化,理论上会造成文化的去多样性灾难;在实践上看,各国各民族的现代化过程也都不是对传统和本土文化的全然替换,传统与本土文化总是对现代化发挥着其积极影响,进而形成各国各民族独特的现代化模式。

二、休闲与健康的关系

(一)闲暇时间是健康生活方式的保证

休闲与生活方式密不可分,良性休闲是健康生活方式的重要内容。进入现代社会之后,随着科学技术的日新月异,经济、社会和文化的迅速发展,社会生产力获得了迅速的提高。农业文明时代的那种日出而作,日落而息的生产方式,被工业文明时代的大规模、高产出、效率化的生产方式所替代。生产力的提高,物质生活的繁荣,给予人们的闲暇时间也越来越多。

然而,当休闲成为生活的一项重要内容时,人们却总是将休闲与日常的消遣娱乐、休息游玩等同视之,未能真正地将休闲视作生命的一种形式,更不用说在哲学的层面上探寻其生命的意义。其实,休闲并非只是单纯的休息、游玩、消遣、娱乐,实际上它是人的生活的一个重要构成部分,是生命的一种形式。

健康需要科学文明的生活方式,需要走路等方式进行适量运动,当然更需要丰富多彩的身体娱乐活动。这些都不是上班时间的工作,很明显,体育锻炼只能大量地安排在休闲的时间里。

工作时间的缩短和家务劳动的减少,使闲暇增加。但闲暇的增加,并不会自然带来身体活动的增加。当讨论到人类从事某一特定活动所需的时间、举行的时段、季节的变化以及活动之便利性和参与此活动的频率之间的关系时,发现时间因素与参与频率呈强烈反比。特别是那些需要较长时段活动(周末露营)、需要特殊时段活动或是需要特殊季节条件活动,比起那些费时不多、可于任何时间进行的活动,参与频率少得多。针对不同的人群、选择适当的项目、安排在适当的休闲时段、给予专业技术方面的指导,这是当前中国社会体育指导员业务学习的重点。

（二）休闲内容是健康的评价指标

后工业社会的到来,休闲在促进入的健康方面将扮演重要的角色。按新的健康观来说,其实健康和休闲有许多相关之处。利用休闲获得健康,是最理想的渠道。体育活动可以使人们在休闲中放松平时紧绷的神经,通过对平时缺乏运动的身体加以锻炼,有效提高身心健康水平。

在吃穿不愁的情况下,休闲内容的不健康,将直接影响人的身心健康。过去人们干完繁忙的家务后,常欣赏音乐、阅读小说或聊天以享受人际交往之乐。而今却鲜有人在闲时读书了,电视几乎走进了每个家庭,看电视占去人们越来越多的闲暇,成为大众最主要的娱乐活动。但是,把长时间地看电视作为主要的休闲方式,或痴迷于电子游戏等休闲内容,会因运动不足而给人体健康带来危害。

休闲生活的内容形态是显示社会发展水平的可靠指标。跨越温饱生活水平线的人们,更有条件参与阅读、运动比赛、文化活动、户外娱乐、旅行等。而较低生活水平的人常从事的是看电视或打麻将等低消费活动。看电视是低收入人士的经常性娱乐,而中上阶层则多从事户外娱乐活动。也有若干活动并不特别属于某些阶层,这类活动会因公共活动机会的增加而不断成长。人类休闲活动的内容,终将从散漫扩展的状态走向有选择的多样化。

人类现在已经有了越来越多的闲暇,当务之急是如何选择更加健康的休闲内容。从人的需要的发展角度来说,中国人经过改革开放三十多年的发展,解决了生存问题并开始走向富裕,在精神文化方面有了更多的需求。人们希望全面提高生活质量,希望健康长寿,希望社会有更全面的发展,而这些希望的实现需要人类自身全面提高素质,需要建立健康的休闲观,并且在休闲活动中越来越多地增加体育运动的内容。

(三)发展休闲健康教育

知识经济对教育界的影响是巨大的,面对经济发展的新挑战,学校体育必须配合素质教育和通才教育大方向,应在身体活动中训练学生与人共事的能力,讲究团结协作精神,适应信息社会的形势发展。学校体育不仅要加强健康教育,还要加强休闲健康教育。健康教育作为一种社会活动和一门独立的学科兴起于20世纪20年代。但至今没有完全公认的定义。

尽管对健康教育的界定有所差异,但主要思想都着眼于生活方式与行为习惯,强调自我保健。有学者提出,"健康促进"较之"健康教育"更合理,因为前者反映出人们追求健康的主动性。2001年,国际健康教育联盟也更名为国际健康教育与健康促进联盟。今天,健康教育超越了传统的医学模式,体育的分量越来越重了。从体育的角度出发,我们更需要的是休闲健康教育。

"文明病"是人类文明发展的阶段性产物,如果仅靠医学手段来解决,不仅成本高而且效果有限。与传统疾病相比,"文明病"的特殊性在于其致病因素是复杂的社会原因。这使现代医学面对文明病和亚健康增长的趋势,显得有些力不从心,暴露出了其自身的局限性。相对于体育,医学具有滞后性,只能在病情发生后实施治疗,尽管现代医学提出预防医学和三级预防的概念,也不能从根本上改变这种局面;医学的普遍适应性也不如体育,如过敏体质的人很多,但绝对没有能力参加任何体育运动的人则很少。为了达到健康的目的,人们创造并发展了包括医学和体育在内的各种手段,丰富了人类的文化。环境变化和人们的科学认识水平的提高,将不断地对户外娱乐、旅游等休闲活动进行重塑。

三、健康观的促进作用

(一)提高大众自我保健意识

自我保健包括个人、家庭、社区、同事、团体和单位开展的以自助为特征的保健活动,健康观促使保健模式从"依赖型"向"自助型"发展,它能发挥自身的健康潜能和个人的主观能动作用,强调了个人对健康应负的责任。例如,美国的"健康的国民"、加拿大的"健康影响模式"、澳大利亚的"健康的澳洲人"、日本的"国民健康生活方式"以及我国的"全民健身活动"等,这些运动不仅体现了民众健康服务的目标和策略,更着眼于民众的自我保健意识和参与态度。个体的健康与否不再是个人的私事,疾病不但影响患者自己,也会影响家庭、社会和国家。对自己的健康负责,主动地保护和促进自己的健康,就是对家庭、社会、国家负责。只有通过健康教育才能提高居民自我保健的意识和能力,增强其自觉性和主动性,促使人们进行自主的保护身体,调节心理,改善行为生活方式和调整人际关系,提高整体医学文化水平,提高人口健康素质。

(二)增进与自然的和谐共存

健康是由文化和生态、社会经济、政治文明决定的,健康水平是反映文化和自然生态发展的主要指标,促进人民健康,使人民健康在现有基础上达到最佳水平,健康观把握着人与自然生态的和谐平衡发展。随着医学、生态学的发展,人们逐渐发现了健康维护、增进与自然和谐发展的合理性的关系所在,并且把人类健康生存发展与资源消耗、环境退化、生态恶化的威胁等联系在一起,寻找健康与自然的和谐共生共存,从而达到人的健康生存发展与自然、生态之间关系的合理调控和协同进化,为人类健康的维护、增强创造更好的自然、生态环境。实现人类健康生存、发展所需要的人与人之间关系的和谐,为健康造就良好的社会及心理环境。社会医学、心理医学、人文医学已深刻且不断揭示着健康所需要的社会关系和心理环境。要传播健康观,通过舆论引导,健康观念更新,使广大群众树立起健康观,迎接健康社会的到来。

(三)推进新型健康文化价值观

2016年10月25日,中共中央、国务院印发了《"健康中国2030"规划纲要》,将"共建共享、全民健康"作为战略主题,坚持政府主导,动员全社会参与,推动社会共建共享,实现全民健康。这是今后15年推进健康中国建设的行动纲领。确立了"以促进健康为中心"的"大健康观""大卫生观",提出将这一理念融入公共政策制定实施的全过程,统筹应对广泛的健康影响因素,全方位、全生命周期维护人民群众健康。这说明,执政者对健康的理念已经从传统的医疗及卫生预防系统的局限中走出来,扩展大健康领域。大健康再也不仅是熟语,它已被纳入国家的战略布局。

大健康观是健康价值关系、健康价值存在的应然状态的展示和期盼,是新型健康文化的核心价值。大健康观也是健康制度的创造者,治国的健康指南,是健康文化的锚定物和健康事业发展的方向盘。大健康观作为核心健康价值观,从根本上反映并强化多层次主体(个体、社会和国家)的健康需要和利益,表现为主体的健康价值目标和追求,以及主体为实现健康价值目标所产生的期望。这种追求和期望必将引发主体的活动动机和激情,激发主体的各种潜在的能力,投入到大健康事业和未来医学发展的实践和认识活动中去,"人人享有健康"的伟大理想从而得以实现。

(四)重视心理和精神健康

从人群所患疾病及其影响因素研究来看,许多慢性病和恶性肿瘤的发病与心理因素的变化有着必然的联系,其发生、发展多是由心理因素引发的;不仅心理和精神健康不良直接影响人类的健康,并且心理和精神因素对躯体健康的影响也起主导作用。因此,评价一个人是否健康,也应从心理和精神健康评价开始,着手对这些危害健康的因素和疾病进行病因学方面的考察,挖掘真实的原因及其影响因素,为攻克这些健康危险因素提供证据。并应据此动员和重新调配卫生资源的格局,改进卫生服务体系的构造及其服务的提供模式,从而以更加适宜的投入、更高的效能、更具可持续性的方式实现改善个人健康和群体健康的目的。

无论怎样重新界定健康的含义,心理和精神健康对人的整体健康的影响这一新的健康观终将日益得到重视。这种新的健康观应成为目前防治疾病的指导原则进而指导医学实践。防治疾病和促进健康首要的是提升心理调适能力,从疾病和健康真正的影响因素入手,改善心理健康,减少过度治疗所导致的弊端,从而实现促进整体健康的目的。越来越多的证据显示,良好的心理调适能力和积极的心理效应不仅为危害生命的慢性病防治和康复带来有效的、不可替代的作用,改善患者的生活质量,还成为健康长寿的原因。社会心理学家研究发现,快乐对长寿和生理健康具有积极作用,快乐的人寿命更长、更健康。

第五节　教育论

我国目前体育休闲理论最需要应用的领域就是教育、经营和管理,休闲体育教育在发达国家和地区已经成为现代教育的重要组成部分,而在我国还属于初级起步阶段。我国应积极学习国外的先进经验,面向即将走进休闲时代的广大青少年,用体育休闲娱乐理论帮助他们树立正确的运动观。

一、休闲体育教育的内涵

(一)休闲与体育教育相融合

在人类发展的历史上,休闲有时遭受质疑,有时又被人们合理地提倡。直至 20 世纪,在工业社会发展到一定阶段后,休闲的合理性才得到显露,被社会各个阶层所认同,成为社会发展的合理内驱力。时至今日,随着休闲实践的发展和休闲学研究的深入,人们越来越深刻地认识到休闲与教育、体育之间的密切关系。甚至美国有学者研究认为能否策略性地提供集体育、文化和娱乐活动于一体,并成为学习中心、社交中心和观光胜地的大学是美国大学生存发展所面临的一个重要问题,可见休闲已经成为推动大学教育乃至各学段教育的一个重要推动力。

在休闲推动教育改革的同时,我国学校体育教育也面临着休闲时代到来的巨大挑战。随着我国经济社会的发展、物质财富的增加,人民的生活水平不断提高,"普遍有闲的社会"已经到来,人们有时间享受体育休闲生活,然而学校的体育教育能否与休闲社会接轨成为其当前应当解决的重大课题之一。

休闲时代的到来不仅改变了人们的生活方式,同时也推动了整个社会教育理念的革新,成为教育改革的重要内驱力。因此,休闲体育教育是体育教育时代性的反映,而并非是一种特殊的体育教育形式。具体地说,也就是在经济发展和社会进步推动下"休闲"和"体育教育"的两个文化范畴一体化的表现形式。

(二)形成健康生活方式的途径

社会系统的基本建制是以功能性的图式彼此联系的,每个建制都有自己特别的贡献并共同维持整个社会体系的存在。此外社会的巩固与凝聚要求各建制以各自的职能彼此联系起来,与整个社会业已了解并接受的价值体系相切合。如果说我国目前休闲的发展状态对复杂的社会并不是必需的,其目的也不是根本性的,休闲在整个社会体系中尚处于从属地位,至少目前还与建制社会体系无关。那么休闲体育教育或者说休闲化了的体育教育则必然进入建制化的社会体系之中,在整个社会体系中发挥着独特的作用。休闲体育教育向社会体系提供的是规范化的休闲方式,并帮助人们养成健康的休闲习惯,它在一定程度上决定着人们业余活动的内容、频率与持续的时间。

在多元化的休闲生活方式形成的过程中,为了发展积极的休闲生活方式并遏制消极的休闲生活方式,促使整个社会的休闲生活方式从无序向有序过渡,必须通过建制化的休闲教育加以引导。休闲体育教育将在引导现代休闲生活方式的过程中发挥独特的作用。建制化的休闲体育教育将对促进整个社会休闲方式的文明化、知识化、科学化和运动化产生积极的作用。此外,体育在休闲中的地位也使休闲体育教育成为现代休闲生活方式的基本内核。

(三)以休闲运动项目为主要内容

教学内容是教学活动的基本要素。休闲体育教育理念的提出在一定意义上也就是以休闲运动项目为内容的体育教育活动,也就是说要将休闲运动项目纳入教学内容体系之中。然而,认识一个系统只进行元素分析是不够的,还必须进行结构分析,改革一个系统只靠更替元素也不行,还必须进行结构的调整和改革,看一个系统的作用只进行元素的功能分析是不可靠的,还必须进行整体功能分析。

因此,以休闲运动项目为内容的休闲体育教育不仅仅要将休闲运动项目引入教材体系,还必然涉及对现行体育教材体系的改造问题。这一问题事实上是对原有学校体育教材体系的打破与重构,而并非是对体系中个别元素的破与立。休闲体育教育对现行学校体育教材体系的打破与重构也并非是对原有教材体系的否定,而是在新的教育背景和体育教育思想下的改革和发展。

在休闲体育教育理念进入人们视野的初期,我们必须正确审视体育教材体系这一现实问题,不能再让这一思想仅仅停留在认识层面,不能假定通过主观的努力和传统教材体系的实施可以实现休闲体育教育的目的。要深刻认识到休闲体育教育理念的提出对现行体育教材体系提出了严峻的挑战,其本身就包含了教材体系的重构问题。

二、休闲体育专业人才的培养

(一)休闲体育人才市场概况

不同国家和地区娱乐与休闲业中的工作机会和种类,视经济发展的程度而定。很多政府机构雇用休闲娱乐专业人员,担任以资源为主的休闲区以及以人为主、设施较"都市化"的工作。随着休闲娱乐行业的发展,如旅行社、零售商店或娱乐活动等行业的增加,受雇于营利性商业机构的休闲娱乐专业人员也一年年地增加。

准备从事休闲娱乐行业的学生,不应只限于娱乐技能及休闲知识,还应掌握生理学、心理学等知识。如今很多大学生已经意识到在大学期间应掌握更多的知识和技能,广泛接触信息科技、商业、财经及人事管理等知识领域,方能为他们踏入工作岗位之后胜任工作并获得更好的发展提供保障。

无论是经济兴盛还是衰落,休闲娱乐的需求是不变的。因此,对于休闲娱乐业不用担心会缺乏就业机会。但休闲娱乐的模式不断改变,新的游戏、新的休闲娱乐设施以及对工作与休闲关系的新见解——这些都需要从事休闲娱乐行业的人不断学习,不断提高。

随着人们休闲观念的变化,休闲在现代社会生活中的地位已经得到加强和确认。休闲产业成为当代经济发展中的重要力量,体育休闲娱乐消费的增加将直接导致就业机会增加,在经济的产业结构中,休闲产业的从业人员所占比例将大大增加。休闲服务将从标准化、集中化的服务转向个性化的服务,人们对休闲与健康之间的关系倍加重视,作为市场经济条件下生存的高等教育,不能不考虑体育休闲娱乐专门人才的培养,应运而生的休闲教育将很快在教育产业中占有越来越大的份额。通过专业科目的训练与实习,受过体育运动行政管理课程训练的毕业生,比较适合担任体育休闲娱乐的工作,能在竞争激烈的现实环境中求得生存,推动体育休闲娱乐产业的持续成长。

(二)就业情况

体育休闲娱乐专业人才的就业问题,是人才培养过程中的关键环节。休闲与娱乐行业之所以吸引人,有很多的原因,其中包括有机会居住于宜人的环境、有机会与轻松而愉悦的人们相处、有机会全天候享受休闲、有机会服务于特殊人群并丰富自己的经历。很多人都很希望能全天候做些一般人只能在度假时才做的事,而常常最好的办法就是从事休闲娱乐业的工作。对某些人来说,这可以给予长期的满足感。但是另外一个现象是:有些度假区的休闲娱乐主管,变成了房地不动产的销售人员,也有网球专家去经营大型商业化设施,有的解说人员成为教师或转为环境保护等其他行业。有些休闲康复专业者则转为物理治疗或其他与健康相关的行业。对于另外一些休闲专业工作,完全没有事业升迁之路,有的工作,提升自己的机会非常稀少。

商业休闲娱乐从业人员,应该在学校时尽量充实市场营销、广告、预算与人事管理等知识。康复保健娱乐专业人员须有能力去帮助特殊人群从事休闲活动,并且了解残疾者的安全限度。愈是具备多种休闲娱乐的技能和经验,就愈有可能找到工作,且达到雇主的希望和期许。想要在休闲娱乐业界求职,应攻读与休闲娱乐相关的课程。拓宽休闲娱乐的知识范围则是明智的,如汽车常识、安全常识、救护保健、心肺复苏、救生与水中安全指导、人类的成长与发展以及教练指导,包括艺术、戏剧、音乐及舞蹈等都可创造其他的就业机会。

三、休闲体育教育对大学生的作用

(一)调节情绪、缓解压力

体育休闲项目活动一方面满足了大学生体育运动的欲望与冲动,另一方面为大学生提供了心理交际体验,让他们进入平和宽松的心态,自我缓解生活压力、宣泄个性、展示自我、启发心智。它不要求遵守刻板的规则,不以通过比赛追求成绩,也不要求大运动量高强度的训练,而是融入开发游戏的趣味,协同互助,寻求身心放松、舒畅刺激的体育活动氛围,最大限度地满足运动激情和个体表现欲望,有利于大学生自我价值的体现、自我潜力的开发,增强社会群体认同感和自我评价能力,从而使大学生在校内外生活学习所产生的心理情绪和过分紧张的压力得到释放。

(二)培养良好的生活习惯

体育休闲娱乐的开展冲破了校园的围墙,扩大了大学生的视野,促使他们逐步踏入社会和亲近自然,近距离了解周围事物、结交朋友、促进和谐关系、体贴别人、关注同伴的感受、互相帮助、与同伴交流情感、分享快乐、得到同伴的信赖和支持等精神支撑。让大学生形成良好健康向上的体育休闲娱乐意识,不仅给身心健康向上带来活力,同时也可以有效地摆脱社会带给他们的一些不良影响,使他们远离泡吧、赌博等消极、颓废的生活,抛弃吃喝玩乐,追求物质享受的恶习,始终保持朝气蓬勃,奋发向上的良好精神状态。

(三)塑造高尚的道德品质

把大学生吸引来参与体育休闲娱乐活动,引导他们的健康生活、满足个体需求、加深同学之间的交往交际,相互尊重、相互帮助、相互影响,有利于建立高尚的道德品质和完善的人格,树立正确的人生观。

(四)提高个人能力

体育休闲娱乐是在余暇中融合体能、智能、技能、娱乐欣赏为一体的一种体育行为方式。在大学生达到健身娱乐、体验生活、解脱压力的目的过程中,与现代人的生活方式、行为习惯、情感意识相协调,不仅使参与者有意义地度过自我发展的时间和空间,同时也让其形成积极的生活态度,在自由、和谐、愉快的气氛中找到心灵的归宿,找回自我,充分发挥各自的技能和特长,进而提高学习效率和生活质量。

(五)发掘兴趣爱好

体育休闲娱乐能最大限度地激发大学生的兴趣爱好,满足他们的运动激情和个体表现欲望。有利于大学生自我价值的体现、自我潜力的开发,增强社会群体认同感和自我评价能力,形成持久稳定的身心的平衡。

四、我国高校体育教育的现状

长期以来,我国学校体育教育执行体质教育,宣扬体质建国、强国,把增强体质作为学校体育教育的重点目标,所有的体育教学活动都围绕这个主题,把休闲娱乐作为"享乐主义"思想产品逐出体育领域。在体育实践教育中,过分强调学生吃苦耐劳,顽强拼搏,争取达标的同时,却忽视对学生的健康教育,导致学生体质不升反降,心理素质大幅度下降,整体健康水平远远滞后于经济发展。在以"健康第一"体育教学改革的今天,大部分体育工作者仍然走不出"体质为本"的怪圈,妄想通过一周两节体育课来达到增强体质的目的极不现实,更勿论科学。

我国经济高速发展,生产力水平不断提高,使人们有了更多的空余时间,大众休闲体育已经开始起步。过去由于条件限制根本不沾边的体育休闲娱乐也随之逐渐进入了学校,学校休闲娱乐的环境和条件得到了改善,大学生对体育休闲娱乐的意识有了很大提高,但真正在课外进行体育锻炼的活动时间却没有增加多少,究其原因是我们没有给大学生提供足够的体育休闲娱乐理念和氛围。因而,我们对大学生进行体育休闲娱乐教育自然十分必要和迫切。

目前,大学生每周有两天休息时间,每年有大约80天的寒暑假,平均一个月的社会实践,闲暇时间充足丰富,远远超过上班人群。如何引导大学生合理利用大量的闲暇时间,加强对大学生体育休闲娱乐教育,使大学生的课余课外等闲暇时间过得丰富多彩、充实愉快、富有意义,从而全面提高大学生的综合素质,这是当前学校体育改革十分重要的亟待解决的问题。

五、大学开展休闲体育教育的意义

目前很多大学体育教学存在偏重运动的外在表现形式,强调运动竞赛成绩,过多活动项目重在一时,缺乏终身受益的内容,既不能适应学校人人参与课外体育活动的要求,又不适应毕业工作后体育休闲的传承。而高校开展的体育休闲娱乐则是为适应现代社会需要和满足个人兴趣,达到健身养心和调剂紧张学习气氛而自愿参与的体育活动,具有较大的自由度和时代特征,它以纽带功能将学生的健康与终身需要相结合,和教育改革相结合,为校园生活注入活力,对学校体育事业的发展起着良好的促进作用。

第三章 休闲体育文化价值解析

休闲体育具有非常重要的价值,其中文化价值是最为重要的一个方面。休闲体育的发展过程中,就伴随着其文化的发展,因此,要想对休闲体育有更加深入、细致的了解和认识,就必须首先对其文化价值进行深入剖析和探索。本章首先对休闲体育文化价值的基本理论进行阐述,接着对中西方休闲体育文化的差异性以及融合发展进行分析,最后对我国休闲体育文化价值的实现进行了深入解读。由此,能够对休闲体育文化价值有较深层次的掌握。

第一节 休闲体育文化价值概述

休闲体育文化价值,实际上就是参与构成社会生活、社会环境的休闲体育文化,在人类自身发展过程中,对人类自身产生一定的影响和作用,形成具有一定高度的人类休闲运动属性的特质,即人性的特质。简单地说,休闲体育文化的价值就在于其能够使人性发展的需要得到较好的满足。

休闲体育文化的价值并不是绝对的,而是相对于人而言的。因此,可以将其理解为休闲体育文化在人类自身发展过程中,与人形成的一种必然的互动关系,它更多地满足了人的情感方面的需要,成为人的一种生活方式,促进了人的全面健康发展,使人对其产生一定的依赖性。

休闲体育文化的价值取决于人的发展,人是万物的尺度,人也是休闲体育文化的价值尺度,休闲体育文化价值不与人的需要、人的存在与发展联系也就毫无意义,是人赋予休闲体育以某种意义,认为它有某种价值。从根本上来说,休闲体育文化必须对人的生存和发展有益,否则,就不能称之为文化,其自身所具有的作用和影响也更加无从谈起了。

一、休闲体育文化价值的表现

一种身体娱乐的方式,一套休闲体育的动作的文化价值自诞生之日起就成为整个文化价值的有机组成部分,成为一种客观存在的实物,就一定会对接触它的人们产生一定的作用和影响。人们会自然地去认识和感觉它,并对它的价值做出一定的评价。通过这些评价,人们才会发现它的文化价值。当然,没有评价,它的价值也依然存在,只是文化的自在价值,还没有被认识和承认。

从某种意义上来说,休闲体育文化的评价只是对休闲体育文化自在价值的认识过程,通过评价把休闲体育文化的价值表现出来,让人们直观地感受到,而其本身并不决定休闲体育文化价值的高低。

二、休闲体育文化价值的依据

休闲体育文化价值的存在与否、高与低与人对它的认识之间并不是依赖的关系,休闲体育文化的价值是客观存在的,它与人自身的发展以及社会和文化的发展都是有一定的相关性的。

从总体上看,人的发展水平低,社会发展水平低,休闲体育文化价值也低;相反,人的发展水平高,社会发展和文明程度高,休闲体育文化的价值也高。由此可以得知,现代社会中休闲体育文化的价值高于古代和近代社会,它并不是依据人的认识水平的发展而言的,而是与社会文明程度的提高、物质文明的发展、人的自身发展与休闲体育文化之间的互动关系更为密切。从这种意义上理解,在未来社会中,休闲体育文化与人之间互动关系更为紧密。现代和未来休闲体育文化的一个重要价值就在于它对人性发展过程中不利于人类自身发展和社会进步的属性的革除。在现代社会中,休闲体育文化价值关键在于它如何维护人性的发展。人创造了现代化,同时人也被这个现代化所迫害,工具理性使人越来越脱离自身所创造的这个社会,高度的工业化,使人成为自动化生产线上的一道程序。人性越来越可能偏离人的本质,开始被更多地异化,这是现代社会造成的人性的弊端。休闲体育文化的价值主要从两个方面得到体现:一方面,是其对于人性的恢复和健康发展是有利的;另一方面,其对于革除现代化背景下的人性异化现象也是有利的。

三、休闲体育文化价值的类别

休闲体育文化价值不可能都那么具体,那么容易被认识,价值本身也不可能全部表现出来并发挥它的作用,休闲体育文化的价值像所有具体的文化价值一样,只是对可能或便于表现的人的社会性质的一部分的反映,特别是后融入的文化要素的价值需要有一个评价认识的过程。我们把那些显现出来的为人们所认识和接受的休闲体育文化价值称为现实休闲体育文化价值,反之为潜在休闲体育文化价值。休闲体育文化的潜在价值是可以通过评价显现出来,被人们认识和接受的,潜在的休闲体育文化价值是可以转化为现实的休闲体育文化价值的,但不是所有的潜在价值都可以显现出来,究其原因,主要是由于其还未达到人们认识和意识的层次。

四、我国休闲体育文化价值的特点

当前,我国休闲体育文化已经有了一定的发展,因此,这就使得其价值具有一定的特点,具体来说,可以大致归纳为以下几个方面。

(一)将人类对精神自由的追求体现了出来

人类社会的文明史,实际上是人类通过与物质世界的精神交流,并在改造物质世界的过程中提升自己的精神状态的精神进化史。英国著名学者威尔逊和拉姆斯登早在20世纪80年代初提出"基因—文化协同进化"理论时指出人类的进化从严格意义上讲表现为体内的生物型遗传进化和体外的文化进化的双层进化。在人类进化的早期过程中,自然界作为一种完全异己的、有着不可制伏的力量同人类对立。那时的人受到自己认识水平和客观条件的制约,更多地依附于自然力量,使得人的精神作用的空间十分狭小。科学技术的发展为人类创造巨大的物质财富的同时,也使人类越来越摆脱自然的束缚,人开始更加注重精神的力量。

尽管物质在一定程度上也可以给人带来一些精神享受,但并不是所有的物质享受都可以产生精神的作用,而且这些物质享受也是十分短暂的,与人的一生历程相比较的话又是瞬间的。因此,这反而使越来越多的人失去了精神家园。作为人类生命自觉行为的休闲体育,经历了从生理体能的需要,到文化精神的诉求的过程,即从物质需求满足后向精神需求的超越。在这一过程中人类通过休闲体育来表达了对精神家园的向往,从另一方面也体现出休闲体育文化价值中追求精神方面的生活。先前以强身健体的基础功能融入人们生活的休闲体育,在促进人的身体健康,消除身体的疲劳,恢复体力和精力方面起了积极的作用。休闲体育作为一种文化,它的价值又不仅仅局限于此。它将这种作用的领域扩展到了人类的精神领域,它体现出一种以平和宁静的态度去感受生命、幸福和价值的精神状态。它使人类获得一种精神上的自由与身心的娱乐的"内在"价值,这也是当代休闲体育文化价值的重要体现。当代休闲体育文化价值体现了人们通过休闲体育来感悟休闲体育文化价值对人类精神上的慰藉,把人类带回美丽的精神家园。

第三章　休闲体育文化价值解析

(二)将以人为本的价值核心体现了出来

为了能够更好地研究我国当代休闲体育文化价值以人为本的价值核心,我们需要把休闲体育文化放到整个体育文化发展的过程中来进行审视。马克思历史唯物主义观和辩证唯物主义观认为,人类社会历史的发展过程表现为社会形态按照一定的逻辑顺序更迭。

自然体育中的"自然"有两层含义,一是体育不是人的刻意发明,是自然出现的,是人为了生存的本能需要。二是基于人的自然属性,人首先是自然的人,其次才是社会的人。由此可见人的社会性寓于人的自然属性之中。自然体育是在特定的文化环境中形成和发展起来的,并被这种文化所同化形成了一种独特的文化形式。它开始被视为意识、观念的载体被赋予了更多的文化使命。当这种文化使命被社会认同时,自然体育就已宣布结束,进入到工具体育形态。工具体育形态是体育发展过程中目的泛化所形成的。在这种形态中体育的功利性达到了登峰造极的程度。工具体育中本体价值的缺失使得体育的目的不再仅仅是人,体育在逐渐地被异化了。体育的异化在各种体育形式中都不同程度地存在,但在竞技运动中表现得最为明显。

休闲体育贯穿于不同的体育发展阶段,从对体育历时态的划分上分析,它更符合于社会体育。在这一发展阶段中,休闲体育文化中的以人为本的价值理念能够得到真正的体现,更好地确认体育的文化立场,使体育的价值选择归于理性,从而最大限度地遏制了体育的异化。休闲体育文化价值中的以人为本的理念能使人的终极理想与价值通过休闲体育得以彰显。

(三)将人的主观创造性体现了出来

休闲体育文化价值体现在它改变了人们之前对于从事体育的功利性的认识,人们开始实现了从被动接受逐渐转向主动创造。实践中人们通过对休闲体育文化价值重要性的认识,把从事休闲体育与个人的幸福生活联系起来,根据自己的爱好和自身的条件,自主选择休闲运动项目。作为从事休闲体育活动的主体,人们不仅是自觉能动的,而且是富于创造性的。创造就是首创前所未有的东西,其实质就是对现实的突破,它象征着革新和进步。休闲体育文化价值的一个突出特点就在于不断地创新,人们不断地用新颖、独特的方式来阐释人与自然、人与社会、人与自身的关系,并从中确认作为主体的力量。当代休闲体育文化价值早已超越了当初人类进行体育为了生存的目的,而是上升到享受和发展的高度上。当代休闲体育文化价值对人的发展重要性使人们不再考虑"是否去运动",而是更多地考虑"如何去运动"才能给自己带来更多的快乐,人们已经不再是仅仅享受活动的结果,而是要享受活动的整个过程,人们已经不再满足于简单重复别人或自己过去做过的一切,而是努力为自己设计与众不同的活动。

(四)将精神和物质的高度统一性体现了出来

当代休闲体育文化价值体现了物质与精神、体力和智力、身体活动和心理活动多方面价值的统一。休闲体育文化价值不仅体现在从事休闲体育活动时,有机体物质运动的形式上的变化,如,完成动作所表现的动作速度、方向及人体能量的消耗等。它的价值更多地体现在完成整个动作过程中的参与感和快乐的自我体验,并从中找回自我、实现自我,使人的精神思想得到超越,实现人的身心和谐发展。

(五)将快乐为中心的休闲理念体现了出来

当代休闲体育文化价值体现了以快乐为中心的休闲理念,休闲体育弱化了规则性,淡化了技术性的同时更加注重参与者自身"畅"的感受。休闲体育的参与者在进行休闲体育活动时不一定严格按照动作规范和技术来进行,因为在他们看来这些规范和技术的要求会形成文化性的压力,而休闲体育文化价值却恰恰是在摆脱各种外在的压力,从而获得内心愉悦。如打篮球,可以根据人数的多少或者个人的喜好选择二对二、三对三、五对五,可以打半场,也可以打全场,只要根据先前参与者共同约定的"游戏规则"休闲体育项目就可以开展。另一方面,休闲体育淡化规则和技术并不意味着休闲体育不要求规则和技术。在一些休闲体育项目中,如果没有规则和技术的支撑运动项目就很难顺利开展,比如像攀岩这些难险度大些的项目,需要经过一些专业的技术训练才能进行。无论选择什么样的休闲体育项目,都是为了获得内心的愉悦,获得"畅"的感受,这就将我国当代休闲体育文化价值以快乐为中心的休闲理念充分体现了出来。

第二节 中西方休闲体育文化的差异性与融合发展

一、中西方休闲体育文化的差异性

中西方休闲体育文化之间的差异性,主要从以下几个方面得到体现。

(一)休闲体育文化发展过程的差异性

休闲学产生于美国,1899年凡勃伦发表的《有闲阶级论》,是休闲学产生的一个重要标志。凡勃伦主要是从经济学角度来分析和研究休闲的,他提出"休闲是一种社会建制,人的一种生活方式和行为方式。"西方的休闲体育的发展呈现出两头高中间低的U形曲线,在古希腊的圣哲亚里士多德的意识思维里,休闲是一切事物的中心。希腊哲学家亚里士多德在其《亚里士多德伦理学》第12卷中明确指出"幸福存在于闲暇之中。"直到英国近代启蒙思想家斯宾塞在《闲暇教育论》中提出,"这些种种趣味的陶冶和喜悦(指消闲)不但是重要的,而且在我们即将到来的时代里,这些趣味比现在会远远地占有人生的绝大部分。""西方世界才对休闲学的研究和学术地位给予了非常重要的肯定,这就是西方休闲体育发展的U形曲线。而与之不同的是中国休闲体育的发展历程,中国的休闲体育文化发展表现的是直线型发展形态。中国的休闲体育文化虽然始终受到专制统治的压迫,但是却在民间发展平稳,期间从未间断过,并且带给中华民族养生之道、太极拳等。直到中国第一位真正研究休闲学的学者于光远先生提出要研究玩的学术,要发展玩的学术,中国休闲学发展才真正走向了高速发展的道路。同时,国外学者的研究也对中国学者的研究提供了基础和条件,使得国内出现了大量以体育休闲文化为主题等方面的研究和学习素材。

(二)休闲体育文化认知的差异性

中西方对休闲体育文化认知一直以来就存在非常大的不同和区别。文化认知是在不同的文化背景下实现的,在不同的文化表现方式和文化内涵中得到相应的体现。可以说,休闲体育文化是文化发展到一定阶段的一种中西方文化发生碰撞的现象。

中国自古以来的农耕文化和宗教信仰造就了中国人民内敛含蓄的价值取向,反映在体育文化上,就是修身养性和健体娱乐,相对而言,体育中的竞争性没有那么强烈。不仅如此,中国从古至今接受儒家思想的熏陶,对于仁、义、礼等道德的约束更加崇尚,中国传统体育项目如武术即讲究"武礼"等道德规范。而西方世界以希腊文化为文化源头,经历了文艺复兴、产业革命,形成了崇尚个人主义为主导的道德文化体系。加之西方民族的冒险精神,他们更加倡导冒险、挑战自我的竞争精神,反映在体育文化上,即为追求力量和速度的极限运动思维。正因为中西方在文化基础之上存在非常大的差异,才造成对于休闲体育文化认知上的不同。

中西休闲体育在社会文化上由于社会基础之间的差异性,使得中国对民族传统体育的发展更加重视,而西方则对现代休闲体育的发展更加重视,篮球、足球、网球等西方休闲体育的发展深受大众的喜爱。此种休闲体育观逐步发展形成了以自我为特质的休闲体育文化基础。

中国随着改革开放,带来了现代社会新的变更。中国人对"以人为本"的社会文化基础更加重视,中国人更加以人的活动为中心的休闲体育成为人们发展的关注点。休闲体育的发展散发着浓重的人文气息,同时,也将强烈的人文精神和人文关怀充分表达了出来。

(三)休闲体育文化性质与内容的差异性

一般来说,东方人参与的体育休闲项目往往具有安静和谐、修身养性的特点,其活动内容较为丰富,种类多种多样,简便易行,对经济投入的要求较低,其中,最具有代表性的有练气功、下围棋、种种花、养养鱼、打麻将等,这些都具有一个相似的特征就是静态。这其中的原因是东方的大河流域文化丰富,中华民族依靠大河流域可以自给自足的小农经济为基础的社会环境,并且形成了安宁和谐和稳定的生活方式。而西方民族的本性就是以善于挑战、勇于冒险、追求刺激,这同时也造就了西方人冒险挑战的个性,导致西方人从事的休闲体育也大多是体育竞技项目,如摔跤、拳击、橄榄球、曲棍球、水球等对抗性较强的体育运动,同时还有具有冒险性质的刺激性和极限运动,如斗牛、蹦极、赛车、跳伞、登山等。

中国人的休闲体育内容往往以静态为主,而西方人的休闲体育活动内容多以动态为主。自古中国人就讲究以静制动,所以中国人习惯于以静态的体育运动来取代激烈的运动,以到达修身养性的功效。外出旅游,中国人会选择静坐观赏来修养,从大自然中吸收那一份休闲平静之乐;自身锻炼,中国人也会选择较为缓和的运动方式来舒活筋骨,强身健体。这更是印证了中国人从古至今主张的"生命在于静止"的理念,更有甚者认为静中求动才是真正意义上的休闲养生的方式。中国古代人认为生命之真谛莫过于一个"静"字,更不用说中国古代的休闲体育文化了,更是从静中得到了发展和拓展。而西方人因信奉印度哲学家伏尔泰的"生命在于运动"的理念,就与中国人的理念恰恰相反,这就在一定程度上将中西方休闲体育动静性质的差异充分体现出来了,这也是导致休闲运动的速度和频率的不同的一个重要原因所在。西方人休闲体育更多表现出的是竞争对抗强烈的刺激性特征,而中国休闲体育则多表现出缓和轻柔的养生性特点。

总的来说,我国居民的休闲体育方式简便易行,对场地要求相对较低,更不需要太多的经济投入。究其原因,主要是由于我国居民参与休闲体育的项目对个人的重视程度更好,自发的简便易行的活动,不注重体育活动的强度和运动负荷,如气功、体育舞蹈、交谊舞、广场舞等,对于中老年人及妇女更加适合。而美国人的体育运动强度相对较大、运动竞技性较强,对场地要求也高很多,更多的休闲活动需要较高的经济投入,较为典型的运动项目主要有贵族运动高尔夫和网球,此外还有滑雪、赛车等。同时,西方世界对于户外运动的热情和喜爱程度远大于国人,他们生来具有的征服自然的本性在这种户外运动中可以得到很好的满足,因此他们会最大限度地利用自然资源,如森林、山地、湖泊等来开展户外运动,如滑雪、野营、登山、攀岩等体育运动,一方面满足自身冒险挑战的心理,另一方面也满足了征服自然的心理。

(四)休闲体育文化功能的差异性

休闲体育文化功能,是指休闲体育文化能够带给人们的功效是什么,在这方面,中西方之间也存在着较大的差异性。具体来说,西方休闲体育重在张扬人的个性,促进个体的发展,追求刺激冒险挑战性的项目来实现个人价值的最大化。西方人注重追求幸福的途径和方法,为了取得身心上的愉悦和欢乐,他们会不惜一切代价,甚至是生命的危险去挑战自我,所以选择高空跳伞、蹦极这种危险性极高但是刺激冒险的休闲活动就毋庸置疑了。同时,西方社会给予人们的价值观就是挑战自然,征服自然,所以西方人也常常通过与大自然对抗的方式来激发自身的特性,例如西方极其流行的滑翔、赛车飞车特技、高空走索等休闲活动。在他们看来,这些虽然是危险性极高的运动,但是从另一个方面讲,危险性越高,越能体现他们自身的价值,才使得这些休闲运动充满了魅力和吸引力。从相关的报道中得知,20世纪20~30年代欧洲的登山者每年就有400人遇难,但一个美国的登山运动员却说"这是一种危险的尊严"。他们的主要观点是"登山是沿着垂直的方向去发现一个新世界,它既是对大自然的挑战,也是对人类自身的挑战"。相较于此,中国休闲体育较缺少的就是这种冒险刺激的心态和方式,这同中国自古以来追求中庸之道的理念分不开的。中国休闲体育重在追求发掘心灵世界的平静,看重内省。对于大多数的中国人来说,他们的主要观点是,休闲活动的最大功效就是调适性情,强身健体,获得身心的愉悦。自古中华民族的传统理念告诉大众,休闲活动最重要的功能是"修身养性、陶冶情操"。中国人的休闲是用来发掘内心世界,追求内心的平静和丰富多彩,与大自然融为一体的和谐状态。更有很多中国人持有这样的观点,即休闲体育的最高境界就是投身于自然,也一直认为休闲的真谛在于融于自然,并在自然中陶冶出更加美好平静的心灵世界。而让他们冒险去追求休闲活动,是本末倒置,与人与自然和谐共处的本性是相悖的。因此,在中国人的价值观念中,实现与大自然的天人合一,完全投身于大自然的平静和和谐中才是休闲体育带来的最大的功效。所以,中国人的价值观中就否定以这种冒险刺激的方式来休闲娱乐。这并不能完全否定中国式的休闲体育文化功效,因为盲目的追求刺激和新鲜感,带来的可能是另一个极端。因此在中国休闲体育文化中产生了独特的修身养性的功效。还有一点与之不同的是,西方人在体育休闲活动中仍然会存在物质方面的享受,而中国人却将劳动和休闲分得较为明显。

西方的体育文化是在商业化和职业化的基础之上建立起来的,更快、更高、更强的竞技体育运动是其所追求的重要目标,发展速度迅猛,效益可观,越来越多的经济产业及政治因素的投入,使得西方休闲体育的发展轨迹越来越与体育强身健体的初衷背道而驰。因而个体功能与社会功能,内在功能与外在功能展现出明显的分离倾向。中国体育文化作为一种保养生命的运动,保留着较多的原始色彩,养生健体、修身养性、自娱、娱人的功能仍是其魅力所在,它的个人功能与社会功能,内在功能与外在功能是统一的。

西方体育注重体格健壮,肌肉健美之美,对人体的外形称颂,强调身体的外部力量和运动,许多活动方式均要求大肌肉群参与,并且肌肉运动较为激烈,他们提倡的是对人体力量、速度、耐力、柔韧等全面身体素质的训练。锻炼各部位的机能水平,美化人体的形象,获得精神充实感的满足,这与西方体育追求更快、更高、更强,追求对抗和竞争,追求超越自我的价值观相辅相成。而中国传统体育例如武术,主要是为了修身养性,尤其重"养"与"修",在运动的时候,将全身肌肉的放松看作关注的重点,而肌肉群的参与度,甚至健身肌肉的发达都不被其所重视,究其原因,主要是由于中国体育文化自始至终都认为人与自然是一种和谐共处的关系,人类是自然的一部分,最终要融于自然,与大自然完美地结合起来。

(五)休闲体育文化的亚文化的差异性

这里所说的亚文化,也被称为小文化、集体文化或副文化,具体来说,就是指某一个文化群体所属的次级群体的成员所共同拥有的独特价值观、理念和生活方式。与主流文化相对应的那些非主流的、局部的文化现象,指在主流文化或综合文化的背景下,属于某一领域或某个集体所特有的观念和生活方式。某一种特定的亚文化内容不仅包含着与主文化相通的价值与观念,同时也有属于自己的独特的价值观与理念,而这些价值观是深入在主导文化中的。它往往是存在于主流文化间的,这一独特的个体文化的形成在很大程度上受到多种文化的影响。

第三章　休闲体育文化价值解析

休闲体育文化的亚文化，无非就是参与休闲体育运动的群体所产生的特有的群体文化。其中，较为具有代表性的如西班牙的斗牛运动，通过这一休闲体育运动，不仅能够见识斗牛运动者的高超技艺，同时也领略到了西班牙那种传统的斗牛士般的民族精神。除此之外，西方社会里大多数的休闲体育的业余爱好者，如滑翔爱好者、赛车爱好者、攀岩爱好者，他们把大量的闲暇时间都花在自己所喜爱的休闲运动中去，建立自己团体的特有标志和专用术语，并且挂着他们群体的特殊标志和徽章，同时还会配备特别的服装和装备，向他人表明他们是属于同一个团体并且不同于其他团体的特别群体。这样的亚文化群体就自然而然地产生了，并且在自发组织下充分发展和壮大，使西方社会的体育文化由一个单一的主体文化逐渐地向着复杂且多样的新文化转变，随即，与之相关的文化观、价值观和人生观也逐渐产生，这就使休闲体育的发展更加多姿多彩。由此而导致了新的文化观、价值观、人生观及其他的观念产生，社会也就变得更加五彩缤纷。

而相对西方世界而言，中国的休闲体育亚文化发展速度要比较慢一些，导致这一现象的主要原因在于中国人从事的休闲活动内容和形式，以及与中国人的内敛的性格有关。具体来说，一方面，中国人从事的休闲活动大多是以个体为主导，不需要以团体为单位进行扩充和丰富，而通常是一个人休闲娱乐以达到自身的目的。缺少固定的群体，就不利于亚文化的形成，自然而然亚文化的发展也不是很迅速。另一方面，中国人的性格自来是内敛温和，不善于表达，不善于交流，不利于自发形成组织和团体。

作为一种催化剂，亚文化现象对整个休闲体育文化的传播与发展起到积极的促进作用。休闲体育方式非常丰富多样，而在每一种休闲方式中都聚集着许多对其痴迷的人。他们对这种或那种休闲活动的热情和专注程度更盛于对待其他的社会活动，他们在这些活动中得到了在工作和其他社会生活中所不能得到的满足和享受。在中国，很少能有人能做到职业的球迷，这通常会让人觉得是不务正业，也不会存在系统的球迷培养计划或者系统，中国的体育迷更多的是一种盲从的追随者，是处于内心世界的追求。而西方世界，他们会积累知识，学习细节，花费很多时间传播并且支持自己所钟爱的休闲体育，这样的行为往往会催生出新的职业或者行业，他们在这方面更具有创新性和勇气。在这方面，较为具有代表性的是，在美国和日本，一些休闲亚文化群体会定期或不定期地聚集在一起，相互之间交流经验、畅谈想法，自发地组织这样的经验交流活动。这样的休闲亚文化群体的行为不仅是自身追求愉悦和享受，同时，还将更多的志趣相投的人吸引进来加入他们，这样的群体就会不断扩充。但是也应该意识到，如果这种休闲亚文化群体不能得到正确的引导,就有可能造成比较严重的社会问题,例如暴力事件等,这也许会带来更多的不和谐因素和社会不安定因素。如由摩托车爱好者自发形成的娱乐群体,在美国和日本一些经济发达的国家,大部分演变成为有害于社会的"飞车党",对当地人们的生活和安全产生了非常严重的影响,这就充分体现出了典型的亚文化得不到正确引导的后果。尽管如此,也不应该就此便否定休闲亚文化的价值和功效,相反,应该以一个辩证的方式来认知和学习,正确地引导,相互借鉴学习,从而使休闲亚文化不断得到发展和壮大。

不仅休闲体育亚文化有着这种人群组织功能,其他许多社会活动也有着类似的功能。但是相对而言,休闲体育的亚文化更能够通过体育这个特殊的方式,通过动作的舒展,技能的延伸来吸引更多的人进入这个群体。在闲暇时间,让自己的疲劳的大脑暂时放松一下,通过身体活动来获得愉悦和欢乐,所以这种人群组织功能是社会体育娱乐的重要组成部分之一,也预示着休闲体育文化的无限发展潜能。

(六)休闲体育教育的差异性

不管是什么形式的体育形式,在通过教育来进行延续和传承方面都是需要的。休闲教育从古希腊时期就已经产生了,发展至今加上了现代的教育功能对休闲的引导。而在中国,休闲体育教育已经成为学校体育教育不可分割的一部分,在国内许多的体育专业高等院校也开设了休闲体育的本科学科。但是中西方在休闲体育教育的内容和方式上的差异性还是存在的,并且差异性较大。

1. 中国的休闲体育教育

在中国,随着社会经济、文化、科技等的快速发展,人们的休闲时间的增加,对休闲教育的需求也不仅仅是局限于学校教育。《全身健身计划纲要》的颁布和实施就是对休闲教育普遍化的一个印证,这说明人们对于休闲养生的意识和观念也越来越强,在闲暇之余,更多需要的是系统化、科学性的休闲运动,人们追求高质量、高水平、高品位的休闲生活也成为生活水平和质量的体现,所以休闲体育教育就发挥了其极其重要的作用。2002年中国教育部颁布了新的《全国普通高等学校体育课程教学指导纲要》(简称《纲要》),首次提出了"终身教育"的指导思想,也将改变我国以往体育教育中体育教育观念相对落后、教学方式相对陈旧等不足,重新激发学生的兴趣。同时在我国学校体育中也已经提出了终身体育和健康教育的休闲活动,"阳光体育运动"也针对学校进行推广,学校体育一方面能够加强休闲体育教育的发展,另一方面也能使学生通过健康的休闲运动方式来调整自身的心态和压力,得到积极的鼓励。

2. 西方国家的休闲体育教育

在西方国家,它们提倡现代休闲教育的时间比较早,从20世纪20年代美国就兴起了休闲教育之风,之后在英国、法国等发达的西方国家,休闲教育成为一门必修课,西方社会倡导人们怎样享受生活,怎样挑战自我,怎样获得休闲的技能和方法。美国的休闲体育教育一直是走在世界的前列,美国"国家娱乐和公园协会"曾为幼儿园到十二年级的学校休闲教育制定了目标,他们会要求学生认识到休闲对生活质量的影响,休闲是表现自我价值的一个重要方面,要求学生学会鉴别、了解并评价现有的休闲资源等。休闲教育的范围非常广泛,既有提高智力、玩的能力、对美的欣赏能力,也有提高价值观的判断能力、心理承受能力、社会交往能力等内容。休闲体育已成为西方国家的一种社会生活和行为方式。

将体育教育与休闲教育有效的结合是对休闲体育教育的发展的重要方式和方法。休闲体育教育是现代社会发展的必要需求,更是现代社会青少年的必修课程,所以需做到有组织、有计划、有目标地培养青少年的休闲理念和价值观,会对人的全面发展起到积极的促进作用。

二、中西方休闲体育文化的融合与发展

中西方休闲体育文化之间存在着一定的差异性,为了更好地促进休闲体育文化的进一步发展,需要从某些方面入手,做好两者之间的融合,具体来说,可以从以下两个方面入手。

(一)西方休闲体育文化的"精华"与"糟粕"

在西方世界,20世纪60年代之前,西方休闲研究者往往对城市休闲问题的研究非常注重,而20世纪60年代后开始,逐渐对哲学、社会学、心理学等多角度对休闲及休闲体育进行研究,对探求其中的本质和意义加以重视。

早在古希腊时期,人们建造公共建筑物是满足宗教祭祀的需要,但是,这也从另一个方面将古代西方人从事体育活动的热情反映了出来。然而,古罗马人却将休闲理解为劳动的适应状态,古罗马时期盛行消费式的休闲,最为突出的表现就是兴建大型公共建筑物。但是从社会发展的角度来看,古希腊和古罗马时期的那些休闲体育场所的兴建,对丰富当时以至现

代人们的休闲体育活动的内容及休闲思想发挥着极其重要的作用。

相对中国,西方国家的休闲体育发展有其独到之处,更是其精华所在。具体来说,主要表现在以下几个方面。

第一,西方发达国家人们对休闲的认同感较强,运动休闲一直是他们生活中不可缺少的一部分,整个社会把满足人的娱乐享受和身心健康发展的休闲体育需求作为发展体育的主要价值取向。相关数据表明,美国、澳大利亚等西方世界国家参与户外体育活动的人数持续增长。

第二,国外很多国家对自然资源的利用和休闲体育空间拓展都非常重视。西方国家注重居住地之外的自然资源的保护和开发,强调利用森林、海洋、山地、湖泊等自然资源开展休闲体育活动,保证休闲体育的空间。例如,人们利用休闲土地,可以进行徒步旅行、钓鱼、打猎、登山、游泳、滑雪等多种多样的休闲体育项目和健身活动。

第三,西方国家的休闲体育活动载体具有显著的多样化特点,例如海洋、山地、森林、公园都是重要载体,备受人们的喜爱。特别是公园是发达国家休闲体育的一个重要支柱。20世纪90年代以来,发达国家的公园系统在提供大众体育休闲方面起着重要的作用,而美国最具有代表性。

第四,西方活动项目非常丰富多样,其中活动内容中最重要的当属户外项目。西方国家的现代休闲体育内容十分丰富,除了在城市进行的健身、娱乐、竞技等休闲体育活动,在户外开展的滑雪、野营灯休闲运动,由于其独特的休闲性成为西方人们乐此不疲的追求。

第五,西方国家在经费投入方面力度较大,对基础设施建设起到积极的促进作用。国外大众体育发展较早而且人口较少,近几年仍在加大投入,建设和完善各类体育设施,为休闲运动的开展提供了宽裕的条件。像美国还设立立法,为美国公民提供高质量的、足够的休闲场地和体育设施。

(二)中国休闲体育文化的借鉴与发扬

通过对休闲体育的发展历程的分析可以得知,其已经成为现代健康生活方式的重要组成部分之一。随着参与休闲体育人数的不断增加,休闲体育运动内容的扩充,这就对整个体育领域的发展起到了积极的促进作用。

从古至今,中国始终认为休闲体育的终极目标是修身养性,而西方的观念更加开放先进,随着逐步的发展,西方休闲体育的体育健身理念也会深入到中国的传统理念中,并且也将形成中国特色的健身理念。与此同时,开放的中国也做好准备去汲取西方成功运行的休闲体育的经验,形成

第三章 休闲体育文化价值解析

自身特色,对休闲体育在中国的长期发展起到积极的促进作用。另一方面,中国休闲体育独特的追求大自然的和谐、宁静,追求静中求动的理念是其他任何文化无法达到的。因此,中国应该发扬传统休闲文化中独特的一面,将更多的中国式休闲体育运动发扬到全世界,例如气功、武术等。通过传播自身的传统休闲体育文化,再加上汲取的西方先进的经验,一定会对休闲体育的全面发展起到积极的推动作用。

由于中国人与西方人在价值观、人生观、世界观等方面都存在着一定的差异,这就使得中西方体育以自身历史文化等特征为特色的体育文化得以产生,较为具有代表性的有:中国的围棋、太极拳、气功、养生术;西方的竞争性、刺激性较强的极限运动等。中国休闲体育多以修身养性为主旨,西方人追求身体健美肌肉的身材之美。由于中西方对美的不同理解和认知,对体育功能的不同认识,所以对身体构建的看法也截然不同,也就导致体育休闲观的差异。不同民族、不同国家所创造的文化和历史必然酝酿出不同的体育休闲思想,从而使中西方休闲体育表现出不同的形式。了解差异,不仅可以从中西不同特质中找到适合中国休闲体育发展的道路,而且对于丰富世界休闲体育文化、预测和促进未来世界休闲体育文化的发展具有极其重要的现实价值和意义。

通过对整个社会的发展历程的剖析可以得知,对于不同的文化来说,必须相互借鉴和吸收,这样才能达到共同发展、共同进步,最终共同繁荣的目的。体育是没有具体的国界之分的,并且随着世界多元化的发展,体育文化也逐渐交融,世界性的体育文化也由此而形成。中国体育文化和西方体育文化都是世界性体育文化的重要组成部分,如果很好地将中国休闲体育文化中的静态特征,和谐宁静、天人合一的思想融入世界休闲体育文化中,是一个巨大的挑战,但是也是成功的必经之路,因为需要中国式的和谐和宁静。而西方休闲体育中的冒险性和刺激性是竞技体育的核心,更是休闲体育的必不可少的因素。将两者的优势和特点相结合,最大限度地发挥各自优势。中国传统体育中的封闭性、传统性已经逐渐被西方体育不同程度地接受,并且西方体育文化以其独特的方式带给中国体育文化开放和自由的特性;以奥林匹克主义为主的西方体育观念"和平与友谊""平等地公平地竞争""体育为大众"等也为中国体育所吸收。将两者的优势和特点相结合,最大限度地发挥各自优势。

通过对中西方休闲体育文化差异性的分析可以得知,中国休闲体育文化由于自身历史发展等原因存在与现代社会不相符合的不足和缺点,这是毋庸置疑的,但是同时,也不能忽视的是,其同样拥有独特的优势,而西方休闲体育文化的先进性为我们的发展提供了一个明确的方向和指引。因此,这就需要对休闲体育文化的价值和理念重新进行审视,将休闲体育文化的系统和规范确定下来,与西方休闲体育文化带给我们的先进经验和与自身特色有机结合起来,切实有效地对中国休闲体育文化进行改革,使它向着国际化的发展趋势完善和进步,逐步把我国休闲体育文化事业推向新的发展阶段。

第三节 我国休闲体育文化价值的实现

一、我国休闲体育文化价值实现的可能性分析

我国休闲体育文化价值的实现,并不是偶然的,而是具有一定的必然性的,具体来说,其可能性主要体现在以下几个方面。

(一)良好的经济基础

我国经济的快速发展,人们的生活水平得到了很大的提高,城乡居民的生活已经基本达到小康水平,为我国当代休闲体育文化价值实现提供了坚实的物质基础。

(二)生产和生活方式的改善

生产方式和生活方式的变化为人们提供了更多的空闲时间,这些空闲时间的增多已经为休闲体育文化价值的实现提供了时间的平台。

(三)价值观的转变

现代价值观向后现代价值观的转变使得人们更加关注人类自身的发展,更加注重自我真实的感受和生命的意义,在后现代价值观的影响下,休闲理念开始更加深入,这就为我国休闲体育文化价值的实现创造了前提条件。

(四)现代体育观的建立

代表现代体育价值观的人本体育观和人文体育观,更加尊重个人体育兴趣,更加注重体育对自我身心的全面发展。人们试图通过休闲体育来获得精神自由和人的全面发展,这是我国当代休闲体育文化价值实现的基本前提。

第三章　休闲体育文化价值解析

(五)人文精神的转变

人文精神的转变使得人们更加渴望通过休闲体育在大自然中感悟生命的意蕴和人生的价值,休闲体育文化价值得到了重视,这就为休闲体育文化价值实现创造了可能条件。

(六)现代思维方式的转变

科学型、开放型、多维型的现代思维方式解放了人们的狭隘的思维,进而产生对休闲体育文化价值的认同,为我国当代休闲体育文化价值实现创造了先决条件。

(七)行为方式的转变

我国当代的行为方式体现出更多的自主性和进取性,促使人成为更具探索性、更具现代进取精神的人,我国当代休闲体育文化价值的实现正是需要这种基础。

二、我国休闲体育文化价值实现的条件

通常,可以将我国休闲体育文化价值实现的条件分为两个方面,一个是外在条件,一个是内在条件,两者缺一不可。

(一)我国休闲体育文化价值实现的外在条件

我国休闲体育文化价值实现的外在条件,主要包括经济条件、政治条件以及时间条件这三个方面。

1. 我国休闲体育文化价值实现的经济条件

恩格斯曾说过"一切社会变迁和政治变革的终极原因,不应该在人们的头脑中,在人们对真理和正义的认识中去寻找,而应该在交换方式和生产方式的变化中寻找;不应该在相关时代的哲学中寻找,而应该在相关时代的经济学中寻找。"马克思认为"物质生活的生产方式制约了个社会生活、政治生活和精神生活过程。"由此可以得知,休闲体育文化价值是在经济生活的基础上实现的。

具体来说,我国休闲体育文化价值实现的经济条件主要包括两个方面:一个是人们物质生活水平提高了,一个是国家经济实力增强了。

(1) 人们物质生活水平有了显著提高

休闲体育文化价值是在现代意义上的休闲体育产生之后实现的。我国真正符合现代意义上的休闲体育是在 20 世纪 80 年代以后产生的,在这一阶段休闲体育的产生和快速发展不是偶然的。只有在改革开放以后,我国才具有了发展休闲体育的基本条件。经济持续快速增长为我国休闲体育文化价值的实现奠定了坚实的物质基础。

(2) 国家经济实力有了显著增强

在大众对休闲体育进行消费成为可能的同时,很多的休闲娱乐的机会是依赖于相应的设施和服务的。国家对这些设施和服务的经济支持起到了决定性的保障作用。以发展比较完善的加拿大休闲娱乐体系为例,我们可以看出社会公共机构在休闲体育文化价值实现的过程中发挥着重要的作用。加拿大政府提供各类的休闲设施:其中各地方省政府为学校休闲设施的建设提供大量的资金援助;联邦政府还在非竞技的休闲体育方面提供资金和计划上的援助。早在 1974 年举行的第一届省级休闲娱乐部长会议上就对休闲娱乐做了界定,它认为:休闲娱乐是一种社会公益服务,它的目的是促进个人和社区的发展,改善生活的质量,增强社会的机能。自我国实行改革开放以来,国民经济持续快速增长。国民经济实力的增强为大众的休闲体育活动的开展提供了社会保障和支持,这主要从全国休闲体育基本设施以及广场、公园等公共设施面积的不断增加上得到体现。

通过上述分析可以得知,国家经济实力的增强为人们从事休闲体育活动提供了物质支持和保障;同样,不断完善的公共服务设施则为休闲体育文化价值的实现提供了坚实的物质基础。

2. 我国休闲体育文化价值实现的政治条件

这里所说的政治条件,实际上主要包括执政党状况、民主政治制度、政策法规等这几个方面,其中政策法规是政治条件的高度浓缩,是促进社会发展和进步的必要因素,对休闲体育文化价值的实现起着重要的政治保障作用。

在过去的计划经济时代,人们对休闲体育文化价值的定位很低,甚至是模糊的。当时生产力水平和生活水平低下,人们从事的一切大都是为了满足生存的需要。人们从事休闲体育活动的权利很弱,国家在充分地突出人们的劳动权利和义务的同时却在很长时间里淡忘了人们休闲的权力,即便在娱乐性的庆祝活动中人们大都是像接受政治任务一样地去按规定完成,更不用说能够自主地去选择休闲体育活动,因而在这一时期的休闲体育文化价值大都是一种潜在的价值,还没有真正地被人们所认识和接受。

第三章 休闲体育文化价值解析

改革开放以来,我国的政治民主化建设得到进一步发展和完善,国家把人的发展放到了社会发展的突出位置上,为人的自身发展创造了更好的政治环境。《中华人民共和国体育法》《全民健身计划纲要》等相关文件的颁布实施在赋予人们更多从事体育权力的同时,也给予了人们从事休闲体育活动更多的权利。人们可以在安定祥和的社会中自由地选择自己喜欢的休闲体育项目,去感受当代休闲体育文化的价值。

3. 我国休闲体育文化价值实现的时间条件

休闲体育文化价值的实现需要有时间作为基本保障。休闲时间是指不受其他条件限制,完全可以根据自己的意愿去利用、享受的时间,即"可自由支配的时间"。休闲时间是随着社会生产力的发展而不断增多的。随着社会的进一步发展,21世纪的人们将拥有更多的休闲时间。休闲时间的增多为当代休闲体育文化价值的实现提供了时间的平台。

从某种意义上来说,对时间产生影响的因素主要有两个:一个是生产方式的变化,一个是生活方式的变化,具体如下。

(1)生产方式的变化在很大程度上影响到时间

现代科学技术的发展极大地改变了传统的生产方式,技术密集型产业逐渐地取代了劳动密集型产业;自动化、机械化的大生产更多地取代了劳动力的生产。这一切使得更多的劳动力被闲置或被转入了第三产业。现代化的生产方式已经不再需要像过去一样多的劳动力就能创造出高出以前数倍甚至数十倍的物质财富。现代生产方式的变化极大地解放了劳动力,使得更多的人从工作中摆脱出来,获得更多的自由支配的时间。

(2)生活方式的变化在很大程度上影响着时间

改革开放对生产力发展起到积极的促进作用,与此同时,其促使着人们的生活方式发生了一定的改变。社会分工日益精细、第三产业的快速发展使得社会服务体系开始更多地地替代了个人的家务劳动。在这种情况下,人们可以选择家政服务体系帮助自己完成过去需要花费大量时间来完成的家务劳动;现代化、自动化家用电器,如自动化的洗衣机、吸尘器的使用使得人们在某些家务劳动的时间大大地缩短;现代化的交通工具使得人们生活更加便捷的同时节约了更多的时间。现代化的生活方式,使得人拥有更多的自由支配的时间,人们可以利用这些时间从事休闲体育活动。

(二)我国休闲体育文化价值实现的内在条件

除了政治、经济、时间这几个方面的外在条件外,我国休闲体育文化价值的实现还必须具备重要的内在条件,具体来说,主要涉及现代价值观、现代体育观、人文精神、行为方式、思维方式等方面的转变。

1. 现代价值观逐渐转变为后现代价值观

价值观是从本质和规律层面上反映人们的根本需求的最深刻、最抽象和最具普遍性的理性价值意识。价值观念具有社会历史性,一定的价值观念总是一定的价值关系的反映。在人类发展的不同的历史时期会有不同的价值关系,因而也就会有不同的价值观念。随着社会的发展和新的价值关系的产生必然会形成新的价值观念。而一定的价值观念作为一定历史条件下的价值关系的反映,必然具有其时代特征,从而表现出一定的社会历史性。

(1)现代价值观

现代化是18世纪工业革命以来人类社会所发生的深刻变化,从18世纪到20世纪末的现代化进程共包括两次现代化的阶段:第一次现代化是指从农业时代向工业时代、农业文明向工业文明的转变过程,第一次现代化进程将经济发展放到了首位,物质的生产在很大程度上扩展了人们生活的物质空间,进而满足人类对物质的需求;第二次现代化是指从工业时代向知识时代、工业文明向知识文明的转变过程。第二次现代化进程将生活质量的提高放到了首位,信息知识的生产扩大了人们的精神空间,进而满足人类追求和自我实现。

(2)后现代价值观

很多西方学者认为人类社会目前进入后现代社会。后现代社会的社会目标不再是经济上高速增长的追求,而是对人类幸福的最大化的追求。由此可以得知,其核心的社会目标开始由更多地注重物质层次的追求转向更多地关注人类自身的感受,关注人类自身的精神世界的生活。在个人价值观上,后现代社会不再将成就动机作为个人价值观,而是形成了新的后现代价值观。这种新的价值观更加关注个人自身的幸福感,新的后现代价值观,在很大程度上将个人价值观从生存价值转向幸福价值。

后现代社会核心社会目标的转变具有非常重要的作用和意义,具体来说,可以从以下两个方面得到体现。

第一,后现代社会核心社会目标的转变为我国当代休闲体育文化价值的实现创造了宽松的追求幸福的社会环境。在先前的现代社会中,体育往往带有功利性的特点,这种功利性主要地体现在体育为经济服务上,人们进行体育活动是为了强健身体进而更好地进行经济建设,在这样的环境中休闲体育活动得不到重视,休闲体育文化价值的价值也很难得到体现。后

第三章　休闲体育文化价值解析

现代社会中,人类已经有了一定的物质基础,不再把经济作为核心的社会目标,而是更加关注人类自身的发展。这一时期体育的目的也在悄然地发生着变化,人们从事体育活动不再是单单作为手段为经济服务,而是更多地为人类自身的发展服务。注重"畅"感为特色的休闲体育活动得到了人们的普遍认同,这就为人们在休闲体育活动中感受休闲体育文化价值创造了条件。

第二,后现代社会个人价值观的转变为我国当代休闲体育文化价值的实现创造了前提条件。现代社会中的个人价值观表现为成就动机。成就动机是个体追求自认为有价值的工作,并努力使它达到完美状态的动机,成就动机是以严格标准要求自己进而获得成功为目标的动机。具有很强成就动机的人特别注重任务的完成。在这种个体价值观的影响下,人们从事体育也往往注重量化任务的完成,过多地注重了从事体育后获得的成绩或完成的任务而不是完成任务后的感受。这在一定程度上影响了当代休闲体育文化价值的实现。后现代社会里人们开始更多地感受和关心生命的意义,而不再将注意力仅仅停留在完成的量上,当代休闲体育文化价值所体现的重要价值就是对生命意义的追求。

2. 传统体育价值观逐渐转变为现代体育价值观

体育价值观,也是对我国休闲体育文化价值实现产生重要影响的一个因素。具体来说,价值观的转变主要表现在以下几个方面。

(1)社会体育观逐渐转变为人本体育观

中国传统文化中,对社会的有序和谐是非常重视的,一般来说,会把人视为社会的存在物,重视人的社会价值,特别强调个人对社会的责任。由于受到这种文化的影响,以社会价值作为主体的社会体育观开始逐渐形成,其对体育在整个社会结构中的工具价值是非常重视的,将体育作为实现社会发展,经济繁荣的手段。强调社会的需求是体育价值取向的核心,社会价值高于个人价值,个人只能在满足社会的要求,实现社会利益后才能获得自己的价值。人本价值观是在新的文化环境中成长起来的,这种新的文化环境中,强调对个体人的尊重,更加重视个人价值的实现和人的全面发展。它更多地突出了在尊重社会的前提下个体具有追求幸福,实现个人价值的权利。人本价值观不再将体育视为社会经济发展的手段,而是作为人的全面发展手段,它尊重个人选择,注重个人兴趣,更多地彰显出以人为本的精神。

(2)生物体育观逐渐转变为人文体育观

生物体育观由于受到生产力发展和社会发展条件的制约,在人类发展的一段相当长的时间里才能得以形成,并且对人们对当代休闲体育文化价值的认识有着非常大的影响。生物体育观习惯上将体育活动与增强体质联系在一起,将量化的生理指标作为评定体育活动参与效果的终极标准。这种观念使得很多人对体育活动的认识仅仅局限在身体锻炼的范围内,而将体育对人的精神层面的作用淡忘了,这就在一定程度上造成了体育人文价值的缺失。在生物体育观的影响下,人们从事体育活动时往往更多地重视体育活动量化后的成绩,比如人们可能更加看重的是参与者跑的速度、跳的远度,而对于大多数人来说先天的身体素质对个人的体育成绩是起决定性的作用的,后天体育锻炼对运动成绩的提高可能仅仅起到锦上添花的作用。由此可以看出,如果让参与者过多地关注体育量化后的成绩,往往会打消人们从事体育活动的积极性。这种体育观下人们对体育的认识还停留在较低的层次上,人们是为了身体而锻炼,而不是为了自身的发展而锻炼,这就使得人们在体育项目选择上更倾向于那些带有竞技性特点的项目,而忽视休闲体育项目,休闲体育文化价值就难以得到实现。人文体育观强调人与自然、人与社会的和谐发展,强调精神与肉体的和谐统一,强调"体育对人类自身生存意义及价值关怀回到以人为本的体育世界"。它不再把从事体育单单地看作是一种身体锻炼的手段。而是把体育关注的焦点从身体转移到人类对自我身心全面发展的认识上来,更多地关注着人的精神生活。这就使人们在从事体育活动时更多地倾向于选择那些对人的身心全面发展有益的运动项目。这样,以追求人的精神自由和人的全面发展为特色的休闲体育项目就开始更多地走进人们的视野,同时,也使得人们对精神自由生活的追求使得当代休闲体育文化价值的实现具有一定的可能性。

3. 理性化的科学精神逐渐转变为人文精神

现代社会里,科学技术已经成为人类社会生活中的一种不可抗拒的力量。现代科学技术所引导的社会文明变得越来越理性,正如韦伯所认为的那样:"现代生活是由理性的经济道德、理性的精神以及理性的生活态度构成"。

围绕着技术实践形成的目的合理的行为方式,就是所谓的理性化。由此,可以推断出技术理性,就是指人类努力追求技术合理性、规范性的抽象思维活动,它是人对自然界永恒依赖的实践理性和技术精神。技术理性作为人类理性特殊的形式贯穿于人类实践活动的始终。技术理性在社会更多领域的扩展,就是所谓的社会理性化。它把人类在征服自然过程中的科学精神泛化地渗透到社会文化和生活的诸多领域。科学理性在社会文化

第三章 休闲体育文化价值解析

领域的扩张,使其几乎变成了人类理性的全部。人类在这种环境的影响下自然会产生这样的想法:人类的一切问题必须通过科学和技术得以解决,甚至生命的意义的问题也必须通过科学技术来回答。但是,我们需要认识到技术理性终归是一种有限的理性,通过技术理性建立的这个技术文明社会里把人生价值与社会改革问题等都排斥在这个技术文明社会之外。而事实上,这些问题依然存在,并不会因为技术理性的排斥而消失。人类通过借助于技术手段的提高,扩展了自己的生存能力,使人的生命进入到了一个更具有保障性的社会历史阶段。从另一方面讲,技术理性作为一种异己的力量,阻碍人的生存价值的实现,尽管科学技术以医学手段在生理方面维护了人的生命健康,但技术理性本身并不能从根本上真正地维护人的健康。现代科学技术对人性产生了深远的影响,它在很大程度上把人转变为一个纯粹的消费者,使人成为以拥有财富为目的的人。在这种技术社会中,被动性使人性受到了很大的伤害,因此人类开始思考科学技术对自身的不利影响。人变成了单向度的人是对人的本性的摧残。而人文精神是以人为文化发展的核心。它关注人性的自由,更多地注重人的生命价值,为人类心灵的归属寻觅精神家园。人文精神在体育领域中在很多方面都有所体现,其中,最为主要的是:第一,对人的发展和塑造的作用;第二,对人的价值观的形成的作用;第三,对人性的弘扬和对生命价值的关注。总的来说,人文精神是对人的生存的关怀,同时也是对人性的弘扬与追求。

人在科学面前失去自由在体育领域表现为各种项目的规则的科学性越来越强,人们在从事体育活动时已经明显感受到规则对人的自由的限制。理性化主要在技术理性化上得到体现。具体来说,现代人开始意识到泛化的技术理性对人类自身种种不利的影响,开始怀疑现存的规范,这就为当代休闲体育文化价值的实现提供了可能,究其原因,主要是由于人们在体育领域受到的泛化的技术理性的束缚,使得人们即便从事娱乐性的体育活动也往往感到力不从心,对泛化技术理性的怀疑使得人们开始在体育活动中找回现实社会失去的自由和乐趣。当代休闲体育文化价值更多地体现在人们从事休闲体育时表现出来的对自然的依赖和仰慕,而不是社会技术理性下的挑战和征服自然。不再单纯地崇尚自身速度、力量和耐力的不断提高,它体现了现代人渴望在大自然中感悟生命的意蕴和人生的价值。当代休闲体育文化价值使人类在一定程度上摆脱了社会技术理性束缚,使人类在从事休闲体育时有了更多的可能不断地超越自我,完善自我,从而获得更多的新奇感受,快乐体验。

4. 传统行为方式逐渐转变为现代行为方式

从文化学和人类学的角度上来说,行为方式是人类本质的实现形式,是人类发展的存在形式。在现实生活中人的行为方式是具体的形式,是以人类社会生活为现实基础。现实生活中人的行为方式表现为一些具体的内容,能够将人的行为个性与共性的关系充分体现出来,成为不同社会发展阶段的经济、政治、文化的浓缩。生活在各个不同社会中的人都应根据时代的特征调节自己的行为模式。

改革开放后的中国经济的持续高速增长,人民生活水平的稳步提高,为人们从事休闲体育提供了物质保障;同时科技的发展提高了工作效率,为人们带来了更多的空闲时间,越来越多的人认识到当代休闲体育文化价值从而积极地投入到休闲体育活动中去。人们开始利用双休日、节假日参加攀岩、登山、漂流、探险、垂钓、滑雪等休闲体育活动。与之伴随的新的休闲体育参与行为、交往行为的产生预示着人们对当代体育文化价值的追求已经上升到一个新的高度,同时表明人们对体育的需要已经从生理需要上活跃着更多的人文的价值,人类生存发展的新的文化规则开始形成。

由于过去很长时间里我国奉行的计划经济模式和由此派生的传统行为方式,对我国当代休闲体育文化价值的实现产生了重要的制约,甚至阻碍作用。在我国传统行为方式的影响下,过去在一些地区人们对于休闲体育文化价值的认识还远远不够,缺乏对我国当代休闲体育文化价值的正确定位。改革开放后,人们的物质财富不断增多,同时,也对人们传统的行为方式产生影响,并使其发生一定的改变,从某种意义上来说,这些新的行为方式对于人们对当代休闲体育文化价值的理解和正确定位是有所帮助的,同时,其也为我国当代休闲体育文化价值的实现提供了有利的条件。

具体来说,行为方式的转变,主要表现在以下两个方面。

(1)被动依赖型行为逐渐转变为自主型行为

改革开放前的很长一段时间里,我国的许多体育活动的开展都是由权力具体执行部门发动和管理的。人们受各种权限的束缚,参与体育活动的权责观也不是很清楚,只是被动地履行"义务",统一的锻炼时间、锻炼内容、锻炼形式束缚了人们的自主行为。长此以往,行为主体失去了应有的功能,不愿意也不会自己拿主意解决问题,参与体育活动的热情、兴趣、主动性日渐消失,变成了"你令我行"的单纯的行为工具。休闲体育活动在开展中也不可避免地受到这种行为方式的影响。但是我国当代休闲体育文化价值的实现需要参与者的主动行为而不是被动的依赖行为,这就要求人们在实现我国当代休闲体育文化价值时在行为方式上要完成从被动依赖型到自主型行为的转变。现代社会的进步及市场经济体制的确立为这种转变提供了有利的条件。具体来说,主要表现在以下两个方面。

一方面,社会主义建设中的人们"主人翁"地位的确立,为人们自主性

第三章 休闲体育文化价值解析

生活提供了广阔的空间。大众体育由国家"专营"到民主性管理的转化,使得俱乐部大量出现,这一切使得个体能够从群体性的蛹壳中蜕化出来,成为自主行为的个人,成为自觉参与个体活动的主体。

另一方面,科技进步和教育的发展,以及市场经济所带来的竞争机制,使得人们自身的物质生活和精神生活水平得到提高,个体的自身知识结构得到改善,人的主体意识得以形成,从而使个体愈来愈能够以独特的方式发挥自己的潜能,实现自身的价值。这一切促使人成为具有自主型行为的人。

(2)保守型行为逐渐转变为进取型行为

我国在很长一段时间内都受到封建农耕思想的影响,这就使得我国的一些地区特别是落后地区,人们的行为方式表现得特别保守,人们安于过那种平静保守的生活,对生活的要求仅满足于温饱,对更高层次生活的追求非常欠缺。在这种保守型的行为方式的影响下,人们即便在难得的空闲时间里也往往会去选择诸如睡觉、闭目养神、聊天、看电影等消极的行为方式来度过。信息社会的到来打破了封建保守的小农思想的同时也转变了人们的行为方式。更多新的健康的行为方式开始慢慢地被人们发掘和接受,人们面对越来越多的空闲时间会选择更加积极的方式来度过,人们不再为了闲而休闲,而是为了更好地生活而去休闲,在这一过程中人们不断地探索新的、与自己的行为方式相适应的行为方式,从而使自身发展的需要得到较好的满足。我国休闲体育文化价值能够使人们发展的这一需求得到较好的满足,因此,逐渐地被人们广泛接受。

5. 传统思维方式逐渐转变为现代思维方式

在对我国当代休闲体育文化价值认识的过程中,思维调节因素起了其他因素无可替代的重要作用。因此可以说,思维方式,是我国休闲体育文化价值实现的一个重要影响因素。

人类在对外界和自然界的认识中形成的一种相对稳定的、定型的思维习惯模式,就是所谓的思维方式,其是思维主体在一定的理论观念和方法论手段的基础上所形成的反映、认识、判断、处理客观对象的方式。思维方式是一定时代人们的理性认识方式,是按一定结构、方法和程序把思维诸要素结合起来的相对稳定的思维运行样式。人们对我国当代休闲体育文化价值的认同必然要求与之相适应的思维方式,这就迫切需要反思我们的思维方式,改革落后的思维方式,促进思维方式的现代化。

具体来说,思维方式的转变主要表现在以下几个方面。

(1)经验型思维方式逐渐转变为科学理性型思维方式

人们在生活或生产实践的过程中总结出来的一些具有感性认识水平

的知识,就是所谓的经验。由于经验还仅仅是一种感性的认识,尚未上升到科学理论的认识水平,由此可以得知,经验是不可靠的。过多地依赖经验往往使得人们在观察和处理问题的时候仅仅从狭隘的个人经验出发,不采取全面、系统、发展的观点,而是采取片面、孤立、静止的观点。传统经验性的思维方式由于其定型化的特点使得人们的休闲方式局限在某一僵化的范围内,在对我国当代休闲体育文化价值认识的过程中,常处于思维空间狭小,思路固定的状况。从经验型向科学型思维方式的转变,实际上就是要求思维方式要对休闲及休闲体育文化的价值加以重视,使人们的价值观念发生一定的改变,将人的主体性及其价值突出出来。

(2)封闭型思维方式逐渐转变为开放型思维方式

封闭型的思维方式是属于小生产的自给自足、不求进取的、孤立的思维方式的范畴的。由于我国受到几千年封建社会的影响,传统观念和小农意识形成,闭关自守、害怕风险、易于满足的文化心理是人们所普遍具有的。在这种文化心理影响下的社会表现出了单调、发展的超缓慢和超稳定的特征。受这种封闭性思维的影响,人们只满足于生活在狭小的天地里,而不愿意去看,或者很少去看除此之外的广阔天地,不愿去主动地接受那些外界的新生事物,更不用说能够主动地发挥自身的首创精神去改善和提高自己的精神生活。他们往往依赖于先前祖辈们留下的那些消遣方式来打发空闲时间,而很少去积极主动地去参加休闲体育运动,去感受休闲体育文化的价值。随着改革开放的进一步深化,人们的思维方式也逐渐地由原来的孤立的、封闭的、自给自足的小生产者的思维方式向更加开阔和开放的思维方式转变,人们思维比较的参照系不再仅仅局限于人自身的纵向比较,人们也可以通过和他人的纵向比较来激发自己发展自我的激情。这种开放型思维方式的转变对于积极引导人们从狭隘的、封闭的思维区域中解放出来,进而产生对休闲体育文化的价值的认同是非常有帮助的。这样一来,能够使人们对休闲体育文化价值对人自身全面发展的积极意义有更加深入的了解和认识。

(3)单向型思维方式逐渐转变为多维型思维方式

在我国的计划经济时代所形成的比较单一的、固定的经济体制的模式,在很长一段时间内都对社会生活的许多方面产生了很大的影响,对人们的思维方式产生了一定的制约作用,同时,也使得人们在思维方式上比较单调,缺乏生动性,丰富性和多样性,只强调"一"而忽视"多",在这样的背景下,刻板雷同的思维方式便形成了。受这种思维方式的影响,人们对事物和现象的认同往往非此即彼。这种单向型的思维方式限制了人们对体育的认识,在过去相当长的一段时期人们过多地重视体育的健身功能,而忽视了体育的健心的娱乐功能。这种单一的从健身的功能上认识体育的思维方式必然会阻碍人们对于我国当代休闲体育文化价值的认同和实现。

通过上述分析可以得知,传统的单向型的思维方式已经不能使人们对多彩生活的需求得到较好的满足,人们需要用多维型的思维方式来思考体育娱乐价值,在此基础上我国休闲体育文化价值开始被人们认同。

三、我国休闲体育文化价值实现过程中需要注意的问题

我国休闲体育文化价值在具备良好的条件后,就会得以实现,但在实现过程中,也有一些问题是需要加以注意的,具体有以下几个方面。

(一)可持续性休闲体育行为是重要的前提和基础

休闲体育文化价值在于使人类发展的需求得到满足,人类的发展是一个长期持续的过程,因此可以说,满足人类发展需求的我国休闲体育文化价值也应是个持续不间断的过程,鉴于此,便要求人们从事的休闲体育活动要在可持续性休闲体育行为的基础上建立起来。

从某种意义上来说,休闲体育行为是一种个体直接参与的身体活动。在个体的休闲体育行为过程中,个体与客体(参与的活动及周围的环境等)会产生一种互动,从而产生一种生理、心理等方面的综合感受。比如,个体所从事体育活动的挑战性水平和自己行动的能力都高于其平常的水平,并且二者处于平衡状态,这时个体能够感觉到正处于自身力量的高峰,最佳和最充分地发挥自己的潜能,自己对生活的体验达到极致,将会使人进入迷狂状态的一种快感,即为高峰体验。如果某种身体练习的难度远远低于个体的技能水平时,个体所产生的体验是厌倦,而不再是"畅"。个体在参与休闲体育活动过程中所产生的这种"畅"的体验,会在很大程度上影响到个体的愉悦度和满意度,进而影响个体是否会持续该休闲体育行为。只有在可持续性休闲行为的基础上,休闲体育文化价值才能得到真正的、最有效的展现。

(二)要使休闲体育文化价值异化的现象得到有效避免

当今社会在物质极大丰富的同时却在一定范围内出现了文化焦虑的现象。我国著名学者衣俊卿认为:当代人类"自觉地意识到文化对于人的生存所具有的安身立命的意义时,人们已经清楚地看到文化的危机性、悖论性的困境;或者说,当人们通过文化的自觉开始从自身确定生存的依据

时,却惊讶地发现了人类自己的自觉的或不自觉的行动和生存活动正在破坏着这个基础。"他所说的"文化的危机性的、悖论性的困境"在某种意义上反映了文化的异化。

作为自由象征的休闲体育是惬意的、自由的、多元的存在方式。它的价值体现了人对感性生命需求,因此休闲体育活动应当是人自愿、自觉的活动。但是我国当代休闲体育文化价值的实现需要现实的条件,它首先需要一定的经济作为基础。被人们称为贵族运动的高尔夫运动就是一种高消费的休闲运动。由于参加高尔夫球俱乐部往往需要高额费用。这些费用是普通人无法承担得起的。因此有些人将这类的休闲体育作为显示自己财富、身份的符号。在这样的过程中人们所从事的休闲体育活动不再是一种出自内心、追求自由的过程,而是一种炫富的过程。早在20世纪初,美国著名学者凡勃伦在《有闲阶级论》中认为:休闲是与参与者的经济和社会地位紧密地联系在一起的。有些参与者总是想借助休闲的方式来炫耀自己的特殊地位。凡勃伦将其称之为"炫耀性的闲暇"。正如西方学者所预言的那样,21世纪会是一个休闲的时代。但是在物质财富和经济状况依然束缚人们休闲行为的当代中国,对于那些需要高额费用的休闲体育项目,在一些人的内心依然只是作为一种占有财富、地位等社会资源的象征。在这种情况下,休闲体育的消费者可能只会过多地关注如何将自己作为一种特权阶层表现出来,而不是真实地关注休闲体育文化的价值。在这一过程中休闲体育文化的价值实际上已经被异化了。

(三)要对休闲体育的公益性加以重视

我国当代休闲体育文化价值的实现是建立在一定的物质基础上的,它应建立在普通大众的普遍参与的基础之上,因此在我们开展休闲体育活动的过程中应注重休闲体育的公益性,使休闲体育成为大众喜闻乐见又能积极参与的健康身心的体育运动内容。只有建立在公益性基础上,我国的休闲体育才会尽可能多地吸收更多人的参与,当代休闲体育文化价值才有可能在人民大众中得到更充分的展现。

当代中国比任何时候都注重全面整体素质的提高,比任何时候都注重整体国民自身的发展,诚然,在现阶段,我国还存在相当一部分低收入阶层,其中包括城市中的下岗和贫困人员,也包含广大的农民。一个基本的事实是,农业从业人员还占全部从业人员的约50%,农业生产的增加值已经降到不足GDP的17%,这不足17%的GDP在50%的从业人员中分配,无论实行什么样的分配制度,也无法改变农业利益低、农民收入难的局面。他们在从事休闲体育过程中面临更多的困难,对于这些群体应积极利用国家政策,充分发挥中国公益事业的作用,加大对公共休闲体育场所的投入,我们政府只有在政策上多给予这些群体人们关心,我国的休闲体育事业才可能得到更大范围的发展,当代休闲体育文化价值的实现才可能有着更广泛的群众的基础,才可能成为更多人的追求的价值。

当前,有相当一部分体育场馆使用附有限制的条件,这就使得低收入人群有时很难利用这些场馆设施从事休闲体育活动。另外,像有些地方的高尔夫球运动因为其高昂的使用费用,使得其只能成为少数有钱人的贵族活动。这就需要我们建立一个能满足大多数人进行休闲体育活动的场馆标准,制定相应的制度,使体育场馆能切实为大多数人使用。

(四)要对休闲体育教育的作用高度重视

人的素质和学习是由很多方面构成的,其中,休闲教育是非常重要的一个部分,政府及社会应将休闲时间放到以人为本的治国框架中,将休闲教育作为"育化人"的重要手段加以对待。人们只有学会既享受工作,又不浪费自由时间,才会感到他们的生活是一个整体,才会感到生命的价值。由于休闲教育对于"成为人"有着重要的意义,在西方发达国家工业化早期阶段就将休闲教育纳入了政府管理的范围。国外的"休闲教育"是全体国民一门人生必修课,通过学习获得休闲的"资格",以使每个人都享有时间培养他个人和社会的兴趣。

休闲体育教育是人类为了把握余暇、培养休闲能力而进行的一种社会实践活动。对其更为准确的表述应该是,它是一种通过身体活动谋求个体身心健全发展的集竞技性、表现性、娱乐性和教育性为一体的社会实践活动。休闲体育教育是通过人类自身的活动来改善和提高自己生活过程的全面过程,其在人的一生都贯穿始终,是一种终身教育,为人们自主地确定休闲在生活中的位置提供一定的帮助,同时,其也将从"为体育的生活"到"为生活的体育"的桥梁构建了起来。

第四章　休闲体育文化的课程体系建设解析

体育教育一直是我国中小学教育中重要的组成部分,在教育理念改革的大潮中,体育教学也随之发生改变。体育课程要求学生在运动方面可以持之以恒并得到应有的锻炼效果,但是纵观各个时期的学生状态,我们可以发现,由于运动意识的缺乏,学生在锻炼身体方面所付出的努力少之又少,很少有学生做到长期坚持并拥有良好的体育习惯。体育运动习惯的养成有很多因素的作用,其中学生个人认知以及世界观、价值观的塑造,对于体育锻炼习惯的培养有着重要作用。相应地,适量的体育锻炼,尤其是休闲体育,在学生人生发展中有着不可磨灭的积极作用,校园中的运动锻炼能够提高学生的个人素养以及身体素质,因此将休闲体育融入体育教学课程体系中是非常有必要的。本章分析了休闲体育课程的理论基础,探讨了休闲体育课程的内涵、目标与内容以及实施与评价,为构建休闲体育文化的课程体系提供理论参考。

第一节　休闲体育课程的理论基础

"课程的理论基础,实际上就是要明确本课程知识领域的外在空间,确定与课程相关的和最有效的信息来源,也就是说,要确定课程的基础学科有哪些。"事实上,每一个课程建设者无论持什么观点,也无论自己是否真正意识到,都在一定程度上利用社会学、心理学和哲学的概念、观点、方法等来充实自己的课程观,并以此指导自己的课程研究工作。"把心理学、社会学、哲学作为课程的基础或基础学科是大家比较公认的。"基于上述对课程理论基础的理解,本书对休闲体育课程的理论基础主要从以下两个方面展开。

一、哲学理论基础

休闲作为一个关乎日常生活世界与生命意义的哲学问题,正在成为中国哲学研究的新视域。休闲最早见于西周铭文,是一个关乎日常生活世界

第四章　休闲体育文化的课程体系建设解析

与生命意义的重要哲学问题。在中国哲学中,休闲乃人向道生成的自由状态,展示着人生命中的自适、超越、反思与诗意,是充满实践智慧的生命哲学。它通过加法、减法、接法等工夫路径,形成身闲与心闲的境界,追求身心的平衡与和谐。中国传统休闲哲学具有独特的东方文化韵致与迷人的思想魅力,休闲成为中国人安身立命的智慧之途。

从休闲体育领域来说,哲学要关心的是它在休闲体育领域的应用问题,即生活化问题。因为人们一天中约有三分之一的时间花费在休闲生活上,从提高休闲生活质量的目的出发,哲学的应用价值更为有效。事实上,"每一种学校课程都隐含着课程设计的某些哲学思想与观念,只不过其表现形式有的明彰,有的隐晦罢了"。从休闲哲学的角度来看,休闲体育应该关注人们的生活领域,特别是精神世界领域。本书认为,休闲的出发点在于自由和快乐,归宿点在于学习与发展,它们都包含有休闲体育中的哲学和哲学中的休闲体育。

(一)哲学基础

休闲体育是以人及其生命为核心的一种特殊活动,它是生命存在的表现形式,也是人的精神生命存在和延续的内在需求。休闲体育活动的目的在于以身体运动的方式,锻炼其体魄,增强其意志,全面提高生活质量,并促使人实现对生命意义的追求,对自身生命的超越,从而提升人的精神境界,实现人的生命价值。

1. 体验自由

在原初意义上,"休闲"描述出人在特定时空境遇中的生命状态。"休"强调人劳作过程的停止,具有明显的时间性,人依木而息的意象又寓意着休闲的空间构造。"闲"作为门中之木围成的界域蕴含着显明的空间意义,它与"忙"相对,又呈现出空闲时间的意蕴。"休"重时间之维,"闲"重空间之维,时空交融成为休闲的基本内涵,而人与木、门中之木的相依关系又隐喻着人与自然、主体与客体的交融和谐。由此,在外观与形式上,休闲成为融贯时空、涵摄物我、包容主客的存在。

同时,休闲又具有内在的德行与精神维度,"休"为德之美善的代称,"闲"是闲邪去恶与养善成德的统一;休闲与心、性、神、意等词连义贯,与人的心态、心境等密切相关,又展示出深厚的价值根基、内在的心性维度与其属人的内在本性(人性)。再者,"休闲等一味",休闲终成为融德行、精神与审美为一的只能从正向价值上界定与理解的理想人生境界。

休闲体育是在工作时间和其他日常必需时间以外的闲暇时间里进行

的身体活动。正因如此,休闲体育最大的一个特征是"自由",即不具有强迫性和约束力。从客观上看,是休闲时间和休闲体育活动的自由,它意味着自己有自主权,可以根据自己的意愿进行支配和选择;从主观上说,是在体育活动中体验毫无约束的自由感,是在体验工作中不能实现的一种自由感和放纵感,它是休闲活动中最易尝试和得到的一种感觉,也是老少群体喜欢休闲体育活动的原因之一。人在休闲体育中的精神状态,无非是指除那些非做不可的事情之外,人们愿意参与活动的态度,这是一种"悠然自得"的态度,因而闲适、放松的成分通常被认为是休闲体育的核心所在。

2. 获取快乐

休闲直接呈现为主体酣畅愉悦的快适感受,是人当下感受得到的生命的美好与世界的和谐,在不同境遇中可展现为道家的逍遥自适,儒家的性命自得与佛家的自由自在等。与所处的环境相勾连,这种自适感常常化为独特的自适境遇。其中包括三种情形,一是心随境转,受周边美好景象的激发感染,人潜在的自适之心变得愈发明亮欢快起来,如"北山白云里,隐者自怡悦""晚来天欲雪,能饮一杯无"等皆是。二是境由心生,在人开放的闲适之心的照耀下,外在的一切都显示出闲适的色彩。"心远地自偏""我适物自闲"等即为此意。三是与物为春,人在与外物相互熏染中得享快适,如"我看青山多妩媚,料青山见我应如是",甚至人也能达到物我同化、高度惬意的"物化"之境,所谓"庄周梦蝶难辨蝶周"是也。自适乃休闲之于人生意义的最痛快淋漓的当下实现,是休闲魅力的最切近的展示,也成为人追求休闲的最原初的动力与渴望。

休闲体育活动作为直接的心理体验,主要包括两个重要因素:一是自由感,二是内在动机的满足与意义。内在动机的满足最主要的感受就是身心的愉悦与放松,是一种不受外界干扰,又在内心深处毫不顾及任何事情的"超然"境界。因此,真正的休闲体育不屈从于任何外在强制性的要求。某些休闲体育的核心要素在其本来意义上被内心感受到时,休闲体育的价值才成为可能。由此看来,休闲体育并非无所事事的消极活动,而是内心之中涵盖着"某种意义"的积极活动,它为人们实现自我、追求高尚的精神生活、获得愉悦的心灵体验提供了机会。

从休闲体育的体验投入强度来看,双重的随意休闲(如看电视)是极其放松的,但其技能要求以及与人交往的强度都是低水平的。社交性投入的活动,如一起现场观看篮球比赛,紧密交往的程度很高,它不需要具备身体活动层面上的因素。活动性投入的休闲,如游泳、健身操、跑步,重心在于对活动技能或脑力上的要求。双重投入活动则包括某些团体性的体育活

第四章　休闲体育文化的课程体系建设解析

动,它需要社交与活动两方面的高度投入、全身心地参与和默契的合作,结果会获得高度的愉悦感(图4-1)。

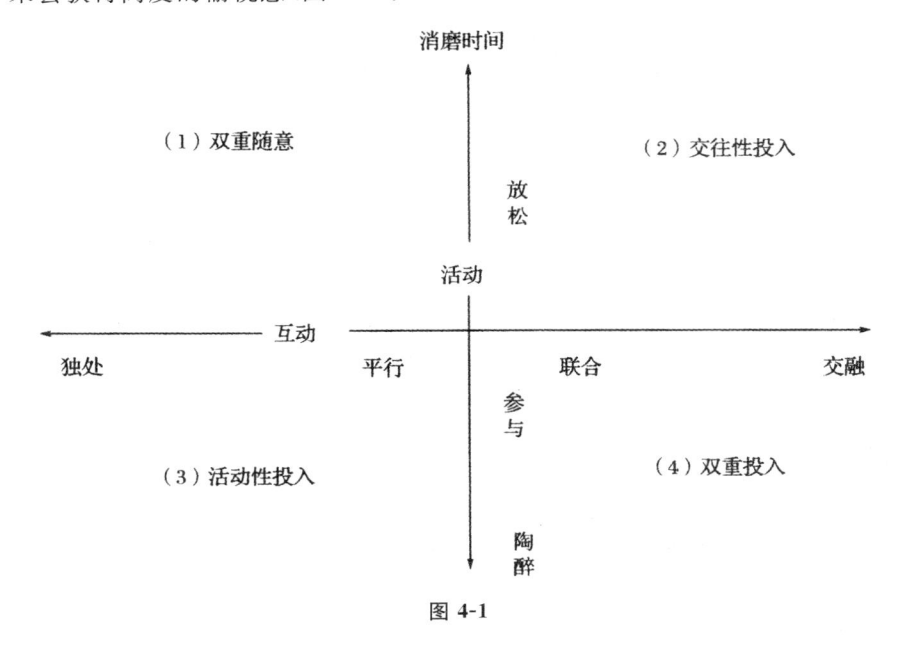

```
                    消磨时间
                      ↑
   (1)双重随意              (2)交往性投入
                      放
                      松
                     活动
  ←———————互动————————→
   独处      平行     联合      交融
                      参
                      与
   (3)活动性投入             (4)双重投入
                      陶
                      醉
                      ↓
```

图 4-1

(二)社会学基础

社会系统的基本建制是以功能性的图式彼此联系的,每个建制都有自己特别的贡献并共同维持整个社会体系的存在。此外社会的巩固与凝聚要求各建制以各自的职能彼此联系起来,与整个社会业已了解并接受的价值体系相切合。如果说我国目前休闲的发展状态对复杂的社会并不是必需的,其目的也不是根本性的,休闲在整个社会体系中尚处于从属地位,至少目前还与建制社会体系无关。那么休闲体育教育或者说休闲化了的体育教育则必然进入建制化的社会体系之中,在整个社会体系中发挥着独特的作用。休闲体育教育向社会体系提供的是规范化的休闲方式,并帮助人们养成健康的休闲习惯,它在一定程度上决定着人们业余活动的内容、频率与持续的时间。

有一位英国教育家曾经说过:"一种不能教会孩子支配余暇时间的教育是一种不成功的教育。"同样,一个不能引导人们善度闲暇的教育系统也不能称之为科学的教育体系。古希腊哲学家也曾经说过,罪恶是来自不良教育以及不健全的身体。体育运动对青少年道德品质的培养、法制观念的建立、性格意志的成熟都有密切关系。因此,通过教育引导人们以科学、文明、健康的方式度过闲暇时间是一项重要的任务。因而休闲教育是一项行之有效而又相当紧迫的任务。约翰·凯利认为:"休闲应被理解为成为人的过程,是一个完成个人与社会发展任务的主要的存在空间,是人的一生中一个持久的、重要的发展舞台。"因此,教育所肩负的使命不只是传授学科知识,还要培养学生科学利用闲暇的能力。

"百年大计,教育为本。"如何正确引导青少年一代健康科学地生活,并帮助他们建立正确的休闲观,教育有义不容辞的责任。健康向上的休闲体育活动不仅有利于身心健康,也有利于人的整个精神面貌和身体素质的提高,更有利于良好社会风气的形成和社会的不断进步。不良的休闲行为,不仅会影响到自身的成长,还有可能助长反社会行为的滋生。因此,休闲教育应以提高全民族的思想道德素质和科学文化修养为目标。休闲教育的实施能丰富现有教育目标的内涵。

作为建制化的休闲体育教育无疑将成为现代休闲生活方式的基本内核。这是因为,随着物质财富的丰富,体力劳动强度的降低,社会组织对个人社会约束的弱化,个人受教育水平的提高等,人们的休闲与日俱增,多元化的生活方式成为现代社会生活的一种常态,"雅闲""俗闲"和"恶闲"成为其基本表现形式。在这一多元化的休闲生活方式形成的过程中,为了发展积极的休闲生活方式并遏制消极的休闲生活方式,促使整个社会的休闲生活方式从无序向有序过渡,必须通过建制化的休闲教育加以引导。无疑,休闲体育教育将在引导现代休闲生活方式的过程中发挥独特的作用。建制化的休闲体育教育将对促进整个社会休闲方式的文明化、知识化、科学化和运动化产生积极的作用。此外,体育在休闲中的地位也使休闲体育教育成为现代休闲生活方式的基本内核。

休闲体育还可以减少犯罪、稳定社会。现代社会人口膨胀,给社会管理带来许多不安定因素,不利于社会的长治久安和快速发展。人的越轨和犯罪行为大多是在闲暇时间里发生,许多国家的球迷,在有精彩足球比赛之夜,社会犯罪行为明显减少。因此,引导人们从事健康的休闲体育活动,一方面可以使公民的身心素质在闲暇时间内得到更好的发展,把他们的时间和精力转移到有益的事情上来,从而使他们避免陷入赌博、打架斗殴等不良社会行为之中;另一方面,它可以分散和转移社会问题。对国家和个人来说,休闲体育无须太多的经济支出,又能获得积极的社会效用,是一项利国利民的好事情。另外,家庭成员共同参与休闲体育活动,可以活跃家庭精神文化生活,强化家庭内聚力,使家庭和睦团结,从而也维护了社会稳定。

在休闲生活方式上,人们往往存在方向相左的两种态度,积极和消极,产生两种行为,健康与不良。在休闲时间里,人们如果不用积极向上的内容来填充,就有可能出现"闲而生危"的状况;如果不参与健康文明的休闲活动,就有可能出现"闲而生事"的行为。据有关资料显示,青少年犯罪者90%是处于闲暇无事、百般无聊的状态下从事犯罪行为的。文明、科学、健康的休闲体育生活方式所追求的是一种健康、高级、崭新的现代生活目标。它是社会成员排遣精神压力、散发心中郁闷和青少年发泄多余精力的一个安全释放口,它可以冲击并抛弃落后、愚昧、腐朽的不良生活习惯,抵制精神污染的发生,引导社会风气,促进社会安定团结。

(三)心理学基础

近代都市的市民和劳动者认识到了休闲的必要性,但在这一个时代,休闲还只能是生活和劳动的媒介。休闲时间虽然能从劳动和生活必需时间中独立出来,但作为扩大再生产的手段,最终还是为劳动服务,生活必需时间也是为劳动做准备。

休闲体育过程是人们通过对体育的感知、实践,并赋予休闲娱乐的内涵,由感知认识逐步上升的理性认识,最终形成个人休闲体育意识的过程。社会的发展、时代的进步,使人们对体育的认识不会停留在某一固定点上,人们的体育意识也就会随着时间隧道留下其发展轨迹,因而人们的休闲体育意识也是随着时代的发展而不断变化。但是,无论哪个时代,时空都是生活的存在形式。工作时间、休闲时间是共同存在的,无论过去、现在还是将来,这些时间因素都受每天24小时的约束,两者的分配和维持与时代和环境相协调。

从意识的视角来看,休闲体育的产生来自于人的需求本能,经过人们对自身、对体育活动以及对自身与体育活动关系的认识不断提高,人们的体育意识形态经历了从被动意识到主动意识的跃变。当人的体育意识上升到休闲意识形态领域的时候,就形成了休闲体育观,因而人类体育意识的发展层次决定了休闲体育观的形成规律。相比较古代人们的休闲体育意识是模糊和感性的而言,现今人们的休闲体育意识是明确和理性的。对于前者,人们的体育观处在手段论与目的论不明确的晦涩交融状态,即处在手段论与目的论分叉前的混沌状态;而冠以"知识经济、信息化"的现代社会,人们的体育意识由被动向主动倾斜,手段论体育观正潜移默化地向目的论体育观转变,人们对体育的认识正朝着自身和谐统一的休闲方向发展。

休闲体育的体验是在个人的休闲过程中产生的,因此,必须关注休闲体育活动中的情感价值。休闲体育不是一个静止的内容体系,而是一个动态的过程体验。作为过程,就意味着它不是事先预设好的一套要实施的一成不变的计划,而是一个人获得情感体验的历程。体验是休闲体育过程的重要价值,一切停留在情感体验之外的休闲体育活动对主体来说只是被动的、无效的休闲。休闲体育将情感体验(过程本身)放置于重要的位置:"一方面是因为休闲体育过程蕴藏着许多至关重要却又无法通过行动、知识理解的韵味;另一方面是因为唯有过程性休闲才是生成体验和丰富情感的重要源泉。"

从这个意义上说,休闲体育应该成为一个情感体验的过程,成为一个有意义的生命过程,任何休闲体育的意义都需要真实地体验才能感悟到。休闲体育中对休闲的理解是至关重要的,没有感悟、体验到休闲意境,对休闲主体来说,并不是真正的休闲体育。同样,没有感悟到、体验到休闲意境对于主体而言也就失去了休闲意义。

体验作为人的心智能力,恰与感性的认识与理性的思维相并立,因为体验本质上是主体考量一个被表达出来的意境的领悟过程。在这一过程中,表达出来的是现象,领悟出来的则是生活的意蕴。主体总是有意无意地通过身体活动来表达精神状态,主体也不仅仅认知周围世界,而且要以感情去省悟它,特别是在运动中表达出来的价值和意义。因此,休闲体育的过程体验是主体精神的意会过程,它是人的生命世界中心智活动必不可少的组成部分。我们正是通过体验的方式(当然还有认识和思考)去把握生活世界的构成、意义、价值,从而建立起人的整体世界观、人生观和休闲观。

作为个体的人,总是通过自身的劳作(体力和心智的劳作)与这个世界进行物质和精神的交换而赖以生存。人们通过劳作把自己外化在他们自己的产品中,这不仅意味着他的劳作作为对象,成为外部的存在,而且还意味着他的劳作作为一种异己的东西不依赖于他而在他之外存在着,并成为与他相对立的独立力量。因此,人们常常感觉到,他们对这个世界付出了那么多的心血,却常常无以回报。然而,人是类的存在物,他总是意识到自己是类的存在物,也正是由于他是类的存在物,他才是有意识的存在物,因而他从对象中体验个体和类的生活与历史。

二、教学理论基础

(一)教材的结构体系

教学内容是教学活动的基本要素。休闲体育教育理念的提出在一定

第四章　休闲体育文化的课程体系建设解析

意义上也就是以"休闲运动项目"为内容的体育教育活动,也就是说要将休闲运动项目纳入教学内容体系之中。然而,系统理论告诉我们,认识一个系统只进行元素分析是不够的,还必须进行结构分析;改革一个系统只靠更替元素也不行,还必须进行结构的调整和改革;看一个系统的作用只进行元素的功能分析是不可靠的,还必须进行整体功能分析。因此,以休闲运动项目为内容的休闲体育教育不仅仅要将休闲运动项目引入教材体系,还必然涉及对现行体育教材体系的改造问题。这一问题事实上是对原有学校体育教材体系的"打破"与"重构",而并非是对体系中个别"元素"的破与立。休闲体育教育对现行学校体育教材体系的"打破"与"重构"也并非是对原有教材体系的否定,而是在新的教育背景和体育教育思想下的改革和发展。

显然,休闲体育教育对原有体育教材体系的"打破"与"重构",不能只停留在运动项目的作用、功能的分析或进行单一项目的增添、削减上,而必须对其整体结构及功能进行研究。因此,休闲体育教育对原有体育教材体系的"打破",既包含了"竞技运动教材化"改造这一传统问题,又包含了地方传统运动项目、新兴体育项目的引入。后者具体包括心理拓展训练、紧急救护与逃生的身体活动技能、运动处方和锻炼处方、野外体育活动和时尚运动项目等。而休闲体育教育对原有体育教材体系的"重构",是其对现行学校体育教材体系改造的重点和难点。这一"重构"应当是在"健康第一"指导思想下的体育教材体系"重构"。它既包含了对"竞技运动教材化"的原理和规律的探索,也包含了地方传统运动项目、新兴体育项目教材化改造的原理和规律的研究。其中最核心的问题是,如何有机地融合这些缺乏内部逻辑性和外部规定性的体育教学内容,使之有效服务于学生身心健康和积极休闲方式的养成问题。应该说对原有教材体系"破"与"立"的有机结合,是实现以"休闲运动项目"为内容的体育教育活动的基础性工作。

(二)体育教育的过程结构

休闲体育是身体活动的较高阶段。它具有一些区别于传统意义上的体育运动的特征,它既不是以通过比赛追求成绩,也不以崇拜力量为目的,它既不要求遵守刻板的规则,也不要求有规律的强烈训练,而是通过非形式的、自发的体育活动追求身体放松和舒服。罗歇·苏这段描述并非在解释作为名词的"休闲体育"和"体育运动"的区别,事实上他阐明了作为动词的"休闲体育"和"体育运动"之间的过程区别。由此来看,休闲体育教育理念提出了一个休闲化的体育教育过程问题,也就是说它本身就包含了休闲化的体育教育过程。

杜威经验教学理论认为纯粹的经验是最基本的东西,教育作为过程就是"不断改组经验,重新组织经验"。一切学习来自经验,从经验出发的教学是最好的教学方法。杜威认为,经验就是尝试或实验,是主体对客体的作用过程;经验是有机体和环境相互作用的结果。经验、行动的连续性和相互作用使主体产生一定的感受,于是"我们就学到了一点东西"。

尽管现行的体育教学过程依然在一定意义上贯穿了杜威的这一教育思想,然而不能否认"四阶段""四过程"及微观层面的"讲解、示范、练习、纠正错误动作、再练习"的教学过程模式依然带有极强的普遍性,并且这样的教学过程在一定意义上不能说不是体育专业教学过程的"修订版"。而注重休闲性和乐趣体验的休闲化的体育教育,通过传统的教学过程难以实现。休闲化的体育教育过程是否应该从"游戏"切入,或者如何从"游戏"切入,再通过游戏中发现的问题导入以上所述的教学过程,是一个有待研究的问题。

(三)教育的价值取向

休闲体育不是一种新的体育形式,休闲体育教育也不是一种新的体育教育形式,它们都是体育文化时代性的反映。尽管如此,休闲体育教育所具有的时代性依然在其教育的价值取向表现出了特殊性,也就是说休闲体育教育理念的提出,是具有时代性的体育教育价值取向的必然要求。休闲体育教育本身便包含了独特的教育价值取向的内涵,否则也就否定了休闲体育教育的时代性。

关于休闲的研究著作中非常注重"体验"这一概念。约翰·凯利认为"体验不是简单的感觉,而是一种行为以及对这种行为的解释性意识,是一种与当时的时间空间相联系的精神过程。"我国学者李仲广认为,"体验是实践活动中不断产生新经验、新认识,并由此发展适应自然与社会的能力,形成积极人生态度,促进个性成长的一种学习方式"。从这一视角来看,具有时代性的休闲体育教育价值体现必然与个体的"体验"具有紧密的联系,这一体验的价值则体现在形成积极人生态度和自我意识和谐的获得上。

理想的休闲必须是发展性的,必须是一个能使人投入其中,不断学习,并使自己有所改变的连续的过程。这就意味着对青少年的休闲教育必须变被动为主动,必须对他们进行休闲人生的教育。在我国当前的教育体制下,休闲体育教育则可以成为承担这一教育任务的建制化组织形式。休闲体育教育通过设立具有挑战性的,并能够给予学生的生活以积极意义的运动目标,继而通过有效的教学组织形式,调动学生追求目标的主观能动性,使他们在追求目标的过程中获得情感体验和所需要的运动技术与技能,从而实现获得自我意识的和谐这一具有时代性的休闲体育教育价值取向。

第二节 休闲体育课程的内涵

休闲是现代社会的重要内容,休闲体育的观念深入人心,并日益成为人们日常生活不可缺少的内容。高校体育课程是学生接受规范的学校体育教育之最后阶段,也是体育观念、体育习惯和体育能力形成的最关键时刻。目前许多高校体育课程目标缺乏灵活性、教学内容单调、课程形式单一、评价制度不规范。这些均与现代社会对人才培养的需要格格不入,严重影响着高校体育教育的质量,亦不利于大学生整体素质的提高。

一、休闲体育课程的概念

(一)休闲体育与课程

课程是一个发展性的概念,它是为实现学校教育目的而规定的教学科目及其目的、内容、范围、分量和进程的总和,它包括了学生自由、全面发展而营造的教学环境的全部内容。体育课程作为课程的下位概念,出现了诸如"体育课程是指为实现学校的教育目标,配合德智美全面发展,并以发展学生体能,增进学生身心健康为主的特殊课程。""体育课程是在学校指导下,为了使学生能在身体、运动认知、运动技能、情感和社会方面和谐发展的有计划、有组织的活动。"等学科或活动的课程定义。

休闲体育是与休闲的兴起和发展紧密相连的。《国际休闲宪章》认为休闲就是人们在完成工作和其他任务之后、在自由支配的时间内所进行的活动,是以补偿性活动为基础的活动。经过近百年的探索和发展,逐渐形成了休闲学科体系。休闲学产生于美国,其标志是1899年凡勃伦发表的《休闲阶级论》,他主要是从经济学角度研究休闲的,认为休闲已成为一种社会活动,人的一种生活方式和行为方式。所以我们认为,休闲体育是指人们在休闲时间里自愿参与、自主选择,以身体参与为主要手段,以缓解压力、恢复体力、娱乐身心、调节情绪、强身健体为主要目的的一种健康科学的生活方式。

(二)休闲体育课程的含义

沿着"泰勒原理"的基本内涵,我们可以这样诠释休闲体育学的基本内容:学生通过休闲体育课程应该达到什么样的目标,学习什么样的休闲体育知识最有可能达到这些目标,怎样有效地组织和实施这些知识内容,如何确定休闲体育课程达到这些目标的程度。由此,休闲体育课程是为实现休闲教育目标,通过教育者有计划、有组织的指导,对受教育者实施身心全面发展的休闲体育运动的全部内容。这一理解体现了三种课程思想:一是课程的价值指向,是为了实现休闲体育的教育目标;二是课程实施途径,是在教育者(教师)的指导下,有计划、有组织地进行;三是课程的实施内容,是对教育者传授休闲体育知识、技能和理念的全部教育内容。

休闲体育课程是为适应社会发展需要、满足学生休闲需求、让学生充分吸收体育运动营养助长其生活能力,张扬起生命能力并创造其美妙生活而建立的一门课程。为实现休闲体育教育目标,在教育者有计划、有组织的指导下,对受教育者实施身心全面发展的休闲体育教育的全部内容。

1. 综合性的、跨学科的研究领域

休闲体育课程它并不是现有的某一学科的更新,而是一个全新的跨学科的交叉学科。它涉及休闲学领域的休闲教育学、休闲经济学、休闲社会学、休闲文化学、休闲心理学、休闲伦理学、休闲人类学、休闲美学、休闲管理学、休闲哲学、休闲技术学、休闲产品学、东西方休闲史等学科;又涉及体育学领域的体育社会学、体育哲学、体育经济学、体育管理学、体育行为学、体育心理学、体育美学、体育人类学、体育产业学、体育文化学、体育技术学等学科。因此,休闲体育学具有综合性、交叉性的学科特点。

2. 理论与实践、现实与理想的高度统一

休闲体育课程必然是一门以身体活动与心理体验相结合的学科,它是适应现代人的生存需要,尤其是精神需要而产生的。它在一定程度上有助于弥补现实社会政治、经济生活对人的精神发展所造成的损伤,以利于人的全面、健康发展。因此,休闲体育课程以现实社会中人们的休闲体育现象、休闲体育问题为研究对象,以实现"休闲"在社会良性运行中的最大价值为目标。它不是纯理论学科,而是一门实用性很强的学科,它以学生的休闲体育实践确定发展方向,以发现和解决学生在社会生活中的休闲体育问题为宗旨,为学生的休闲体育实践服务。所以,休闲体育课程既是理论与实践的高度统一,也是一门关于如何利用"闲暇"、充分体现休闲体育价值、追寻休闲体育理想的应用学科。

第四章　休闲体育文化的课程体系建设解析

3. 描述性与规范性的结合

休闲体育课程既研究人们的休闲体育实践与问题，又研究人们的休闲体育价值与行动。因此，休闲体育课程既追求对现实社会中人们的休闲体育问题与实事的说明、解释，也重视休闲体育的价值取向和价值评价，也重视休闲体育行为最大程度和最大价值的研究。由于这些特征，也决定了休闲体育课程不仅具有体育领域的众多理论、知识和技术为人类所共有、所认同，而且它具有极强的民族性和地域性。中国人与西方人的休闲体育固然有相近之处，但毕竟由于历史和文化背景的差异，由此而产生的休闲体育课程也必然各具特色；东部与西部、南方与北方，由于民族生活习惯的差异性，由此产生的休闲体育课程内容也必然各不相同。

二、休闲体育课程的研究对象

休闲体育作为一种社会现象，它的问题表现于休闲体育过程的一切方面，大多数问题都是具体的，因而休闲体育研究与休闲体育的专门课程研究是有区别的。休闲体育课程的研究是以休闲体育中的一般问题为研究对象，它抛开了休闲体育的各种特殊形式、特殊形态、具体条件和指定领域，不以提出并解决问题的对策和某种操作方案为目的，而是把问题抽象到普遍、一般的意义上来考察，目的是要揭示休闲体育的规律，以指导休闲体育教学实践，为制定解决问题的对策、方案提供理论依据。

从近年休闲体育课程的研究成果来看，有关本学科的专著、译著相继问世，大量研究论文的发表，已经显现休闲体育步入了蓬勃的发展时期。这些研究文献涉及教育、文化、经济、社会等众多领域，已经呈现出百花齐放的发展态势。更为可喜的是，教育部已经把"休闲体育"作为一门正式的学科列入 2007 年的培养计划，作为学校正规的体育课程进入了教育学的研究领域。这充分说明，休闲体育作为一门独立学科的时机已经成熟。

三、休闲体育课程的价值和必要性

(一)休闲体育课程的价值

1. 价值共享

休闲体育学价值内涵的共享，即各种不同主体的课程都应反映休闲的内涵。不只是休闲体育课、体育课，还应该体现在其他课程的内容体系之中,因为各种课程是一种"朋友关系",其目的都是促进学生全面健康发展,培养学生良好的休闲意识和休闲能力,因而休闲内涵应在全部体育课程目标中体现出来。

2. 非功利性

非功利性是指课程目标不带有功利性目的的价值取向。在既往的课程目标设计中,我们往往掺杂了诸如"体质""健康"等具有功利形态的目标指向,因而学生的体育活动或体育课都背负了某种目的成分在里面。而休闲体育课程所要倡导的是一种自由、放松、愉悦的心理体验,因而除去了某些功利性目的,这是学生自由全面发展的前提。

3. 主动积极

休闲体育课程不仅反映了社会发展的要求,而且更要适应学生的身心发展需要。由于学校最根本的任务是培养人的自由全面健康发展,因而,休闲体育课程的实施过程绝不是学生单纯、被动地接受知识与训练的过程,而是他们积极自主、自由地参与体育活动的过程。

4. 全民参与

普适教育全民教育观念是在 1990 年由联合国教科文组织"全民教育计划"的影响下产生的一种新的教育理念。其核心内容是:"基础教育必须以满足全民的基本学习需求为手段。根本宗旨为,提高大众的生存质量,促进任何社会的可持续发展。"与"休闲是与每个人息息相关的领域""每个人的生命历程都彰显着休闲的价值意蕴"等观点相一致。因此,休闲教育应该成为全民教育的内容,使每个人掌握和理解休闲。

(二)休闲体育课程的必要性

1. 新课程理念为指导

休闲体育观念契合了新课程理念,较好地解决了课程的实质问题,坚持"健康第一"的指导思想,促进学生健康成长,激发运动兴趣,培养学生终身体育的意识,以学生发展为中心,关注个体差异以及不同需求,确保每一个学生受益。以基本理念为体育课程的核心,以休闲体育的开展为手段,使我们更深刻地把握它的内涵,树立全新的教育观、价值观、人才观。

2. 课程内容为基础

课程论认为改革课程内容的主要手段包括,补充最新的课程内容,体现科学技术发展的趋势;合理调整课程内容的结构;精选重要的课程内容;综合多门学科的知识,形成跨学科的核心课程;把方法论作为课程内容的学习重点。体育课程改革给学校体育带来新的刺激和动力,给学校体育内容的更新和改革带来更大的空间。新的理念打破了传统的教学观,把教材内容看作是育人的载体。

因而,我们必须从促进学生发展的角度选择教学内容。休闲体育运动中的很多新型体育运动大部分是根据社会体育的条件而改进的,很适宜在学校体育的条件下发展,如传统的民间体育运动项目踩高跷、秧歌舞等。简化规则的体育运动,如缩短比赛时间,缩小场地,减少身体接触,降低技术要求的有接触橄榄球运动。改良了用具的体育运动,如迷你式排球等。创新器具而产生的运动,如轮滑、攀岩等。这些运动降低了技术难度,增加了运动乐趣,体现了休闲体育项目与课程内容的完美契合。

第三节 休闲体育课程的目标与内容

一、休闲体育课程的目标

(一)休闲体育课程目标的概念

体育课程目标是指在一定时期,体育课程实施所要达到的预期结果。它是体育课程设计的首要环节,是体育课程评价的依据,也是体育课程的出发点和归宿。课程目标在整个高等学校课程体系中具有非常重要的作用。高等学校体育课程目标是高等学校体育课程开发的起点,它为整个高等学校体育课程开发过程规定了方向,是高等学校体育课程改革、设计、实施和评价各个环节的重要依据,高等学校体育课程目标是高校体育教育目的的具体化,体现学校体育教育的目的和宗旨。体育课程与教学目标可以为课程内容与教学方法的选择、教学组织、课程与教学的评价提供依据。体育课程作为一门高等学科课程首要解决的是课程目标的问题。

一般来说,课程目标可以包括技能、知识、态度和价值观等方面。课程目标是实现教育目的的一种手段,只有在明确提出教育的总目的之后,课程目标才可能清晰化,才可能对整个课程的制定和实施起到应有的作用。教学目标是教学的指向与归趋。教学目标的确定,将为教学者选择教材内容、运用手段方法和评价教学效果等提供依据,也为学习者针对某一目的和方向克服障碍全力以赴提供依据。因此,任何教学改革方案都必须重视教学目标的确立。休闲教育的最终教学目的是提高自己休闲生活的质量;

了解休闲机会、休闲的可能性和休闲的要求；了解休闲对个人生活质量以及对社会结构的影响；具备广泛开展休闲活动所需要的知识、技能和鉴赏力。

（二）休闲体育课程目标的分类

课程目标其实就是人才素质标准，它要求高校注重学生的素质教育，培养专业基础扎实、专业知识广博、素质好、具有实践能力和创新能力的新一代大学生。笔者认同将休闲体育课程目标分为社会发展目标、技能发展目标、认知发展目标、情感发展目标四大类。

1. 社会发展目标

培养学生的适应社会的能力，促进学生的社会化，是当代高校教育的一个重要任务，是终身体育的一个重要环节，也是休闲体育课程目标需要把握的重点。利用教学过程，培养学生自信、自尊，讲究礼仪，推崇公平竞争，有助于学生形成良好的社会品格，利用体育教学的特点培养学生的决策能力、交际能力、应变能力等，有助于造就学生的群体意识和社会风范，利用体育教学的氛围，培养学生通达乐观的情绪、自觉的纪律意识和良好的自我表达能力。

传统的学校体育以增强学生体质为目的，把学生只看作是生物人，体现在体育教学中，则以教师为中心，强求一致、千篇一律，很少考虑学生的需要与个体差异，其结果必然导致学生对体育课产生淡漠与厌倦。如果学生在学校时期就对体育活动产生厌倦，那他日后就不可能对终身体育感兴趣。即使学生对体育不厌倦，如果没有对体育持久稳定的兴趣，要终身从事体育活动也将十分困难。为使学生能终身坚持体育锻炼，学校体育应以培养学生的体育兴趣为首要任务；其次，要培养学生自我锻炼能力、适应环境条件变化能力、自身运动机能和生理机能的诊断评价能力、自我设计体育锻炼计划的能力、自我组织与管理的能力等；最后，要使学生坚持终身体育锻炼，有了兴趣，具备了能力，还要养成终身体育活动的习惯。

2. 技能发展目标

运动是体育教学的特点，休闲体育教学过程中运动行为的价值主要体现在使身心得到锻炼，使学生获得畅快感和成功感，淡化相应的技术、技能的灌输式形成。根据运动技能的形成规律和学生存在差异的客观现实，运动行为目标具有鲜明的层次性特点。学生通过体育课的教学积极主动地习得相应的技术技能，并能作为终身体育的主要手段。就一般而论，运动

第四章　休闲体育文化的课程体系建设解析

行为目标的达成是依次实现的,但在教学实践中,由于学生程度的差异,对于不同的学生个体,需要采用鼓励性、赏识性的区别对待。

长期以来,学校体育教育一直强调教学手段和方法的优化,而忽视了学生对体育深层次的认识和理解,在校期间仅停留在达标测试方面,未能使学生形成终身体育意识和具备终身运动的能力,致使学生毕业走向社会后,就停止了体育锻炼。因此,我们应因人而异地建立个性化的运动模式,把休闲体育课程与课外锻炼有机结合起来。为此,我们应该把课外体育锻炼纳入课内计划,并纳入考试评价体系中,使学生能真正从观念上、行动上确立终身体育锻炼的观念,使其终身受益。

一个人的发展必然要经历家庭、学校和社会这三个不同的时期,每个时期对个人的成长都起到举足轻重的作用。家庭是社会的细胞,家庭体育有着学校体育和社会体育不可替代的作用,是实现人的终身体育协调发展的重要组成部分,家庭体育是终身体育的起点。学校体育是个人成长和发展的重要时期,学生在学校时期获得体育知识,提高身体素质,促进身心协调发展,对家庭和社会都会产生积极的作用,学校体育是终身体育的基础。社会体育是学校体育的发展和延伸,也是每一个社会成员的归宿。因此,家庭、学校和社会体育是终身休闲体育目标实现的三个基本阶段,是休闲体育的重要组成部分,每个阶段既有各自的目标体系和相对独立性,又是相互衔接、互为补充、不可分割的。

3. 认知发展目标

休闲体育课程是一种教育手段,它有着完整的知识体系,通过教学能传授给学生体育知识和进行体育文化的熏陶。高校休闲体育课的实施,应该有相应的认知目标,这个目标必须在与中学阶段有机地对接的基础上作进一步的在人性和人格上的完善和提升。所以,休闲体育课程的基本认知目标是要使学生更加深入地了解体育活动和身心健康以及全面发展之间的关系,科学锻炼的规律和原理,科学锻炼的方法论,作为大学生,还可适当地了解体育活动的生理机制,并能把这些知识贯穿在教学过程中加以运用,从而得到强化。

现代休闲体育观的出现,是对学生学习价值论的一个补充,是学习之外的恰当调节和身体体验。学生不能为了学习而学习,生活中没有休闲或是没有适宜的身体锻炼,学生就像机器一样不停地运转是不可能的。因此,学生的学校生活作为一个开放过程应该接受休闲体育的陶冶,他们应该懂得一点休闲体育知识,掌握一点休闲体育技能。否则,没有休闲的学习过程就是异化的学习。就此而言,休闲体育是对异化学习的扬弃,是人肯定人自身、张扬自我的过程,休闲体育的出现意味着人的自我掌握进入了一个新境界。

帮助学生树立科学休闲体育的观念,引导他们主动参与到休闲运动中来。传授有关休闲体育的知识,教给学生体育运动的技巧、技术和方法,并能使学生理解休闲在人类生活中的重要价值和地位。能使学生对某一项或某几项休闲体育活动产生长久的兴趣,形成终身体育的观念。提倡休闲体育的平民化、大众化,讲究休闲体育的意境、休闲体育的精神和文化含量,淡化体育运动的物质欲求和功利心态。研究目前适合学生的休闲体育方式和途径,特别是休闲体育与人的可持续发展的关系,探讨新的休闲体育发展类型。通过建议和争鸣,为学生提供更多、更便利的休闲体育服务。

4. 情感发展目标

体育运动是带有感情色彩的活动,体育情感是指学生在体育活动中所产生的持续、稳定的态度体验,是学生参与体育活动和进行体育学习的内部动力,体育教学过程要注意培养学生积极的情感,这是休闲体育的基本要求。休闲体育课程情感目标主要包括体育思想、体育价值观和审美观等因素。积极的体育情感的培养是一个潜移默化的过程,最终使体育教学成为一个将积极的态度体验内化为学生具有终身体育意识和终身体育能力的个性品格的过程。

休闲体育最重要、最根本的目的是培育人与生俱来的成长的可能性。但时下的学校体育以灌输服从、纪律等军体思想为主要特点,以传授竞技体育技能为主要目标,给学生的能力与梦想戴上了"紧箍咒",驱使他们致力于竞技体育内容的发展。因此,我们必须重新唤起现代社会业已黯然失色的人类理想,把学生真正作为一个人来看待,然后再作为未来的劳动者去培养,这才是现实和必需的。

休闲体育的目的就是通过身体体验,使学生获得快乐、自由和放松的心境,促进学生健康地成长,它绝不是把限定的、片面的、预先"咀嚼好的经验"作为"课程",天经地义地"灌输"给学生,而是向学习者提供生命世界所渗透的经验,使学生能够与充满奇妙的世界沟通,最终达到个体生命的健康发展。在学习过程的一切阶段,学生有自由选择的机会,当然自由选择不是盲目的、打乱教学活动的自由选择,而是在教育的整体框架下充分发挥学生的创新精神。真正的体育活动只有在自由的氛围中才能进行,才能张扬学生的个性,因此,应当依据学生的自由意愿,进行体育运动的自由选择。

休闲体育原本始于对一切生命形式中流变的"生命"的深刻敬畏之

第四章　休闲体育文化的课程体系建设解析

念,但越来越多的轻视生命、无视生命的现象又使我们对现代体育产生怀疑。因此,提升学生如下觉悟的教育是必要的:"地球村"的一切事物是紧密联系、相互依存的,个人的幸福与整个地球的幸福是密不可分的,每一个人享有各种权利的同时也要承担相应的义务。这种学习的核心内容就是了解支撑生命的基本系统、能源流、生命链、相关关系及其形成变化。

休闲体育课程四个领域的目标是一个有机联系的整体,每一个领域都不能脱离其他领域而独立存在。认知目标和技能目标领域是课程目标的实体部分,看得见,摸得着,但如果实现了这两个领域的目标,而不能对学生的健康和发展起到作用,即使掌握了技能,也缺乏实际的教育意义,难以形成积极主动的终身体育锻炼观;情感目标和社会目标具有相对模糊性,是体育课程存在的价值根本,它们必须在运动参与和运动技能目标实现的同时,加上积极有效的引导和促进才能实现,没有运动技能的学习活动,学生在体育教育过程中的发展就成为无本之源,失去实现的基础。因此,在体育教学过程中,既不能没有技能学习本身作为载体,也不能仅仅强调技能的掌握而忽视学习过程中对学生的全面素质的促进,"授受式"教学与"放羊式"教学,都是不符合高校休闲体育教学目标的。

二、休闲体育课程的内容

"课程内容是指各门学科特定的事实、观点、原理和问题,以及处理它们的方式。"体育课程内容是课程内容的一个有机组成部分,"体育教学内容是那些以体育教育为目的,以身体练习、运动技能学习和教学比赛等为形式,经过组织加工后的,可以在教学环境下进行的内容的总称。"因此,课程目标一旦有了明确的表述,就在一定程度上为课程内容的选择和组织提供了一个基本方向。

(一)理论内容

理论教学对学生形成积极的休闲意识有着十分重要的意义,要做到体育教育与休闲教育相结合,就要在理论内容中大幅度增加有关休闲和休闲教育的理论内容,从而达到知识、理解和意识领域目标的要求。使学生首先在思想意识上对休闲、休闲教育的重要性以及体育的休闲功能和多元价值有一个充分的认识。因为,休闲教育体育课程构建的主要宗旨就是通过体育实践——这一积极、动态休闲方式的学习,促进大学生形成正确的休闲意识,为将来步入休闲社会打下认识与技能的准备。而传统的体育健身、保健理论知识在基础教育阶段的体育课程中已经开展了多年，不需要再继续填充在大学短暂的四年学习中。这也是实现高校体育课程个性化的一个具体体现。另外值得指出的是理论内容休闲、休闲教育知识的教学应突破传统的说教模式，提倡对学生在运动体验过程中进行有选择、有针对性的渗透式教学。

1. 理解休闲体育的本质

休闲是人类从文化环境和物质环境的外在压力中解脱出来的一种相对自由的生活，是个体以自己喜爱的、本能地感到有价值而从事的行为活动，它是人类追求自由、放松、和谐精神生活的有效尝试，是人类探寻健康、科学、文明生活方式的积极思考。因此，这方面的内容涉及休闲的词源学考察、古今中外休闲思想的解读、现代休闲的价值意蕴、休闲的特性与功用、休闲与闲暇、旅游、体育、玩等相近概念的关系理解等。

2. 传授休闲体育相关知识

体育运动作为人类重要休闲活动方式，所承载的健康价值及其在观照、提高、监控人的生命质量方面的特殊护佑功能，已经得到人们的发掘与认同，它既可以缓解脑力上的疲劳，获得生理上的平衡，又可以赢得精神上的自由，营造心灵上的快慰。因此，休闲体育提供的是一条回归之路，即回到人类健康、平衡的天性上来，回到一种和谐、自由的精神状态上来。这部分内容涉及休闲体育的理论知识、休闲体育的技术与技巧、休闲体育的本质意蕴等。

3. 掌握休闲体育的功能

休闲教育的宗旨是使学生学会休闲、科学休闲进而全面提升主体的休闲素质。因此，休闲教育本质上就是生命教育，因为生命要活出自身的圆满，活得丰富、充实而有意义，除了具有良好的物质生活环境外，还需要教育培养积极的精神生活环境。通过教育，培养人完满的人格、健康的体魄，形成科学的休闲观和正确的人生观，真正成为生活的主人，让人们独立于自然及他人的束缚之外，以优雅的姿态、自由自在地生活。

4. 研究休闲体育课程学科的基础

休闲体育课程是一个综合性、交叉性很强的学科，因此充分挖掘本课程的学科基础是丰富和发展本学科的必由之路。这部分内容涉及生理学基础、教育学基础、心理学基础、哲学基础、社会学基础等。

由此，休闲体育理论课程内容由休闲、休闲教育以及休闲体育等学科的基本知识、技能和技巧等内容构成，同时也要充分挖掘休闲体育的社会

第四章 休闲体育文化的课程体系建设解析

环境、学科基础等方面的内容。通过理论课的学习帮助学生正确理解休闲,并能树立科学的健身观念和休闲观念,进而形成终身体育的意识,把体育运动融为生活的一部分。

(二)实践内容

体育课程实践内容应服从于课程目标,应充分满足学生身心的需要,从"育人"出发,突破以运动技术教学为主的旧体系,建立以增强体质,提高体育能力,促进学生身心健康为主线的课程内容。休闲教育体育课程的实践部分应实现两条主线的结合。即行为、习惯和技能领域运动能力情感和价值领域心理健康和社会适应能力。前者的实现主要借助于身体运动的参与,即运动技能的学习和锻炼过程,后者则是通过"体验"来达成的。只有牢牢把握这两条主线,才能更好地促进学生的运动技能、心理健康和社会适应能力全面提高。依据休闲教育的需要,体育课程的理论课教学内容应以休闲、休闲教育的相关知识为主体,而实践课的内容则首选休闲特征和体验特征突出的运动项目。因为只有通过休闲活动的广泛参与,才能促使学生在充分的"休闲体验"过程中,不断感悟休闲、感悟生命的价值和意义,从而树立正确的体育观和休闲观。我国著名教育家陶行知说过"最好的教育,要想它有效,须是教、学、做合一。"

任何一项体育运动都是被人们所喜闻乐见的休闲活动方式之一,亲身参与到体育活动中能给人们带来幸福的愉悦感和健康的快乐感。学校开设体育活动课的目的,就是要发展每一个学生的身体素质和运动能力,使学生掌握一定的运动技能,并能在体育活动中提高学生的力量、速度、柔韧、平衡、灵敏与爆发力等运动素质;培养学生良好的运动态度、对体育运动的兴趣以及终身体育运动的习惯;并通过快乐的身体运动培养学生的个性,保持个性心理和情感的健康。哲学家洛克的"健康的精神寓于健康的身体"这句话也昭示着人们,参加各种体育活动对建立乐观向上、豁达开朗的生活态度和生活热情,具有重要的意义。

因此,身体活动课程内容既包括新兴的体育项目,如轮滑、攀岩、自行车、飞碟、蹦极等,也包括传统的体育项目,如武术、气功、抖空竹、跳绳、踢毽及各种体育游戏等,当然也包括一些所谓的现代竞技体育项目,如各种球类运动、田径、游泳、滑冰等。只要能充分体验到体育活动的乐趣,展现休闲价值,成为一种经常而乐在其中的运动项目都可以成为休闲体育活动的课程内容。

(三)文化内容

学校体育物质文化是一个重要组成部分,它是学校体育赖以存在的物质基础,主要由学校内部的各种体育物质、物理因素构成,如学校体育场地、器材、设施、地理位置、时间空间。其次,学校精神文化也是一个重要组成部分,它的构成要素主要由一些看不见、摸不着的无形因素构成,它对师生的心理活动和行为,乃至整个学校体育目标的实现都有着不可忽视的、巨大的潜在影响。

通过实体性和非实体性的学校体育文化、学校体育精神,传授学生有关休闲体育的思想、价值观念,激发学生的体育学习动机,提高学生的学习积极性。多渠道地给学生传授休闲知识、技能,全面提高学生身体素质和健康水平,弥补正式课程的不足与缺陷。培养学生形成良好的休闲体育锻炼习惯、行为习惯,建立健康的生活方式,为学生形成终身体育锻炼行为奠定基础。培养学生良好的心理素质和意志品质,特别是培养学生的性格、气质、动机、爱好、情趣、情绪和非智力因素,促进学生健全人格的健康发展,为社会培养全面发展的、身心健康的人才。培养学生正确对待输赢的态度,克制观赏比赛的消极情绪,学会观赏比赛的技巧,并能通过游戏性的休闲运动,改善社会交往的能力。

第四节　休闲体育课程的实施与评价

一、休闲体育课程的实施

"课程实施是指把课程计划付诸实践的过程,它是达到预期的课程目标的基本途径。"课程设计后,若没有经过实施的行动,就无法落实和实现课程理想,更无法达到课程预期的课程目标。因此,课程如果要对学生产生影响,必须通过课程实施付诸教学行动。当然,休闲体育课程的实施绝不是新课程方案的照搬,因为课程实施是一个动态变化的过程,因而在课程实施过程中涉及实施者的休闲课程理念和个性化的工作,以及对课程方案进行进一步的调整、修改和补充,因而课程实施者也是课程的研究者。与其他人文社会学科或自然科学学科相比,休闲体育学还处在"初级发展阶段",还未形成自己系统的科学"范式",因此,休闲体育课程的实施是一个循序渐进的过程,不能一蹴而就,它需要长期的探索和研究。

第四章　休闲体育文化的课程体系建设解析

(一)休闲体育课程的教学

1. 体验教学模式

体验式教学以"学"体验为主,教师根据具体的教育内容和教育目标,科学有效地为学生创设一种能使学生达到"高峰体验"的环境和氛围,学生通过在小组活动中的充分参与,来获得个人的体验,然后在教师的组织下,小组团队成员共同交流,分享个人体验,教师结合自身体验迁移提高的教学方式。这一模式是体验类运动项目教学的必然选择。

2. 俱乐部教学模式

所谓体育俱乐部教学模式是以俱乐部的组织形式进行组织教学的一种教学形式,它提倡在同一年级开设各项教学俱乐部,让学生自主选择上课老师、自主选择上课内容、自主选择上课时间,而不受班级、教学内容的限制。它彻底改变了以前小学、中学、大学一条龙强制性重复教学模式,学生所选的活动内容都是自己喜爱的活动,由原来的"要我学"转变成"我要学",所以能够更好地激发学生的体育兴趣,积极地投入到体育锻炼中来。

俱乐部型体育教学模式是让学生参与组织教学和管理工作,它的优越性在于有利于保持体育教学与课余体育活动的连贯性和统一性,把体育教学过程延伸到高等教育的全过程。能充分发挥体育教师的运动专长,促进体育教师提高业务能力、钻研教学。能充分发挥教师的主导作用和学生的主体作用,促使体育教学由传统的"体育技术、技能中心"向"体育方法、体育动机、体育活动、体育经验"转移,体育教育过程由权威式传递知识,转向指导学生自主学习,实现体育教育的现代化、自主化、开放化和终身化。这种模式是目前我国高校较优越的一种体育教学模式,同时,它所具备的特点也恰好符合休闲教育体育课程结构的要求。

3. 传授理论知识

提高休闲学科在课程体系中的比重以及增加其在教学中的课时,并不意味着必然能达到休闲体育教育的目标,因为这与体育课程设置的目的和教育者教育思想的转变密切相关。并且,休闲体育课程不仅涉及满足学生身体活动的健身需求,而且也要涉及学生全面发展的心理生活和社会生活领域,这会提高有教养的个体明智地运用各种不同均等的休闲时间的能力。因此,即使是一门非常专业的体育技术课程,只要教育者具有休闲教育意识,也能产生休闲体育课程所达到的效果。

在普通学校中开设休闲体育课的目的并不是使学生在未来的社会生活中以其为职业,也不是为了将来能成为世界冠军,而是让所有学生知道,休闲体育活动是有趣的、丰富内涵的生活常识，有利于丰富和美化自己的休闲生活，提高休闲生活质量，有利于每个人的完美人格的塑造和陶冶。因此，休闲体育活动人人都可以参加，人人都能够参加，而不仅仅是少数具有高超技艺的人的"专利品"。应该把休闲体育课作为一门体育专业必修课和正规的理论课对学生实施全面休闲教育，以利于他们形成健康、科学、文明休闲观。

4. 发展运动课程

理论必须用于实践才是检验休闲体育课程价值的唯一途径。因此，在传授休闲体育知识的同时，也要开展休闲体育相应的技术课。按休闲体育技术课程的功能划分，我们可以把技术课程内容分为八类：竞技类、运动类、探险类、游乐类、欣赏类、常识类、益智类和休闲类（表4-1）。但必须指明的是，休闲是一种身心愉悦的精神状态，提倡的是一种放松、自由的生命状态，因而每一项体育活动都可以体验到休闲精神状态，关键在于参与者的心态以及目的，不在于活动项目的多寡或新旧。

表4-1 休闲体育技术课程的教学内容

竞技	运动	探险	游乐	欣赏	常识	益智	休闲
篮球	自行车	攀岩	碰碰车	体育比赛的观赏技术	气候常识	象棋	垂钓
足球	健美操	攀壁	过山车			围棋放风筝	
网球	滑冰	攀崖	海盗船		休闲	桥牌	舞蹈
台球	滑雪	蹦极	漂流船	体育装备	五子棋	飞镖	
壁球	轮滑	探险	飞碟			毽球	

5. 实施文化教育

休闲体育课程倡导的是一种课程理念，一种生活化的休闲生活，因而它折射的是一种美好的心理体验以及科学的生活方式。文化教育课程对学生的影响是潜移默化的、间接的，因而有其独特的发生机制，在课程实施过程中，文化教育课程必须受到应有的重视。研究认为，文化教育课程是通过暗示、同化、模仿、从众等方式来影响学生的。

(1) 暗示

暗示是在无对抗条件下，人们对接收到的某种信息迅速、无批判地接受，并依此做出行为反应的过程。休闲体育文化教育课程正是借助于各种情景、气氛、师生的言行举止对学生产生暗示作用。心理学研究表明，人都是具有可暗示性的，人类个体之中一种普遍的品质，由于它，才使人和环境

第四章 休闲体育文化的课程体系建设解析

间的无意识关系发生作用。

（2）同化

人的一种同化反映形式表现出来就是感染，它表现为个体对他人和特定情景自觉地产生共鸣或类似的心理状态。休闲体育文化教育课程对学生的影响，往往借助于感染的方式进行。例如，处在一所自然环境和人文环境都比较好的学校里，学生自然会对各种体育活动产生浓厚的兴趣，产生一种愉悦、快乐，甚至兴奋的情感。社会心理学的研究也表明，任何人处于弥漫着某种情绪的情境中，都会受到情境气氛的感染，自己的心理活动不知不觉地发生变化，与他人的情感或心理气氛一致。

（3）模仿

模仿是有意或无意地对某种刺激做出类似反应的行为方式。学校的一切现象都可能成为学生观察仿效的对象，可以通过学生的模仿产生教育作用，学校中体育教师的行为、品质、同伴之间的体育交往所表现出来的一切都为学生的模仿提供了信息，学生通过观察这些信息，形成了所观察到行为动作及其结果的观念，并运用这些观念作为已经编码的信息指导将来的行为。人们很多的休闲体验行为都是通过有意或无意的模仿而学习到的。

（4）从众

从众是个体在群体压力下，放弃自己的意见，转变原有的态度，采取与大多数人一致的行为。主要表现为对群体的行为、心理的顺从。社会心理学家认为："从众行为是在群体一致性的压力下，个体寻求的一种试图解除自身与群体之间冲突，增强安全感的重要手段。"因此，休闲体育隐蔽课程能否有效发挥其固有价值和作用，取决于我们能否科学地实施。所以我们应根据休闲体育隐蔽课程的特点，对其进行合理的组织和调控，取得预期效果，实现休闲体育课程的教育目标。

（二）教师和学生的定位

1. 教师的定位

体育教师首先是一个和专家、学生乃至家长共同构建新课程的设计者，是一个具备现代休闲体育观念和教育素养，知道如何进行休闲体育课程建设以及如何运用休闲体育教学方法，促进学生全面发展的教育专业人才，是一个为适应社会发展需求、培养具有健康体魄、渊博知识的"人类灵魂工程师"。休闲体育教学以促进学生的健康发展为目标，因此，体育教师要通过自己的工作来帮助每一个学生形成自己的休闲健康观念，形成良好的健身习惯,达到终身休闲体育的目的。体育教师虽然是知识的拥有者,但他更应该是知识的传播者。

体育教师在知识和学生之间架起一座桥梁,将人们所需要的休闲体育知识经过自己的加工传递给他们。体育教师在这一过程要正确引导学生通过不同形式的休闲学习,掌握各种休闲体育知识,培养各种休闲体育能力和技巧,并逐步认识自我,完善自我,实现生命本体意义上的主动发展。面对休闲时代的来临,人们更注重自己的休闲生活质量,那些退休在家的老龄人,特别想通过休闲娱乐、身体锻炼来消磨时光,这正是体育教师大显身手的时候。教师应顺应这种社会需求,确定自己的角色方向,加强对休闲运动知识的学习和研究,为人们的身体锻炼与健身提供理论指导。

2. 学生的定位

学生是发展中的人,求学阶段是一个人的生理心理发展和形成的关键时期,是一个人从不成熟到成熟、从不定型到定型的成长发育阶段,也是一个人生长发育特别旺盛的时期,休闲彰显着学生的生命历程。在学习方面,学生要树立自主学习观,就是指大学生在学习活动中,在教师积极有效的指导和帮助下,不断激发主体意识,积极发挥主观能动性和创新精神的一种学习观念。自主学习观是在教师的指导下,学生成为学习的主人、发展个性和提高自我的必然选择。

这种学习观重在创设一定的教育情境,激发学生主动学习的内驱力,指导学生学会学习,是对教师和学生在教学中主导与主体地位的分别承认,也是对当前学校教学不足之处的有益补充。对学生的具体要求为在学习职能上,从满足学会转变为追求会学,在学习方式上,从满足独立学习到注重合作学习,在学习目标上从仅仅学知识转变为学做人,在学习责任上,从被动学习转变为主动学习。在学习内容上,从全面学习转变到选择学习。

二、休闲体育课程的评价

(一)评价要求

评价在教学中是一个十分重要的环节,评价者对其功能的认识将直接影响到评价的效果。为激励、呼唤、鼓舞学生积极地参与到体育中来,必须对体育课程的评价功能有新的认识,改革传统的评价方法,倡导"立足过

第四章　休闲体育文化的课程体系建设解析

程,促进发展"的课程评价方法,这不仅仅是评价体系的变革,更重要的是评价理念、评价方法与手段以及评价实施过程的转变。因此,体育课程评价不应该只重视技评、达标等显性的、定量的、近期的学习成果,而应该重视学生是否掌握终身从事体育锻炼的能力以及心理的完善等一些隐性变化,重视对学生锻炼过程、课堂出勤及参与的评价。对于教师,在学生学习之初,应对学生的基础和运动能力进行全面的分析并做出恰当的评定,考核是从学生身体素质的提高幅度,学生运用所学技术进行身体锻炼的能力,学生参加锻炼的次数等方面对学生进行综合评定,从而改革以运动水平评定体育课成绩的体制和做法。

(二)评价对象

1. 教师

体育教师作为评价对象是基于教师不仅是课程的执行者,也是决策者提出的。体育教师作为休闲体育课程实施的执行者,不再是以前的那种"照本宣科",而是时刻带着"这门课应该怎样加以改进"的思想去执行课程的实施。因此,从课程的改进这一目的出发,体育教师应该是课程评价的对象之一。另外,从教师是课程的接受者角度来说,体育教师也应该是休闲体育课程评价的对象。对体育教师的评价主要包括对休闲体育教学内容的领会和掌握程度,对休闲体育理论、教学方法的掌握及运用程度,从事休闲体育教学必需的基本技能,激发和保持学生运动兴趣、促进学生良好身体锻炼的习惯等方面。

2. 学生

以往的体育课程评价强调测验学生的运动能力和身体素质,这在一定程度上对学生产生了一定的积极作用,但是有时也会产生一些消极影响。因为学生的运动能力水平受遗传因素的影响很大,有的人不用努力就可以达到考核标准,有的人不管怎样努力也不能达到考核标准。《基础教育课程标准改革纲要(试行)》明确指出:"评价不仅要关心学生的学业成绩,而且要发现和发展学生各方面的潜能,了解学生发展中的需要,帮助学生认知自我、建立自信。"因此,休闲体育课程的评价标准不再把量化指标作为评价学生学习成绩的唯一标准,而应把学生的学习态度、体育意识、体育习惯、认知、交往与合作精神、道德、心理等都作为被考察的对象。

3. 课程目标

传统的评价理论就是评价学生的行为是否与预先制定的课程目标相

一致,因此,课程目标是不能被评价的。但是,休闲体育课程是一个过程,如果用一个静止不变的目标来控制一个不断发展变化的过程,其后果是可想而知的。因此,随着社会经济、文化和教育思想的变化,体育课程目标也在不断发生变化,尤其是随着休闲时代的来临,体育课程需要随时对课程目标进行评价,并加以改进,以利于体育课程的完善和发展,全面提高休闲体育教学质量。

(三)评价内容

在休闲教育体育课中,较之学生的运动技能掌握,更注重学生的运动参与、更注重健康的内容。较之甄别与选拔功能,更注重学生的参与和进步。所以休闲教育体育课程的评价是对学生学习结果和学习过程的全方位关注。休闲体育课程分别从四个维度对学生的学习进行评价运动技能、身体素质、运动态度与习惯、认知水平(表4-2)。

表4-2 学生学习效果评价表

维度	运动技能(50%)	身体素质(20%)	运动态度与习惯(20%)	认知水平(10%)
标准	1. 掌握运动项目的熟练度与数量,只设下限不设上限			
	2. 按照《学生体质健康标准》进行各项指标的测量			
	3. 喜爱运动,兴趣浓厚,上课积极,在课程中表现出良好的人际交往能力与合作精神,经常参加体育活动,并形成习惯			
	4. 理解休闲对个人及社会的重要意义,懂得如何明智地进行休闲选择,了解体育的休闲功能与多元价值,形成正确的休闲价值观			

身体素质的评价由《标准》中身体素质的测试成绩决定。身体素质的提高是其他几项考查内容的直观体现。不难想象一个运动态度积极且经常进行体育实践的学生,其在身体素质上必然会得到提高。

运动态度与习惯态度和习惯是由一个人的主观认识来决定的,对其进行评价要做到主观和客观相结合进行。主观的评价是通过老师、同学、学生自身三方的综合评价来进行日常考勤则是对其进行客观的评价的有效方式。

这里所说的认知水平即指对休闲以及休闲价值的综合理解,对其进行考查则主要是借助于理论成绩来完成。

第四章 休闲体育文化的课程体系建设解析

(四)评价方法

1. 定量与定性相结合

定量评价是一种以量化为基础的评价方法,它对于学生运动成绩、体能、体质等方面具有重要的科学性。定性评价是力图通过自然的调查,全面充分地揭示和描述学生的各种特点,以彰显其意义,促进学生的全面发展的评价方法。如果在休闲体育课程评价中"唯量化",那么那些无法或暂时无法被量化的内容就被排除在评价的范围之外了,这当然会影响评价结果的科学性和可靠性。因此,在休闲体育课程评价中应按定性评价与定量评价相结合的方式进行。

2. 结果与过程相结合

传统的体育学习评价只重视终结性评价,而忽视过程性评价;只重视学生学会了什么,而不管学生是怎样学的。以至于学生只重视结果,而忽视过程。过程性评价由于重视发挥评价的反馈功能,通过采用各种评价方法和工具经常对学生学习进行评估,并将结果及时反馈给学生,因而能够实现对教学和学习的有效控制。只有将终结性评价与过程性评价相结合,才能真正准确而公正地评价一个学生的体育学习情况。

3. 自评与互评相结合

传统的课程评价只注重互评,常忽视自评。评价是老师的"专利",学生常处于被动甚至忽略的地位,教师作为主导者,需要了解学生的身体素质基础、运动能力状况,根据学生的学习、锻炼表现,进行多种针对性的评价活动,从而充分调动学生的积极性,尽快实现课程目标。但仅用这种评价方法,如果处理不当,教师和学生处于对立的境地,就会严重阻碍课程目标的顺利实现。因此,自评与互评的结合就显得尤为重要,特别是在学生评价和教师评价当中,利用自评能充分调动学生和教师的积极性,使评价成为双向甚至多向的活动,并通过学生的"自评、互评"实现教学发展,开拓师生彼此的潜力,以促进教与学的发展。

(五)评价过程

评价一门新课程,必须紧紧围绕该课程的目标进行。休闲体育课程是以休闲知识的传授、休闲技能的培养、愉悦的"心理体验"为主要目标,因此它与传统的体育课程有着明显不同,即打破了传统的以传授体育技能为主的价值取向,代以休闲体育知识、技能与健身知识和方法的紧密结合,把学习体育知识、技能、锻炼和心理活动作为体育生活的一部分,把有利于身心健康发展的内在需求纳入到课程评价体系中来。由此构成休闲体育课程评价体系的基本内容框架(图4-2)。

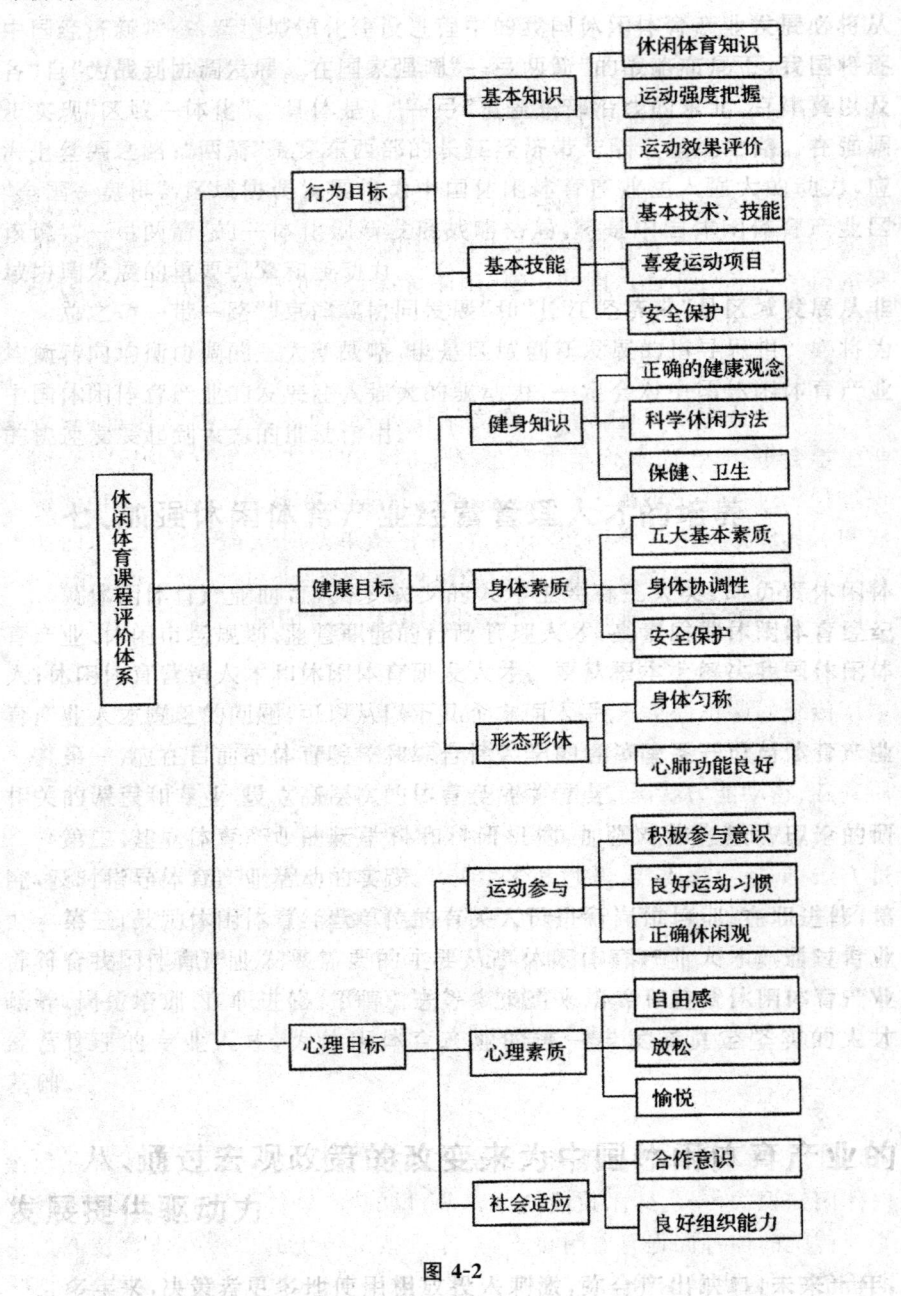

休闲体育课程评价体系
- 行为目标
  - 基本知识
    - 休闲体育知识
    - 运动强度把握
    - 运动效果评价
  - 基本技能
    - 基本技术、技能
    - 喜爱运动项目
    - 安全保护
- 健康目标
  - 健身知识
    - 正确的健康观念
    - 科学休闲方法
    - 保健、卫生
  - 身体素质
    - 五大基本素质
    - 身体协调性
    - 安全保护
  - 形态形体
    - 身体匀称
    - 心肺功能良好
- 心理目标
  - 运动参与
    - 积极参与意识
    - 良好运动习惯
    - 正确休闲观
  - 心理素质
    - 自由感
    - 放松
    - 愉悦
  - 社会适应
    - 合作意识
    - 良好组织能力

图 4-2

第四章　休闲体育文化的课程体系建设解析

1. 健康目标

健康目标由身体素质目标、形态技能目标、健身知识目标构成。身体素质目标要求发展与学生增进健康关系密切的身体素质，主要包括力量、弹跳、暴发、柔韧、协调等。形态技能目标要求学生的人体组成部分，身体匀称、协调。健身知识目标要求学生掌握健身的原理与方法以及与健身有关的保健、养护和卫生知识，为达到身体健康目标服务。

2. 行为目标

运动知识目标主要是使学生掌握科学锻炼身体的基本原理和方法，用科学的理论知识指导实践。其中有掌握休闲知识、运动强度的把握、运动效果的自我评价三个方面。运动技能目标是指学生通过休闲体育的学习，掌握自己喜爱的体育运动项目和锻炼方法，并在此基础上形成一定的专长，为今后终身体育锻炼打好基础。另一方面，学习和掌握休闲体育突发事件中的自我保护和保护他人的技巧。

3. 心理目标

休闲体育与其他体育运动项目一样，最为显著的特点是通过身体练习的方式来完成和实现课程的目的和任务。因此，休闲体育课的首要任务是培养学生对本课程的正确认识，培养学生参与体育活动的积极性，使他们能自主经常参与体育活动，并能鼓励和带动周围的人一起锻炼，养成经常锻炼的习惯。体育活动对人的心理影响十分明显，强调素质教育，发扬个性，重视心理健康，是休闲体育课程与其他体育课程的重要区别。在体育学习中，学生的心理感受主要体现在心情的愉悦、对体育运动的期盼，以及情绪的调控和自信心的树立。通过休闲体育教育活动，培养学生的合作意识、团队精神、交往能力。

第五章 休闲体育文化的产业化发展解析

休闲体育文化有着较为广泛的多样化发展,除了在学校中的发展,其产业化发展也非常重要,这已经成为当前体育产业化发展的一个重要方面。休闲体育的产业化发展,能够在一定程度上促进休闲体育文化本身的发展,因此可以说,对休闲体育文化的产业化发展进行解析是非常重要且必要的。本章首先对休闲体育产业的基本特征进行阐述,接着对休闲体育产业的发展现状和存在的问题进行剖析,并且以此为依据,提出了针对性的对策,最后对休闲体育产业的经营与管理进行研究,由此能够对休闲体育文化的产业化发展有一个全面且深入的了解和认识。

第一节 休闲体育产业的基本特征

经过不断的发展,休闲体育已成为人们生活中重要的组成部分,由此逐渐形成了一个比较完善的休闲体育文化产业,这是现代体育与现代经济共同发展的结果。一般来说,现代休闲体育文化产业的基本特征主要有三个方面,即休闲需求特征、消费者特征以及产品经济特征。

一、休闲需求的特征

休闲体育产业的休闲需求特征,具体来说,主要包括以下几个方面。

(一)休闲需求的时间性

休闲时间,会在很大程度上影响到人们的休闲需求,而休闲需求具有较强的周期性特点。在我国,人们的休闲需求主要集中体现在节假日期间,在这一期间形成消费高峰,所谓的"假日经济"现象就开始出现。实际上"假日经济"是我国休闲经济的特殊表现形式。一方面,政府为了扩大内需,刺激经济增长,通过宏观调控的方式增加社会成员时间的分配;另一方面,国家相继上调了职工工资,提高居民的购买能力,同时随着消费观念和消费方式的变化,休闲经济成为一个消费趋势。其次,我国带薪假期有限,消费者对休闲时间缺乏自主选择能力,人们的休闲活动相对集中于假日,假日消费是日常消费在时间上的转移。最后,由于长期以来对休闲的不重视,加上经济上的落后,使得休闲供给相对单一,需求也缺乏一定的多样性,旅游活动几乎成了假日经济的全部主题,就成为其重要的体现形式。

(二)休闲需求的时尚性

从某种意义上来说,时尚也是现代社会中呈现出的一种经济现象,其能够将消费者收入水平的提高和生产工艺技术的进步充分体现出来;除此之外,时尚也是一种心理现象,它反映了消费者渴望变化、求美求新、自我表现等心理上、精神上的需求。休闲需求指向人的非生存性资料,同时受各种社会文化思潮的影响,追逐流行于时尚成为体育需求的一个特征。

(三)休闲需求的个性化

体育需求的个性化特征往往可以从两个方面得到体现。

一方面,由于休闲消费是人们满足其自我发展和个性显示等非生存性需求的各种活动的总和,受主体自身因素影响大,在休闲消费中不论是消费项目还是消费时间,均呈现出较强的个体性和异质性特征。

另一方面,作为休闲组织,其产品、服务、品牌必须要有个性,满足休闲需求心理才会赢得主动。

(四)休闲需求的层次性

休闲需求是有购买的欲望,对于每个人的休闲需要,在各自经济条件的限制下形成不同层次的休闲需求;另一方面消费者文化素质、兴趣爱好的不同,在同种经济条件下,也会造成休闲需求具有明显的层次性,休闲体育需求通常可以分为两个层次,一个是现实需求,一个是潜在需求,其中,潜在需求转化为现实需求需要一定经济条件的支持。

从结构方面来看,休闲体育需求主要由五个方面构成,即活动需求、环境需求、体验需求、收获需求和满意需求,满意是终极目标。

二、消费者的特征

关于消费者的特征,可以从年龄、性别、健康情况、职业、文化程度等方面体现出来,具体如下。

(一)年龄方面

一般来说,进行休闲体育消费的人,不同年龄阶段表现出的消费特征也会有所不同,具体体现在以下两个方面。

1. 不同年龄对休闲产品的消费重点不一样

青年人乐于寻求刺激,冒险精神较强,喜欢一些激烈的、强度大的娱乐活动;中老年人则更偏爱运动量较小的活动。

2. 同一消费者在不同年龄阶段的休闲消费特征也会有所差别

美国经济学家 F. 莫迪格利安尼的主要观点为,一个消费者一生中不同的年龄阶段呈现不同的消费特征,他将人的一生分为三个阶段:少年、壮年、老年。壮年阶段消费后节余的收入,一方面用于偿还少年阶段的债务,另一方面储蓄起来,用于养老。这一学说被称为生命周期假定。根据这一学说,壮年时期由于收入大于消费,即有满足休闲体育需求的经济基础,是休闲体育产业重点关注的群体。

(二)性别方面

休闲消费的情况也在一定程度上受到性别的影响,这可以从以下两个方面得到体现。

一方面,男女休闲体育消费的重点不一样。由于男性的体力要强于女性,因此男性消费者更倾向于激烈、刺激性强的消费项目。

另一方面,因社会角色不同带来的职业、收入差异。目前,男性的地位、职业、收入等平均水平均好于女性,这使得男性休闲体育领域和消费项目都大于女性。

(三)健康状况方面

休闲消费对于疲劳的消除和体力的恢复是有所助益的,但是,几乎任何一项消费都需要消耗一定的体力和精力。身体强壮的人,可以选择自己喜欢的任何休闲体育项目;年老体弱的人,则只能根据身体的许可选择娱乐项目,以延缓衰老、防病治病。

(四)职业方面

一个人的职业,往往会决定着其社会地位。同时,职业也会对一个人的收入、工作量的大小、生活特点及闲暇时间产生决定性的影响。一般来说,工作量大的人,喜欢经常进行一些轻松的娱乐项目;脑力劳动者比体力劳动者有更多的娱乐兴趣。

(五)文化程度方面

休闲体育是一种文化活动,休闲消费本身是一种文化消费。所以,人的文化素养对休闲体育消费有很大的影响。文化水平高、素养好的人,对休闲体育的功能、意义有正确的认识和理解,会提高参与休闲体育活动的兴趣。而文化水平低的人,对其积极意义缺乏全面、正确的理解和认识,需要加以引导。

三、产品经济的特征

产品经济方面也具有较为显著的特征,具体来说,主要表现在以下几个方面。

(一)生产与消费的不可分性

产品的生产与消费在时间和空间上不可分离,这就是所谓生产与消费的不可分性。休闲体育产品是难以储存的,只能边生产、边消费,如球类运动、健身锻炼等产品的消费,脱离了与生产环节在时间、空间上的同一性,其价值便难以真正、充分地实现。

(二)休闲体育产品生产要素的供给弹性的特殊性

休闲体育产品生产要素的供给弹性是指其价格变动对供给量变动的影响程度。具体来说,这一特征主要表现在以下几个方面。

1. 娱乐场馆场所的供给弹性系数小于1

这里的娱乐场馆场所主要包括运动馆、健身房等,因为从生产技术和管理的角度讲,这类要素的生产周期长,技术含量高,其价格发生变化后,调整生产、增加供给的难度大,因此其供给弹性小于1,这意味着其供给变动的幅度比价格变动幅度小。故应注意统筹规划,对场馆场所进行合理布局,避免日后的闲置和浪费。

2. 一般运动器材的供给弹性系数大于1

这里的一般运动器材主要包括球类、运动服饰、健身器材等生产周期短、技术含量相对较低而价格又不是很高的休闲体育产品。从生产的技术和管理的角度讲,当这些要素的价格变化后,调整生产的难度较小,其产量可以以高于价格变化的速度变动,因此,一般运动器材的供给弹性系数是大于1的。

3. 劳动力的供给弹性系数小于1

这里所说的劳动力是指休闲体育产品的生产者,如球类运动、健美运动中的教练等。他们掌握特殊的知识、有专门的技能,专有劳动力的价格上涨后,其供给量不可能随之马上作调整。如已故的健美教练马华,目前很难有人能与之媲美,因此,这些人的供给弹性几乎为零,无论价格怎样上升,供给量却不能相应地增加。基于此点特征,休闲体育相关企业应加强人才的培养,重视人才,特别是有特殊贡献的高层次人才。

(三)休闲体育产品生产要素有着较大的替代弹性

休闲体育产品的一种生产要素的价格变化后,它与另一种生产要素相互替代的变动率,就是所谓的休闲体育产品生产要素的替代弹性。对于大部分休闲体育产品的生产要素来说,其所具有的替代弹性是比较大的,当一种生产要素的价格变化后,可完全由另一种要素来替代。例如,如果健身器材、健身房租用费用等价格过高,人们可能会使用一般的运动器材,或进行徒手运动,如跑步、散步、练气功、打太极拳等,这一特征则充分表明,健身器材、健身房等生产要素的提供者,在制定产品的价格策略时,不能将这些要素的价格定得过高,否则会产生"为渊驱鱼"的后果,迫使消费者使用价格较低的替代品。

(四)休闲体育产品具有最终产品的性质

包含了劳务形态的产品,就是所谓的休闲体育产品,其价值很大一部分由活劳动的消耗构成,投入品如运动器械等在该行业中所占的比重较小,因此,它具有中间投入率小的特点,另一方面,休闲体育产品被其他产业作为投入品(原料)的比例小,人们购买休闲体育产品,一般是出于满足最终消费的需要,因此,休闲体育产品具有最终产品的性质。

第二节 休闲体育产业的发展现状与存在问题

一、休闲体育产业的发展现状

经过几十年的不断发展,我国休闲体育产业已经取得了很大的成果,

第五章　休闲体育文化的产业化发展解析

具体表现在扩大了市场规模,初步形成了休闲体育市场体系,体育健身服务向多元化与经营连锁化的趋势发展,体育经济法制建设不断加强,市场管理走向规范化,体育人口数量有了增加,休闲体育产业对国民经济的增长有着重大的意义等方面。[①]

(一)体育健身休闲产业的市场规模得到进一步的扩充

现阶段,我国有 20 000 多家经营性体育产业机构,这些机构将 2 000 多亿元投入到体育产业的发展中,每年这些机构总共有高达 600 多亿元的营业额。"花钱买健康"的观念已经深入人心,人们将其看作是一种时尚。目前,我国有 3 亿多人会经常参加一些不同类型的体育健身休闲活动,所有居民平均每人参加 3.45 项体育活动。据调查显示,到健身俱乐部消费健身的人,有 90% 以上一次消费的金额在 50~100 元,北上广等发达城市的居民将家庭收入的 10% 用于体育健身消费。这些数据表明,我国休闲体育产业的市场规模正在不断扩大,今后,也会得到进一步的扩充。

(二)体育健身休闲市场体系已经初步形成

在判断一个国家体育产业发展程度时,需要参照这个国家是否有健全的体育市场体系这一重要指标。现代体育市场体系是多元化的市场体系,它主要包括两个市场,即体育用品市场和体育服务市场。具体结构包括一系列的相关市场,如体育用品市场、休闲健身市场、体育中介市场以及竞赛表演市场等。20 世纪 80 年代初,我国休闲体育市场开始萌芽,经过三十多年的发展,特别是经过近十几年来的快速发展,一个新兴的市场格局开始初步形成,这个格局具有非常显著的特点,具体来说,主要表现在以下几个方面。

第一,各休闲体育机构是平等竞争的关系。

第二,多种所有制并存。

第三,有来自不同行业的投资主体。

第四,健身运动营养补品市场与体育健身休闲用品市场(以体育健身市场为主体和核心)等共同发展。

第五,休闲体育市场提供低、中、高三个不同档次的体育服务产品。

可以说,在具备上述特征后的休闲体育市场格局为休闲体育产业的进一步发展奠定了良好的基础条件。

---

① 杨铁黎,苏义民. 休闲体育产业概论[M]. 北京:高等教育出版社,2011.

(三)体育健身服务的发展趋势具有显著的多元化特征

不同类型的休闲体育健身中心或健身俱乐部将各种丰富多样的体育健身服务项目和内容提供给消费者,如有氧健身操、器械健身操、体育舞蹈、形体训练、有氧搏击操、保健按摩、羽毛球、台球、保龄球、瑜伽、网球、武术以及游泳等。这些健身机构不仅对齐全的健身项目进行了多样化的设置,而且能够将多元化的服务提供给消费者。例如,休闲体育健身中心,能够将运动服务、健美服务、健身服务、美容塑身服务以及康复服务等同时提供给消费者,此外,还有一些其他的服务项目,如咖啡屋、茶馆、舞厅、书刊室以及桑拿浴等。[①] 这样,不同阶层的人在娱乐休闲、健身健美以及交友等方面的需求都能够得到全面的满足。

(四)对体育经济法制建设引起足够的重视

市场经济是法制经济。休闲体育产业的可持续发展以及体育市场的有序规范运行,与经济法制的建设,以及对市场秩序的规范都有着不可分割的密切联系。自20世纪90年代以来,我国体育产业就得到了快速的发展,而且相关部分也在不断加强建设体育经济法制,许多国家体育法规和地方体育法规相继被制定,其中,《公共体育文化设施条例》《全民健身条例》《体育法》等是较为普遍的体育法规。另外,国家也在不断完善休闲体育从业人员的资质认证制度以及体育市场的准入制度,这将进一步规范与加强体育市场的管理,包括休闲健身产业在内的体育产业的发展将会得到有力的法律保障。

(五)连锁化经营模式有着较快的发展速度

连锁经营模式最早是在1999年被马华引进我国的,其当时引进的是健身俱乐部,后来,一些发达国家的著名体育健身企业进军我国市场,为了促进市场份额的扩大,这些企业采取了连锁经营的经营管理方式,自此,连锁经营的方式被大量的健身企业开始运用,以此来对规模的不断扩大起到积极的促进作用。

国外著名体育健身企业在我国市场立足后,对市场规模的扩大起到积极的促进作用,采取连锁经营的方式谋求发展,很快就在我国市场产生了很大的影响力,促进了体育市场集中度的不断提高。国外体育企业能够快速在我国占领市场,其主要原因在于,其资金实力雄厚,知名度高,品牌形

---

① 杨铁黎,苏义民.休闲体育产业概论[M].北京:高等教育出版社,2011.

象良好,经营管理水平较高,健身理念先进。

(六)面临的市场竞争越来越激烈,经营风险也比较大

我国加入世界贸易组织之后,出现了国外很多知名度较高的体育健身企业进入我国的普遍情况,由此,也产生了相应的一些影响,这些影响有积极影响和消极影响之分。

其中,所带来的积极影响主要是指,知名企业进军我国市场,将先进的健身理念和经营管理经验带入我国,为我国体育健身企业的发展具有积极的作用。所带来的消极影响则主要是指,知名企业进军我国,使我国体育健身市场的竞争日益激烈,而且各企业之间在服务产品上没有很明显的差异,所以对顾客的吸引力也是较为均等了,企业为了吸引消费者,果断采取价格手段,这就会造成我国体育健身市场秩序的混乱,不公平的竞争也会随之出现,这就随之增加了企业经营的风险。

二、休闲体育产业发展中存在的问题

近些年来,我国许多家庭和个人用于休闲体育活动的消费大幅度提高。尤其是我国成功举办奥运会以来,休闲体育产业发展迅速,基本上形成了以体育健身娱乐业、体育竞赛表演业、体育用品业、体育彩票业为支柱的产业格局。但与发达国家休闲体育产业发展规模相比,我国休闲体育产业发展规模较小、发展水平较低,休闲体育产业发展中存在着一系列问题有待解决,具体可以归纳到以下几个方面。

(一)行政管理部门没有正确认识休闲体育的产业化发展

受计划经济体制影响,中国的体育事业长期被视为公益事业,带有浓厚的政府行为色彩,现行的体育运行机制主要还是围绕竞技体育来设置机构、配置资源,对人民群众日益增长的休闲体育消费需求关注不够,造成体育事业与体育产业的割裂,在一定程度上阻碍了中国休闲体育产业市场的培育与发展。具体表现为:经营理念落后,管理不规范,行业管理标准不健全,发展方案理想主义色彩浓、可操作性差,具体到实施过程经常出现不一致情况,这些都对我国休闲体育产业的健康发展产生了较大的阻碍作用。

(二)中国城乡居民休闲体育消费需求明显不足

人们的生活水平和生活方式直接影响休闲体育产业的发展。城乡居

民具有休闲体育消费愿望和具有实际休闲体育消费能力的消费群体的大小决定一国休闲体育市场发展水平。应当说这为中国城乡居民休闲体育消费需求提供了一定的经济基础。然而我们看到的现实是：目前支撑中国休闲体育市场发展的城乡居民的休闲体育消费需求水平仍在低位"摆动"，城乡居民的休闲体育消费需求明显不足，休闲体育市场发育的动力不够、活力不强。这似乎与其他国家在这一时期，休闲体育市场发展的情况大不一样。但是，当我们仔细思考一下，就不难发现这样的事实：当前中国城乡居民的消费热点，主要集中在住房和汽车等商品上；有近50%的农村居民，基本上不进行休闲体育消费，而城镇居民休闲体育消费人口总数又无明显增长；中国富人占有国民存款大部分；人们对中国医疗、教育、住房保障体系不完善的担忧以及人们对未来收入预期的不确定；中国的城镇化水平还比较低，与发达国家城镇化率相比，还有比较大的距离。[①] 中国城镇化整体水平不高，这就对中国休闲体育消费经济的发展产生了较大的制约作用。

由此可以得知，中国城市和农村居民休闲体育消费需求存在着较大的不足，与以上因素的关系是非常密切的，这也是当前中国休闲体育市场发展过程中存在的最大问题。因此，这就要求必须从激发、调动和创造中国城市和农村居民有效的休闲体育消费需求入手来对中国的休闲体育市场加以培养。

(三)产业结构的合理性较为欠缺

具体来说，休闲体育产业结构的不合理性，主要从核心产业滞后、中介产业缺位方面得到体现。纵观全国，博彩业、竞赛表演业发展相对较快，而健身娱乐业、休闲服务业、旅游业、传媒业等核心产业发展缓慢。而相关产业中建筑业、制造业发展迅速。同时，中介产业市场还存在缺位问题，如休闲体育劳务市场和休闲体育技术市场，目前市场上虽也有提供相应的休闲体育劳务和技术服务的部门，但真正意义上的休闲体育劳务市场和休闲体育技术市场并未形成。

(四)休闲体育场地设施无法使居民休闲体育消费的需求得到较好满足

当前，人们休闲体育消费所依托的场地设施主要包括休闲体育设施和公共体育基础设施，而此两种设施的建设在中国还比较落后。比如，偏远

---

① 喻坚.新常态下中国休闲体育产业发展对策研究[J].山东体育学院学报，2016,32(5).

第五章 休闲体育文化的产业化发展解析

地区的健身道路情况差,休闲体育场所难觅停车位等,这些都对中国休闲体育消费者休闲体育的满意度和休闲体育消费需求产生了或大或小的影响。休闲体育场地设施也存在着较为显著的空间分布和结构不合理问题,休闲体育场地设施大多集中于城市中心地带,而城郊及农村少有分布。与此同时,城市中的休闲体育设施供给比较单一,现有的休闲体育俱乐部、休闲体育健身中心以及居民区公共体育场所等建设总体落后,不能够及时满足中国城乡居民因收入增长、视野开阔而引起的休闲体育消费需求结构向高层次演进的需求。与其他国家相比,中国的休闲体育场馆设施无论在数量还是质量上都有较大差距。这也是导致新型城镇化进程中供开展休闲体育服务经营的场所不够的一个重要原因所在。事实上,目前新型城镇化进程中休闲体育场地设施的缺乏和广大人民群众日益多元化的休闲体育健身需求之间的矛盾是群众体育发展的主要矛盾。

总的来说,在新型城镇化建设进程中,当前中国休闲体育场地设施紧缺的现状仍然会对中国城乡居民休闲体育消费的需求产生较大的制约作用,这一问题,亟须解决。

(五)产业发展所需要的强有力协同推动机制较为缺乏

休闲体育产业是一个相互配套的系统工程,涉及教育、医疗、交通、商业、旅游、文化、安全等众多相关产业和部门。只有各部门的协调发展,才能实现休闲体育产业的快速健康有序发展。从近两年我国"假日经济"的火爆消费现象中,暴露出社会各行业系统发展不协调的问题:休闲体育消费时出现的交通拥挤、餐饮脏乱、住宿不配套、服务质量差等问题一直没有得到很好的解决。

(六)中国还没有形成休闲体育产业的资本市场

在产业发展的过程中,资本是其重要因素之一。由于近年来休闲体育产业成本的不断增加,现有的资金完全无法支持休闲体育产业发展。更何况,在中国众多休闲体育产业中,中小型企业占多数,在现实中,它们难以找到相对有实力的大企业作担保人。于是,形成一个巨大的休闲体育产业融资需求市场。然而,在中国的金融体系中,资本市场的发育还不充分,休闲体育产业资本市场成熟度还远远不够,营利模式并未廓清。商业银行"嫌贫爱富"现象表现突出,不能为众多的中国休闲体育产业企业提供一个多层次、全方位的融资渠道,所以绝大多数的中国休闲体育产业企业不能在社会上筹集足够的资金。

(七)产业发展专业性人才非常缺乏

我国体育事业发展过程中,体育竞技人才的培养往往被作为重点,而对体育产业经营人才的培养则往往被忽视掉。目前,市场上已出现了一些培养休闲体育方面人才的教育培训机构,国内的一些高校也相继开设了休闲体育相关专业。这虽然在一定程度上缓解了休闲体育经营管理人才缺口,但无论从其人才培养数量上还是质量上都难以满足目前休闲体育产业需要。经营人才的匮乏已经成为我国休闲体育产业发展的一种重要制约因素。

目前,我国大部分休闲体育产业从业人员都缺乏系统科学的专业培训,人才的稀缺将直接影响休闲体育产业市场竞争力。另外,由于缺乏相关专业知识,一些休闲体育经营者、管理者也往往囿于现状,难以对现有的休闲体育服务及经营提出改革创新,休闲体育产业经营方式陈旧,经营内容单一,行销观念落后,创新意识薄弱。这严重制约了我国休闲体育产业的发展。[①]

(八)中国休闲体育产业发展存在着显著的不平衡

中国的基本国情对休闲体育产业的发展规模产生重要的决定性影响,经济发展的区域不平衡制约了休闲体育产业发展的速度,中国城乡居民消费结构中服务性消费、文化消费、享受型消费比例偏低,从总体上限制了休闲体育产业的市场规模。当前,中国休闲体育产业发展不平衡主要表现为:区域上的不平衡、布局上的不平衡、项目开发上的不平衡这三个方面。

第三节 休闲体育产业发展的对策研究

目前,我国的体育休闲产业仍然处于初级发展阶段,在发展的过程中仍然存在着各种各样的问题,体育休闲产业还有许多亟待提高的地方。针对我国休闲体育产业的现状和存在的问题,可以提出相应的一些发展对策,具体如下。

---

① 李春田. 我国休闲体育产业发展存在的问题及对策[J]. 黑河学刊,2011(5).

一、体育行政管理部门要及时转变观念，并对其职能定位加以调整

随着市场经济体制改革的不断深化和发展，体育行政管理部门应转变完全依靠政府办体育的观念，调整政府在休闲体育产业发展中的职能定位，明确政府在休闲体育产业发展中的主导作用，即引导、统筹规划、扶持和规范。具体来说，应该从以下几个方面着手。

首先，国家和地方各体育行政管理部门通过制定和执行相应的管理制度、法规，管理和监督休闲体育市场，规范休闲体育市场的经营行为，逐步建立和完善休闲体育的消费和服务体系。另外，政府还应在休闲体育产业资本支持体系的创新、融资渠道拓展和税收减免等方面提供一定的保护和扶持政策，对体育休闲产业结构良性发展起到积极的引导作用。

其次，扶持和引导非营利性体育社会组织和商业性休闲体育组织的发展，促成各种组织之间以及组织与政府之间的合作。

再次，具有公共产品性质的基础休闲体育设施，商业组织不愿提供，则应由政府免费或以成本价提供，来满足国民的休闲权益和需求。不过，政府在直接提供休闲体育服务时，为保证服务质量与管理效率，应在政府行政主管机构外专门设立一些机构来管理有关设施与项目。

最后，将休闲体育产业发展战略规划制定出来，同时，还要将发展休闲体育产业纳入国家和地方经济发展的总体布局，明确休闲体育产业发展的目标和重点，采取"梯度"发展战略，对休闲体育产业健康发展起到积极的促进作用。

二、对体育休闲消费进行合理引导，使中间层次消费群体有所扩大

随着我国城乡居民收入的不断增长和生活水平的提高，人们在文化娱乐、体育休闲等方面的消费支出不断增加，但因为人们消费观念和有效的购买能力不足，真正进入体育休闲市场的人并不多。体育休闲消费是一种人们通过购买劳务产品来满足"获取健康""愉悦身心"等精神需要的文化消费，消费水平的提高有赖于收入水平的提高，而消费结构的选择还依赖于人们的消费观念，消费结构和休闲消费观念对体育休闲业的扩大同样有重要的影响。当前有效购买力不足已成为实现体育休闲消费和体育休闲业快速发展的潜在壁垒，我国体育休闲消费的"疲软"和体育休闲业的发展

缓慢则与整个消费者的人群结构不尽合理存有很大关系。① 因此,提升人们的有效消费能力或购买力,体育休闲消费的持续增加和体育休闲业的扩大也才能最终实现。

三、优化产业结构,对产业间联动发展起到促进作用

一方面,我国休闲体育产业的发展要以核心产业尤其是健身娱乐业和竞赛表演业为主导,通过重点培育、扩大和提升健身休闲服务业、竞赛表演业等核心产业发展,来将休闲体育产业结构的调整与优化充分带动起来。同时把发展休闲体育与发展区域经济结合起来,通过依托、挖掘、整合、联动相关产业,实现休闲体育产业与交通业、商贸业、房地产业等相关产业的有机融合,从纵向和横向培育休闲体育产业链,优化产业结构。实现休闲体育产业的整体推进,协同发展,提高产业区域竞争力。

另一方面,要大力扶植休闲体育中介及相关市场。随着我国休闲体育产业化格局的提升,体育运营商对中介经纪服务的需求也会明显提高,相关的市场需求将随之活跃。

四、休闲体育场馆设施开发建设力度要进一步加强

休闲体育设施与公共体育基础设施是开展休闲体育活动、提供休闲体育服务的一个基础性条件。政府在加大开发建设力度的同时,应放宽限制,鼓励民间投资,通过整合民间资本和政府资本,充分发挥资本最大效益。在休闲体育场馆设施和休闲体育项目的开发上,应根据时代的变化和消费者的需求重点着力体现多元化休闲体育消费,多层次休闲体育消费和多地域休闲体育消费的特征。要根据不同群体的消费者推出适当的休闲体育产品,就当前而言,特别要注意开发适合低收入者的休闲体育产品,以此来提升中国居民的整体休闲体育消费质量。

具体来说,要想进一步加强休闲体育场馆设施的开发建设力度,需要从以下几个方面着手。

首先,要将有关休闲体育场馆设施的专门政策或规划制定出来,对中国休闲体育场馆建设数量、标准以及位置进行规划,并且纳入新型城镇化、新农村发展建设的一部分,以达到合理使用的目的。在新型城镇化建设的

---

① 周若峰. 我国体育休闲产业的现状及发展对策研究[J]. 湖北体育科技,2010, 29(5).

进程中,要加强乡间、原野、小城镇休闲体育场所的规划开发建设,为城乡居民提供更多的户外运动场所。

其次,在城市社区、农村新社区、乡镇的健身活动室或站的建设方面要有所加强。尤其应加大对县域农村体育健身工程的投入比重,解决公共配套服务设施缺位严重的问题。这是在新型城镇化进程中必须预先作好安排,提前统筹的问题。总之,新型城镇化进程中中国农村休闲体育基础设施建设的推进,将极大地促进中国农村休闲体育产业的快速发展。

最后,对学校体育场馆设施向社会开放的推动力度也要进一步加大。充分利用学校的体育场馆设施以满足广大城乡居民的休闲体育健身需求,提高学校体育场馆设施的利用率。在学校体育场馆设施向社会开放中,县域地方政府必须要主导,如果地方政府部门管理缺位,那么开放工作将会停滞不前,必须要让学校体育场馆设施向社会开放进入新常态。

五、休闲体育产业的管理体制要有所转变

增强体育娱乐功能是实现休闲体育业快速发展的根本动力,体育与娱乐的结合成为全球体育发展和人类休闲生活的最大特点。体育要回归生活,回归大众,就势必要与娱乐结合。

受特定的历史背景和政治条件影响,加之生产力水平较低,为了确保在有限的可调动的资源下发展体育事业,我国采取了"集中资源,重点发展竞技体育"的管理体制。这种管理体制对我国的体育事业,尤其是对竞技体育的发展起到了重要作用,使我国在国际体育比赛中取得了令世人瞩目的成绩。但也使体育的价值功能过于强调国家意志和政治功能,公共体育基础设施建设明显滞后。体育事业作为一项社会公益事业,过分强调其政治、教育功能必然会限制其休闲、娱乐、经济等功能的发挥和拓展,转变现有管理体制,不断增强体育休闲娱乐化的运作模式,是实现我国体育休闲产业突破性发展的关键。

六、通过休闲体育产业适度优先与协调发展战略的采用,来对休闲体育产业的快速发展起到积极的推动作用

中国城乡居民收入水平将持续上升,消费结构也将不断升级转化,中国休闲体育产业将迎来大发展。因此,各级政府要抓住时机,在制定产业发展战略时应采取休闲体育产业适度优先发展战略,推动中国休闲体育产业的快速发展。此外,中国是一个大国,人口众多,各地区之间、城乡之间、

城区之间，不同消费群体之间的收入水平和消费结构均呈现出巨大的差异性。这种差异性导致了目前中国休闲体育产业发展的不平衡。然而，面对中国经济新常态，新型城镇化建设进程中的我国休闲体育产业发展必将从各"自"为战到协调发展。在国家强调"一弓两箭"的战略布局下，我国将逐步实现"区域一体化"。具体是："一弓"覆盖东部沿线的东北、京津冀以及海上丝绸之路；"两箭"贯穿东西部的长江经济带与陆上丝绸之路。在强调"全国一盘棋"，区域协调发展将为中国休闲体育产业注入强大的动力，应该说，"一弓两箭"的一体化创新发展战略格局，将是中国休闲体育产业区域协调发展的重要引擎和新动力。

总之，"一带一路""京津冀协同发展"和"长江经济带"是区域发展从非均衡转向均衡协调的三大新战略，也是区域创新发展的指导思想。必将为中国休闲体育产业的发展注入强大的驱动力，一定会对中国休闲体育产业的快速发展起到大力的推动作用。

七、加强休闲体育产业经营管理人才的培养

就休闲体育产业而言，其多缺少的人才主要有三大类，即负责休闲体育产业、休闲市场规划、监管职能的行政管理人才；高素质的休闲体育经纪人；休闲体育营销人才和休闲体育研发人才。要从根本上解决我国休闲体育产业人才匮乏的问题，可以从以下几个方面入手。

第一，应在目前的体育院校和综合性大学的经济院系开设与体育产业相关的课程和专业，设立高层次的体育经济学位点。

第二，建立体育产业的新学科和科研机构，加强对体育经济理论的研究，及时指导体育产业活动的实践。

第三，鼓励休闲体育经营单位的有关人员进行岗位培训、在职进修，培养符合我国体育产业发展需要的主要从事休闲体育产业人才。通过专业培养、岗位培训、在职进修、招聘引进等多渠道来培养和造就休闲体育产业经营管理的专业人才，为休闲体育产业的进一步发展奠定坚实的人才基础。

八、通过宏观政策的改变来为中国休闲体育产业的发展提供驱动力

多年来，决策者更多地使用粗放投入刺激，弥合产出缺口，未来十年，面对经济的进一步下行压力，中国休闲体育产业在政策上，必须通过深化

改革消化前期政策,发掘经济的持续性增长潜力。从体制层面创新打破未来十年产业增长的供给侧瓶颈,创造新供给,着力推进供给侧结构性改革和提高供给体系与效率,从宏观政策上厘清市场、政府、社会的职能和定位来对冲潜在增速的下行压力。在市场作用方面,应从基础性向决定性转变。着力培养公平开放的创新市场,充分发挥市场的决定性作用是创新驱动休闲体育产业发展的根本。在国务院颁布的《关于发展体育产业 促进体育消费的若干意见》中也进一步强调要"发挥市场的决定性作用",这种政策的创新对破除体育产业发展的上升阻力,确立市场的主体地位,进一步挖掘市场的内在潜力,释放市场的核心活力,提升市场配置资源的动力,推动体育产业做大做强带来了新的机遇。

第四节 休闲体育产业的经营与管理

一、休闲体育产业的经营与营销

(一)休闲体育产业的经营模式

休闲体育逐渐成为现代社会主体性的休闲方式,随着人们的休闲意识特别是休闲体育意识的增强,未来休闲体育运动人口将不断增加,并且将会以"乘积"的方式不断提高。基于"提高人类健康水平,是直接关系未来人类自身生存发展质量"的认识高度,对于休闲体育产业的经营,其所采用的经营模式主要有以下几种。每一种经营模式都有其各自的特点。

1. 国家休闲体育发展事业型经营

国家休闲体育发展事业型经营实际上是一种和健康体育经营融为一体,将休闲体育纳入人类文化范畴思想指导下形成的经营模式。它的所有投入全部由国家负担,所有支出也全部由国家负担。它追求的最高目标不含有任何的经济目的,提高人们的日常生活质量是其主要目的所在,如公园、市民广场和居民区花园等,为人们提供一个优美的休闲体育活动环境。

2. 社会休闲体育福利事业型经营

社会休闲体育福利事业型经营是一种以社会赞助、社会集资为主要经济来源的休闲体育经营模式。其也将提高人们的日常生活质量作为最终的追求目标,同时,还将人们应该自己参与创造的经营观念,即"社会(企业)大赞助、国家小投入、人人出钱为人人"的经营模式提了出来,提倡经营管理者(指导员、管理员等)的无私奉献精神。

3. 事业型休闲体育的产业化经营

事业型休闲体育的产业化经营是我国处于社会经济发展特殊时期提出的一种新休闲体育经营模式。提高人们的日常生活质量也是其所追求的最高目标。其前期投入仍然由国家或社会承担,但后期维持正常运转的经费则必须通过经营来获得。日本的社区经济学家最近提出了"无私奉献不是无偿奉献"的新观点,为"事业"经营的有偿化奠定了理论基础。

4. 政府主导的休闲体育产业经营

政府主导的休闲体育产业经营是我国在大力发展社区工作时期提出的观点。它追求的最高目标仍然没有改变。这种经营模式对政府在全部过程中的主导作用非常重视。一般,前期投入主要由政府负责,后期经营主要由政府负责,过程管理主要由政府负责。需要注意的是,它突出强调的是"主要"而不是"全部",这实际是利用行政手段进行调控或者进行干预的一种经营模式。这里要重点强调的一点是,这种经营模式或多或少带有强制性和行政管理的功能色彩。

5. 商业化的休闲体育产业经营

商业化的休闲体育产业经营是在市场经济条件形成的休闲体育经营模式。它的投入全部由经营者承担,追求的最高目标是企业获取经济利益。虽然从理论上分析,它同样也在提高人们的生活质量中发挥着积极的作用。但是,这种生活质量的提高是以物质交换形式进行的,一旦离开了物质基础,那么生活质量的提高也就被脱离了,因而带有浓厚的商业色彩和"铜臭"味道。尽管如此,仍然必须承认商业化的休闲体育产业经营,将人们对什么是高质量休闲体育生活的理解,提高到了一个新的高度。

(二)休闲体育产业市场营销的特点

休闲体育产业市场营销可以采用的方式是多种多样的,但是从企业市场营销的总体要求上讲,休闲体育企业营销战略具有较为显著的特点,具体来说,主要表现在以下几个方面。

1. 全局性特点

不管是什么样的企业市场营销战略,都是要将该企业发展需要和利益体现出来的。例如,怎样预测今后一段时期内休闲体育市场需求发展的变化趋势,并做出相应的对策,发展出一种新的项目和活动内容,推出某些新

第五章 休闲体育文化的产业化发展解析

的服务,这关系到休闲体育行业的发展,这种市场营销的战略决策具有全局性的特点。当然,全局又是由它的一切局部有机地构成的,因此照顾各个局部之间的关系也是战略决策的一项重要任务。

2. 长期性特点

企业的战略着眼于未来,要指导和影响之后相当长的一个时期。对于所有的休闲体育企业来说,尽管当前的经济利益非常重要,但是,不能只顾眼前的利益,更要重视长远的利益。当然,未来又是以当前为出发点的,任何未来的发展都要以当前为依据和前提。因此,立足当前,放眼未来,协调当前与未来发展的关系,是市场营销决策的关键所在。

3. 系统性特点

企业各个方面的问题是一个彼此紧密配合的有机联系的整体,这就是所谓的系统性。一般来说,系统有层次之分,又有主次和大小之分。对于各种不同层次以及各部门系统的战略,它只能是整体系统战略的一个局部,局部就要服务于全局。对于休闲体育企业内部而言,应该将整个企业的战略作为一个整体系统工程来统筹制定,要争取整体发展效益的最大化。

4. 灵活性特点

休闲体育企业的营销受到外部环境和内部环境的综合影响。当外部环境产生变化时(如市场需求、政治或经济形势变化、政策与法令变更等),应该不失时机地进行相应的战略调整。企业的内部条件变化也会对市场营销产生影响。战略决策应该适应内外环境变化,对变化做出灵敏而又具创造性的反应。企业战略是以现在为基础而对将来做出的决策,是积极地和有准备地迎接未来挑战的决策。

5. 风险性特点

不管是什么样的营销决策,都不可能是在信息绝对充分的条件下做出的,都是对未来所作的预计性决策,因此,这就赋予了其显著的风险性特点。由于环境的多变性、复杂性以及企业自身条件的不断变化,使得任何战略决策都具有不确定性和瞬时性的特点。某个机会的价值大小常常取决于企业当时的地位、实力以及素质条件,很多机会常常是瞬时即逝的。机会和风险常常是可以互相转化的,只有及时抓住机遇,抢得先机,才能得到应有的回报。

(三)休闲体育产业的营销策略

休闲体育产业所采用的营销策略,就是所谓的 4P 策略,具体来说,主要包括产品策略(Product)、价格策略(Price)、分销策略(Place)以及促销策略(Promotion)这四个方面。市场营销策略以消费者的需求为出发点,依据市场调研获得消费需求量以及购买力信息,企业利用产品营销策略使其产品供给消费群体。下面就对这四个方面加以分析和研究。

1. 产品策略

休闲体育产品设计集休闲健身娱乐和体验参与性于一体,设计的休闲体育产品要与市场需求相符。休闲体育产品设计还要对产品的整体性,即核心产品、形式产品以及附加产品的设计进行充分的考量。这里所说的核心产品,实际上就是指消费者购买该种产品时所追求的基本效用和利益,是消费者真正想要的东西,在产品的整体概念中是最基本、最主要的部分。休闲体育核心产品的载体和具体表现形式就是向消费者提供的实体产品,如全球知名高尔夫球具品牌 Callaway(卡拉威),它以向高尔夫爱好者提供各种高品质用品和服务而闻名。当人们一提到卡拉威这个品牌的时候,就会联想到高尔夫运动带给人们的高品质、优雅、畅快的运动体验,从而给消费者一种核心利益的满足感。附加产品指的是顾客购买有形产品时所获得的全部附加服务与利益,包括提供信贷、分期付款方式、包装、送货、安装、售后服务等。

休闲体育产品要立足市场就必须将自己的品牌形象树立起来。对于体育品牌而言,企业产品知名度的提升要依靠培育品牌竞争力,打造休闲体育品牌首先就要树立产品的良好品质和独特性。只有如此,产品才能占领目标消费市场,获得消费者的良好口碑。

企业根据市场状况、自身资源条件以及竞争态势对产品组合的宽度、广度、深度与关联度进行不同的组合,就是所谓的产品组合策略。其所包括的内容主要有产品项目的增加、调整或剔除,产品线的增加、延伸和淘汰,以及产品线之间关联度的加强和简化等几个方面。休闲体育企业提供的产品与服务就是综合产品组合,休闲体育企业产品的宽度、广度、深度和关联度的有效组合既产生良好的经济效益,同时也能满足不同休闲体育消费者的需求。例如,健身俱乐部的健身课程与不同的服务项目、不同的服务人员以及不同的服务时间的组合可以形成不同的产品;不同种类会员卡的设计,如年卡、半年卡、情侣卡、老年卡等,运用不同的项目组合、时间段及价位来区隔不同的产品。面对顾客有更多个性化、多元化的需求时,应该着重研究目标顾客的特点,提供相应的产品,这是服务营销的首要任务。

产品的市场寿命即产品从进入市场开始直到最终退出市场为止所经历的市场生命循环过程。一般来说,产品要经过研发、试销后才能够投入

第五章　休闲体育文化的产业化发展解析

市场,一般分为四个时期,即导入期、成长期、成熟期与衰退期。

2. 价格策略

休闲体育企业的产品和服务最终会以价格的形式销售出去,而这个价格是买卖双方都愿意接受的价格。价格策略不仅会对市场的供给和需求产生重要的决定性影响,同时,还会对企业的利润多少以及竞争力的大小产生一定的影响。因此,价格策略在营销组合策略中具有非常重要的作用。价格受到产品成本、市场需求、竞争状况、消费者心理、政策法规等多方面因素的影响,正确认识这些影响价格的因素有助于休闲体育企业对自身产品做出合理的定价。

一般来说,可以将定价方法分为三种类型,即成本导向定价法、竞争导向定价法以及需求导向定价法。其中,成本导向定价法就是在产品的成本上附加一定的利润得到的价格,主要包括利润导向定价和政府控制定价。竞争导向定价法是以市场上主要对手的同类产品的价格为依据的一种定价方法,包括随行就市和竞争性定价两种。需求导向定价法就是以不同时间、地点、产品以及消费需求强度的差别为定价的依据,针对每种差异决定在基础价格上是加价还是减价。

市场定价有着多种多样的策略,从不同的视角出发,可以将定价策略进行不同的归类和划分,其中,较为主要的有高价位定价、折扣定价、差别定价、心理定价。不同的定价策略的特点和适合的范围也是有所差别的,比如,高价位定价适合于知名度较高的企业,当消费者把高质量与高价格联系在一起时适宜使用该策略;差别定价就是根据顾客需求的不同而制定不同的价格,这些差异包含了地区差异、产品和服务品种差异、顾客支付能力差异、运输差异等;折扣定价就是企业通过折扣来促进消费和生产,降低库存,加快资金周转,减少坏账损失,促进产品推广;心理定价指企业能把握消费者心理需求特征,制定出适合顾客心理的价格,从而激发消费者购买欲望,引发顾客购买行为。其中的招徕价格就是通过低价招揽首次消费的顾客感受此类产品,借此激发消费者的后续消费。

3. 分销策略

休闲体育企业生产出来的产品一般不直接销售给消费者,而是需要透过一定的销售渠道才能到达消费者的手里,休闲体育产品的销售群体主要包括制造商、经销商、批发商、零售商以及体育市场的推广机构与消费者。这一通道可以是直接的,也可以是间接的,可长可短,具体要根据企业的自身情况和具体商品等多种因素而定。

以休闲体育产品的需要为主要依据,可以将销售渠道分为两种类型。

一种是直接渠道,具体来说,就是指休闲体育产品生产者直接把产品出售给最终消费者的分销渠道。直接渠道减少了中间环节,节约了流通费用,而且产销直接见面,生产者能够及时了解消费者的市场需求变化,有利于企业及时调整产品结构,做出相应的决策。直接渠道的具体销售形式有接受用户订货、设店销售、上门推销、电子手段销售等。另一种是间接渠道,具体来说,主要是指休闲体育产品生产者通过流通领域的中间环节把产品销售给消费者的渠道。间接渠道是社会分工的结果,通过专业化分工使得商品的销售工作简单化,中间商的介入分担了生产者的经营风险。借助于中间环节,可增加商品销售的覆盖面,有利于扩大商品市场占有率。但中间环节太多,会增加商品的经营成本。

休闲体育企业对采用怎样的销售渠道起到重要的决定性影响,同时,其还需要对渠道的成员进行协调和控制,要采用适当的办法激励中间商并处理好与他们的关系,并对渠道成员的工作业绩进行评估,最后对渠道成员进行适当调整。休闲体育企业在确定了中间商后,为了达到既定的营销目标、激发中间商的积极性、加强中间商与自己的合作,就要采取各种不同的措施对中间商予以激励,使得企业和中间商之间形成一种良性互动关系,建立荣辱与共的长期合作关系,使得整体利益最大化。休闲体育企业激励中间商的方法很多,如为中间商提供较为成熟的商业模式,提高分销利润,给予促销支持,定期提供免费商业培训与提供融资和信息支持等。

休闲体育生产商通过系统化、科学化的手段和措施对渠道成员的履约情况、经营水平等要进行客观考核和评价,这对于鼓励勇于开拓进取的中间商,警示业绩落后的中间商都是有所帮助的。一般来说,评估的内容主要包括渠道成员的管理水平及信用度、销售额和销售增长率、库存水平、对顾客的服务质量、促销活动等方面。通过综合评估分析,休闲体育生产商得到市场反馈信息以及有关经营中的问题,及时采取相应改进措施,调整分销渠道的数量和种类,使得企业和销售渠道保持足够的市场竞争力。

4. 促销策略

对于休闲体育企业来说,它们要做的不仅仅是开发和生产市场需要的产品,制定有吸引力的价格,通过适当的销售渠道使得目标顾客获得产品,还要使企业与中间商、消费者之间保持良好的接触。为了达到这一目标,就要求企业选择适当的促销手段与方式,如广告、销售促进、推销与公共关系等各种促销组合方式。促销的作用是生产厂家把产品信息通过各种渠道推广出去,使得目标顾客了解产品,激发其购买欲,最终实现销售产品的目的。

第五章　休闲体育文化的产业化发展解析

休闲体育企业要以自身情况为主要依据来选择不同的促销组合,从而使促销达到最佳效果得到有力保证。通常,可以将促销组合策略分为两种类型。一种是推式策略,其主要是侧重运用人员推销和营业推广的方式,把产品的生产企业推向中间商,再由中间商推向市场。此方式的促销信息和产品流向是同方向的,适合于目标市场比较集中、流通环节较少、流通渠道较短的产品。另一种是拉式策略,其主要靠广告和招商等方式,休闲体育企业不直接向中间商做广告和推广,而是直接面向市场做广告,以此刺激顾客的购买欲,引导和促使顾客消费,购买此类产品的顾客增多后,就会使中间商主动去联系生产企业订货。拉式策略适合于目标市场需求量大且相对分散、流通环节较多、流通渠道较长的产品。

不管休闲体育企业选择哪种策略,企业营销策略都应该与企业产品自身特点相符,顺应消费者需求和兴趣,同时适应行业的特性。只有这样,才能取得事半功倍的效果。休闲体育消费者对不同类型的产品具有不同的购买动机并由此导致不同的购买行为,因此企业要针对不同类型产品使用相应的促销方式。

二、休闲体育产业的管理

(一)休闲体育产业的管理原则

休闲体育企业提供的产品与服务多种多样,其规模不一,经营模式差异化,组织结构也不尽相同。但是,休闲体育企业最终要靠提供各种产品和服务以获得利润,而所获利润的多寡与其悉心的管理是密不可分的。

具体来说,休闲体育企业的管理应该遵循的原则主要有以下几个方面。

1. 建立现代化企业管理制度原则

以市场经济为先导,以公司法人为主体,所有权和经营权分离,以有限责任制度为核心,企业实行政企分开的原则,以科学化管理为手段的企业制度,就是所谓的现代企业的管理制度。市场经济使得买卖双方能在自愿有偿的前提下进行交易,最终实现共赢。企业要盈利和生存必须按照市场规律来办事,盈利是企业的天职,企业要以利润为导向同时兼顾一定的社会责任,一切从市场的角度出发,一切为了市场的需要,市场经济能最优化配置各种资源,使得人尽其才物尽其用。公司所有权和经营权分离能明确管理者的责任,使得财产所有者的权利得到应有的保障,使职业管理者能在制度框架内,在承担相应责任的前提下独立支配公司各种资源为企业获得效益。休闲体育企业应当在经营原则上做到政企分开,企业要从公司盈利的角度去考虑公司架构和日常的运营管理,最大程度减少行政成本使得整个经营的效率提高;科学化管理是现代企业制度中重要的方法和手段,企业要本着实事求是的态度,应用当今社会科学和自然科学方面的先进理念和技术对企业进行管理,从而让整个经营处于一种可控的状态。

2. 将一般管理与区别管理有机结合起来的原则

休闲体育企业的发展模式与形式是多种多样的,这就要求企业在具体管理上不仅要遵循一般管理的共性规律,同时还要以休闲体育企业的实际为出发点,将相应的管理制度建立起来。因此,休闲体育企业的组织结构都要本着天时、地利、人和等因素进行考虑,从而使其与市场需求相适应。

休闲体育产品以及休闲体育企业的管理方法往往都是从国外引进来的。要达到管理效果最优化,就要求休闲体育企业在管理中要处理好引进与消化吸收之间的关系,处理好地域之间的差异关系,如果原封不动地照搬企业的管理方法,只会造成管理效果南辕北辙。例如,发端于欧美的户外休闲徒步运动在国外相当普及,国外每年都有大量成群结队的远足爱好者到户外从事这项休闲体育运动,参与者大都具备远足登山知识和专业登山装备,再加之专业化户外登山公司的有效的组织管理、策划、顾问服务,使得这项运动在国外的规范程度和安全性较高。而近几年国内出现了许多户外拓展公司,由于户外拓展公司缺乏系统有效的管理,使得远足爱好者出现不少失踪、坠崖、遇山洪等各种意外事故,造成了参与人员的受伤甚至是死亡。同时也给园区管理、消防营救等部门造成了不必要的负担。当然,这其中有远足爱好者自身的问题,但一些户外运动公司不够规范,经验不足、管理不到位是造成事故的主要原因。要想使此类事故的发生得到有效避免,需要采取相应的一些有效措施,具体有以下几个方面。

第一,远足爱好者要以专业户外公司为依托进行户外运动。

第二,户外拓展公司要强调户外运动组织管理的专业性和规范性,除了要具备专业人员和知识技能,还要定期对参与此类活动的会员进行体能和技能培训。

第三,户外拓展公司要熟悉当地的地形地貌、气候环境,并根据实际情况规划出行进路线,制定出意外处置应急预案与遇突发情况的撤离路线,并做好与当地相关营救部门的沟通联系,经过这些前期有效的管理措施使突发事故的危险程度降到最低。

一般管理原则从宏观上对开展此类活动的企业来讲都是实用的,但是

第五章　休闲体育文化的产业化发展解析

休闲体育企业所处的市场运行环境、企业自身状况等方面都存在差异，其具体的管理方法和手段则要根据具体情况而有针对性和目的性地确定下来。

3. 以人为本与重视人才培养的管理原则

以人为本，实际上就是把人放在第一位，发展要依靠人，发展的最终目的也是为了人，以人为本是休闲体育企业发展的核心动力与内在要求。休闲体育企业提供的产品和服务最终要提供给特定的人群消费，这就要求企业从产品设计、开发、生产及服务过程乃至最后的销售和售后服务各个环节必须本着以人为本、人性化的基本原则，这样才能真正把顾客放在第一位，一切为了顾客。反过来，顾客才会再次眷顾你，企业才能占有市场份额，赢得商机。

以人为本还在企业的终极目标和社会责任上有所体现。究其原因，主要是由于只有提供最好产品和服务的企业才可能被消费者认同，才能在激烈的市场竞争中存活下来。发展良好的企业才会增加就业岗位，最终给整个社会带来更多的税收利益。企业的利润最终会变成投资和消费回流到市场中，企业所创造的财富最终会使整个社会和国家变得富裕，社会责任是企业的终极目标所在。

休闲体育企业提供的产品、服务和质量水平的高低不单是其内在制度和外在竞争力的体现，归根结底是企业员工的价值作用的发挥。一个企业的优劣取决于企业员工素质的高低，从根本上来说，企业之间的竞争，实际上就是人才的竞争，因而企业加强对员工的培训是非常重要且必要的。

4. 计划管理与市场导向相结合的管理原则

不管什么样的企业，其都有自己的发展目标，而目标的实现需要制订切实可行的计划。计划本身具有量化属性，要么是生产多少产品，要么是完成多少销售额、利润或是占有多少市场份额。计划还需具有时间属性，也就是需制订长期、中期、短期计划。没有时间的计划不能称之为计划，只能纸上谈兵而已。有了计划，企业就可以依照计划方案有条不紊加以实施。计划应该贯穿企业整个的生产流程以及销售过程。

休闲体育企业能随着市场的快速变化而灵活调节计划，这也是其能在市场环境中得以生存的重要原因所在。在实际的管理中，休闲体育企业要正确处理好计划和市场调节的关系。企业不能完全僵化地按计划办事，否则就会使企业陷入教条主义和僵化之中。休闲体育企业应对市场变化对其计划应进行局部微调，在某些极端和突发情况下还要进行全局性的调整，也就是经济学中所讲的随机行走。

(二)休闲体育产业的管理方法

休闲体育企业管理方法是企业管理原则的实际运用,休闲体育企业在企业管理中不仅要正确运用管理方法,而且企业还要针对具体实际选择合理有效的管理方法。休闲体育企业在进行管理时,往往会用到相应的管理方法,最为主要的有以下几个方面。

1. 目标管理的方法

企业以预先设定的目标进行企业管理的方法,就是所谓的休闲体育企业目标管理。通常情况下,可以将企业目标按照时间这一标准划分为不同的类型,即当前目标、短期目标、中期目标和长期目标。休闲体育企业首先要科学正确地树立适合自己企业的目标,所谓设定企业科学合理的目标就是指其制定的目标要与企业的长远利益和企业的经营理念一致,设置发展指标应当合理可行。目标设定过高,可能难以实现;目标设定过低,又会造成员工过于懒散。高层管理者制定了总目标之后,各级管理者设定各部门相应的具体分目标。休闲体育企业各部门员工要根据部门分目标来制定部门管理办法,其目的就是要求各部门员工分工完成分目标,各部门对企业分目标的完成为实现企业总目标提供了基本保障。也就是说各部门在完成具体的目标后,企业总目标才有可能完成。各部门分目标的完成情况又是各级部门管理者考核、评估员工工作成绩的主要依据,管理者根据考核结果来奖惩其员工。如果各部门没有分目标来指导员工的工作,那必然导致部门之间和各工序之间发生矛盾。目标管理通过自上而下制定的目标,在休闲体育企业内部建立起完整的目标体系,把企业各部门紧密地联系起来。每个员工的工作直接或间接地同休闲体育企业总目标联系起来,从而使每个员工明确自己的工作目标,也知晓自己的工作重要性。如此一来,就能够将员工力量更好地凝聚起来,从而使企业的生产以及员工的工作效率得到有效的提升。

最后,还需要强调的是,休闲体育企业通过部门将目标任务落实到每一位员工,使企业员工能有效地按目标完成企业的工作任务,由此可以看出,目标管理法是一种优越的管理方法。

2. 标准化管理的方法

休闲体育企业标准化管理就是在企业高级管理层领导下,以国家行业标准化规定和企业的总体经营发展目标为依据,企业对各部门和环节实施标准化管理。通过标准化管理能不断规范企业行为,从而达到产品质量以及生产程序标准化,从而使企业实现自己的经营目标。休闲体育企业标准

第五章 休闲体育文化的产业化发展解析

化管理体系主要由三大标准体系构成,即技术标准、管理标准、工作标准。

(1)技术标准

技术标准就是休闲体育企业技术标准化的管理,休闲体育企业的产品有一定的技术含量,需要统一明确的技术标准体系,从而准确把握各技术标准的具体要求,通过技术标准化能有效地实现宏观管理目标。

(2)管理标准

管理标准是对休闲体育企业标准化管理的具体落实。企业在做了实地调查研究的基础上,制定出适合本企业的管理标准。休闲体育企业所制定的管理标准要贯彻落实到企业各部门和各环节,同时企业要以管理标准为依据对员工进行考评。

(3)工作标准

工作标准是对休闲体育企业标准化对各部门或各工作环节的工作量、工作规范、工作周期以及考评所做的要求规定。休闲体育企业只有实施工作管理标准化才能进一步使员工明确工作标准内容,企业才能以工作标准的实施情况对员工进行严格考核。因此,休闲体育企业只有通过管理标准化才能实现工作程序和工作量的统一与简化。

从上述分析中可以得知,休闲体育企业实施标准化管理才能获得最佳的目标效果。休闲体育企业组织建立和完善自身的综合标准体系显得特别重要,是企业管理的一项基础性工作。

3. 系统管理的方法

随着休闲体育企业规模的不断扩大,企业的组织结构也逐渐庞大,怎样解决复杂而庞大企业的效率问题,有效的管理方法就是系统管理方法。所谓系统管理方法就是把整个企业各部门和工作环节作为一个整体系统,各事物只是整个系统的一个局部环节。具体来讲,休闲体育企业管理者要从系统的角度出发来管理各种事务,也就是在整体与部分、整体与外部环境、部分与部分之间的相互作用与制约的关系中寻找规律,从而管理者以规律为依据发现最佳处理问题的一种管理方法。系统方法是一种满足整体、统筹全局、把整体与部分辩证地统一起来的科学管理方法。

休闲体育企业要以自己的需要为主要依据来将系统的优化目标管理确定下来,另外,企业可以通过运用信息处理技术和系统管理方法把整个系统分成若干不同的层次结构,使部分的功能和目标服从整个系统总体的目标,从而让企业的管理实现整体最优目标。

(三)休闲体育产业管理的实施

积极的休闲往往需要具备两个方面的条件,一个是有充足的休息时间,一个是合理科学地安排休息时间。因为只有足够的休息时间加上合理科学地安排休息时间,才能对人们形成参加多层次、多形式体育休闲娱乐的习惯起到积极的促进作用,"带薪休假制""轮流休假制""自主休假制""淡季休假制"等都是人口密集、休闲旅游资源有限、交通不发达条件下尽可能保证人们参加休闲运动的选择。鉴于此,就要求政府应该加大研究和宣传的力度,切实做好这方面的研究与实践工作。

休闲体育娱乐经营管理者对产业及经济环境的了解受到很多方面因素的影响,同时,这些对于具体工作的实施和运作是较为有利的。具体来说,较为主要的因素主要有以下几个方面。

1. 技术的发展变化

技术的发展变化对于体育休闲娱乐产业的冲击很大,互联网和数字电视改变着人们的工作以及娱乐方式。

2. 国家部门管理的变化

通过对体育休闲娱乐的立法及其对地方政府的冲击,使人们对体育休闲娱乐有了更好的认识,体育休闲娱乐的产品同时也影响着社会其他部门,如学校增加了体育休闲娱乐课程,使体育休闲娱乐在社区中更好地传播,而且学校也开始对外开放其运动设施,产生收入。

3. 体育休闲娱乐领域的私人参与

私人公司提供各种形式的体育休闲娱乐的产品和服务。以全民财富的社会概念为主要依据,适当划分达到的社会目的和建立评价体育的方法,建立用于编纂和展示体育统计的一般分类标准以和国际接轨。

第六章 不同类型休闲体育文化产业的发展解析

随着人们物质生活水平和保健意识的提高,体育越来越多地进入平常百姓的休闲生活。北京奥运会的成功举办,让体育文化在国内进行了一次广泛而深刻的传播,它带来的持续效应为休闲体育产业在国内的进一步发展创造了良好的契机。休闲体育产业作为我国的新兴朝阳产业,对于带动我国国民经济的发展具有不可估量的作用。休闲体育产业作为经济产出的显著变量和文化要素,已经成为现代生产力的重要组成部分。休闲体育产业质量的好坏不仅是衡量一个国家生产力水平的高低,也是衡量社会文明和人类健康发展的重要标志。我国不同类型休闲体育文化产业的发展现状不同,本章主要分析研究了体育健身休闲产业、体育赛事产业和体育旅游产业的发展情况,从整体上把握我国休闲体育产业的发展情况。

第一节 体育健身休闲产业的发展

国民体质健康下降将危及社会健康可持续发展和中国梦的实现。全民健身则对全体人民增强体魄、健康生活起到基础和保障作用。素质教育缺失,将阻碍国家创新战略进程和大众创业、万众创新目标的实现。体育应作为全面推进素质教育的重要突破口和切入点。休闲时代的来临契合我国进入全面建成小康社会的决胜阶段,创新驱动成为这一时期经济发展动力。每一次体育健身休闲的体验就意味着生命的一次尝试、探索和学习。上述特征使得全民健身上升为国家战略,参与体育健身休闲活动将成为更多人的选择;使得体育健身休闲产业蓬勃发展;使得专业体育院校在服务体育健身休闲产业发展中获得新的空间与机遇。

一、体育健身休闲产业概述

(一)体育健身休闲产业的概念

研究体育健身休闲产业的概念,可以更好地把握体育健身休闲产业的本质,研究体育健身休闲产业的发展情况。很多学者对体育健身休闲产业的概念有不同的理解和认识,有人认为体育休闲健身产业是指以非实物形式向社会提供健身娱乐服务的单位和个人的结合,包括健身娱乐服务、健身技能培训、辅导和咨询、体质测试和健康评估、体育康复等。它既是体育产业重要组成部分,也是体育本质功能的体现。有人认为体育健身业是指为消费者提供健身、健美、康复所需要的场地、器材、技术服务的行业。包括营利性体育健身业和公益性体育健身业。营利性体育健身业是以体育健身为经营范围,以追求利润最大化为目的的企业集合,主要包括各种体育健身俱乐部。公益性体育健身业是指以满足人们最基本的体育健身需求和追求社会公平为目的的体育健身事业的集合,主要包括政府和非营利组织提供的全民健身工程、体育健身指导站等。还有人认为体育健身产业是指能够进入市场实行商业化经营的体育健身活动范畴。包括健身休闲娱乐、健身知识辅导、体育康复训练以及体育健身所需要的场馆、教室和其他可进行市场化和商业化运作的部分。

上述几种观点,由于研究的角度不同,强调的重点不同,因而表述也不同。有的着重强调了体育健身休闲活动的物质技术条件和劳务服务,有的着重强调了体育健身休闲产业的组成内容,而有的则着重强调了体育健身休闲产业和体育产业一样,既包括提供体育服务产品的部门,也包括提供物质技术条件的部门。这些观点,作为对体育健身休闲产业基本概念的探讨,无论是否能够全面、准确地反映体育健身休闲产业的内涵和特征,其积极意义都是值得肯定的。

(二)体育健身休闲产业的特点

体育健身休闲产业作为体育产业的主体产业,除了具有体育产业的一般特点外,还具有自身的特点。

1. 关联产业较多

体育健身休闲市场的消费者,不仅需要体育健身服务,还需要使体育健身休闲得以顺利进行的相关条件和服务。因此,体育健身休闲产业还与体育用品业、体育制造业、运动营养品业、交通运输业、餐饮服务业、体育建筑业、影视图书业等紧密关联,需要这些产业提供运动服装、健身器材、体育建筑、餐饮服务、运动营养补品等产品。这些产业都属于体育健身休闲产业的关联产业。

2. 劳动密集型产业

劳动密集型产业是与资本密集型、知识密集型相对而言的。劳动密集

第六章　不同类型休闲体育文化产业的发展解析

型产业是指在生产过程中对劳动力的需求依赖程度较大,或者是资本构成水平较低,在其生产的产品中活劳动尤其是体力劳动所占比例较大的产业。体育健身休闲产业属于资本有机构成水平较低,在生产过程中对劳动力的需求依赖程度较大的产业,因而体育健身休闲产业比其他类型产业提供的岗位更多,就业容量更大。

3. 发展潜力大

体育健身休闲产业发展潜力巨大,属于朝阳产业。随着社会生产力的不断提高和物质财富的进一步丰富,社会文明程度的提高以及休闲时代的到来,人们将更加注重生活品质的提高,对自身身体素质与健康养生将更加关注,绝大多数的人将会选择体育健身作为最佳的休闲消遣方式。到那个时候,体育将成为一种生活方式,成为多数人"衣、食、住、行"之外的第五大生活必需品。在公共体育产品的种类和数量供应有限的情况下,体育健身休闲产业必将伴随着社会经济的发展和人们健身需求的不断增长而获得持久的发展,形成作为未来人们生活必需品的产业形态。

二、体育健身休闲产业的发展现况

(一)国外体育健身休闲产业的发展现况

体育健身休闲行业作为产业发展,取决于两个基本前提,一是国家经济发展水平,居民可支配收入能够满足体育健身休闲消费的需要,二是国家社会发展水平,人们有足够的余暇时间进行体育健身休闲消费。西方发达国家之所以能够率先发展体育健身休闲产业,是因为经济社会发展水平满足了上述两个基本条件。一方面,人们有足够的余暇时间和支付能力进行体育健身休闲消费,另一方面,西方国家的社会竞争更加激烈,人们的工作压力更大,更需要通过体育健身休闲活动来放松身心,释放压力,强身健体。尽管政府为社会大众提供了一定数量的公共体育设施和体育服务,但这些体育设施和服务并不能满足不同收入水平和不同健身人群的需求。人们不仅需要通过体育活动来锻炼身体,增强体质,还需要在体育健身的同时休闲娱乐,需要体育健身技能的指导、运动营养知识的培训,需要更加周到舒适的服务和享受。有需求就会有市场,在这种情况下,体育健身休闲市场便应运而生。西方发达国家体育健身休闲产业的发展,大体经历了贵族化、大众化、多元化等几个阶段。

从世界范围看,体育产业已经形成巨大的产业规模。数据显示,全球体育产业年产值达 8 000 亿美元,世界主要发达国家例如美国在 2002 年的时候,体育产业总产值就达到 2 130 亿美元,超过房地产业和国防开支,占 GDP 的 2%,日本 2005 年体育健身休闲产业的总产值是 36.15 亿美元,占 GDP 的 1.1%,在日本 10 大产业中排行第 6 位,澳大利亚是 7.79 亿美元,占 GDP 的 2%,英国体育产业年产值超过 70 亿英镑,政府每年从体育休闲产业中得到的税收是 24 亿英镑左右,相当于政府体育开支的 5 倍。又如意大利,在 2001 年时其体育产业年产值就达到 182 亿美元,跻身意大利国民经济 10 大部门的行列,瑞士不是体育强国,但其体育产业却非常发达,产值占本国 GDP 的 3.34%,是该国第 13 位支柱产业。目前,发达国家的体育产业总值一般占到本国 GDP 的 1%～3%,其中 60% 来自体育健身休闲产业。

1. 集团化经营

发挥规模经济优势,实行集团化、连锁化经营,是近年来发达国家体育健身休闲产业发展的一个明显趋势。以美国为例,20 世纪中期,美国在体育健身领域最大的 5 家连锁经营公司如美国俱乐部系统公司、高德体育公司、比利健康和网球公司等就已经拥有下属俱乐部 1 989 家。目前像 24 小时健身俱乐部、倍力公司、金吉姆等都是美国最大的体育健身连锁公司,仅倍力就有 3 000 多家连锁店。这些集团化的大公司占据了美国体育健身娱乐市场的绝大部分市场份额。

2. 内容丰富的服务产品

丰富经营内容、推出多元化服务产品,是发达国家体育健身休闲产业发展的又一趋势。在体育健身休闲产业发展的初期,绝大多数的俱乐部都只有单一的运动或健身项目。这种经营模式既不能满足不同消费层次的消费者的需求,当然也不能吸引更多的顾客光顾,尤其是不能抵御可能的经营风险。20 世纪 90 年代初,大多数俱乐部开始将经营内容向多元化转变。根据不同消费者的需求,推出高中低档不同产品或者套餐化的服务,同时提供体质测试与健康评估或者运动处方诊断之类的服务。消费者在同一个店里,既可健身也可美容,或者享受其他服务。

3. 个性的健身需求

根据消费者的身体状况和健身需求,设计个性化的健身方案,包括根据消费者的具体情况安排形式多样的健身锻炼方式;配备私人教练,在健身的时候给予客人适当的指导和关心,以求得更好的健身效果;配备私人营养师,在客人健身的同时指导客人如何安排食谱、控制饮食等;实施心肺功能监控,使消费者感到健身锻炼是在科学指导下进行的,既享受科学的

第六章　不同类型休闲体育文化产业的发展解析

健身过程,又增加消费者的忠诚度;为消费者建立健康档案,并让客人参与健康档案的管理,实行一对一的咨询、指导等。健身服务个性化也是发达国家体育健身产业发展的一个趋势。

4. 健身设备电子化

体育健身设备器材与电脑科技和数字化结合,顾客选定的健身课程、运动量的控制、心肺功能的实时监测甚至锻炼的即时效果等,都通过电脑控制并在锻炼过程中随时向消费者显示,使健身更科技化和合理化,使消费者能够了解自己每次锻炼的情况掌握身体指标的变化,做到心中有数,主动参与并且可以和指导人员互动,而不是被动地进行锻炼和接受指导。科技化的设备加上个性化的服务,使得很多消费者更愿意到这样的俱乐部进行健身锻炼和休闲。健身设备数字化也开始成为一种发展趋势。

(二)国内体育健身休闲产业的发展现况

健身休闲业是体育服务产业的重要组成部分,是以体育运动为载体、以参与体验为主要形式、以促进身心健康为目的,向大众提供相关产品和服务的一系列经济活动,涵盖健身服务、设施建设、器材装备制造等业态,是大众体育社会化、商品化、市场化的主要表现形式。2014年国务院印发的《关于加快发展体育产业促进体育消费的若干意见》(国发〔2014〕46号)指出,"要进一步优化体育服务业,着力提升体育服务业比重"。作为体育服务业的主要支柱,加快发展健身休闲产业,对于落实全民健身战略、扩大体育产业规模、带动体育消费升级,具有积极促进作用。

1. 初步形成健身休闲产业消费体系

健身休闲活动已经成为现代人强身健体、加强健康管理的重要方式。根据国家统计局2014年对20~69岁人群的调研,开展健身运动的人群占比达到51%,比2013年提高了1.5个百分点;2009—2014年间经常参加体育锻炼的人数不断增加,2014年达到3.83亿人,如此规模庞大的健身人群必将为健身休闲产业带来巨大需求。从供给来看,当前我国拥有健身俱乐部约4500家,吸纳会员总数超过600万人,并形成了威尔士、青鸟、一兆韦德、美格菲、中体倍力等知名专业健身俱乐部品牌。此外,健身休闲产业的快速发展也带动了体育用品、体育器材以及体育基础设施建设等下游产业的迅速增长,这说明以健身休闲产业为核心的消费体系已初步形成。

2. 健身休闲产业消费规模和水平不断提高

我国人均收入水平的快速提升使体育消费方式从实物型向参与型转变,健身休闲产业的消费规模和水平也在不断提高。"十一五"期间,健身休闲产业增加值年均增长率高达 24.55%,远高于体育及相关产业增加值,在体育及相关产业、第三产业以及 GDP 中的占比处于上升态势。根据中国社科院财经战略研究院课题组估算,2010 年我国城乡居民全年休闲体育消费总额约为 2 543 亿元,2011 年为 2 874 亿元,增速达到 11.68%。相关数据显示,我国城乡居民每人平均参加体育活动 3.45 项,到健身场馆一次消费在 50~100 元之间的占到 90%,上海、北京、广州等一线城市居民人均体育健身消费已经超过家庭支出的 10%。

3. 健身休闲服务多元化趋势日益显现

在健身休闲产业发展早期,各类体育健身中心(俱乐部)成为此类消费的主要场所,能够为消费者提供包括跑步、游泳、乒乓球、羽毛球、保龄球、体育舞蹈、器械健身在内的多种传统健身休闲活动。然而,随着健身消费群体和消费能力的变化,追求小众化、个性化、时尚化的户外健身休闲活动已经成为产业发展的主流。山地运动、水上运动、冰雪运动、汽摩运动、航空运动,以及包括极限、电竞、击剑、马术等在内的时尚运动都受到年轻消费群体的青睐和追捧,一些新兴的健身休闲赛事更是异常火爆,成为健身爱好者的"刚需",甚至招致"黄牛党"叫卖参赛资格。受此影响,与时尚健身消费相关的体育创意、体育旅游、在线健身休闲平台等也处于蓬勃发展态势。

4. 连锁经营模式的引入

从 1999 年马华首先引进连锁经营模式,到国外知名体育健身企业进军中国市场后纷纷以连锁经营方式扩大市场份额,目前我国体育健身企业基本都采用连锁经营的方式扩大规模。尤其是一些国外知名体育健身企业,它们以其良好的品牌形象、雄厚的资金实力、先进的健身理念和经营管理水平,快速扩大规模,发展连锁经营,占领国内市场,促使市场集中度不断提高。例如中体倍力在国内 9 个省市建立了 18 个连锁机构,美国健力豪健身俱乐部在国内也开设了 17 家连锁经营店。

5. 加强法制建设

市场经济是法制经济,加强法制建设,规范市场秩序,是保证体育市场有序运行、体育产业持续发展的必由之路。20 世纪 90 年代以来,随着体育产业的快速发展,体育经济法制建设得到了明显加强,国家和地方相继出台了多项体育法规如《体育法》《全民健身条例》等,体育市场的管理得到进一步加强和规范,有力地保障和促进了体育产业包括健身休闲产业的发展。

第六章　不同类型休闲体育文化产业的发展解析

6. 健身市场竞争激烈

我国加入 WTO 之后,国外很多知名体育健身企业如英国菲力斯公司、美国倍力等纷纷进入中国。国外知名体育健身企业进军中国市场,一方面带来了先进的健身理念和管理经验,为本土企业起到了很好的引领和示范作用,另一方面也加剧了国内体育健身市场的竞争程度,加之企业间服务产品差异度不高,为争夺顾客,价格竞争便成为主要手段,导致市场秩序混乱,竞争无序,企业经营风险加大。2006 年、2007 年健身行业的价格大战,曾经辉煌一时的"金吉姆""美格菲"等几家著名体育健身企业的轰然倒台,便足以说明国内体育健身市场竞争激烈之程度。

三、我国体育健身休闲产业存在的问题和对策

(一)体育健身休闲产业存在的问题

1. 健身休闲产业总体规模小

虽然我国健身休闲产业已经初具规模,且呈现逐年快速增长的趋势,但产业规模与参与人数都与发达国家存在较大差距。根据中国产业信息网的统计数据,2010 年我国健身休闲产业增加值仅为 113.05 亿元,在体育服务业中占比为 26.15%,在体育及相关产业中占比为 5.09%,在第三产业增加值中占比仅为 0.07%。相比之下,美国体育健身服务业(包括体育设施建设和参加各类俱乐部的活动、体育旅游活动等)的产值占到体育产业市场份额的 32%。此外,从参与人数上,以美国为首的北美市场共有健身俱乐部约 3.6 万家,会员数量达到 5 600 万,二者的绝对数量是我国的 8 倍以上。

2. 健身休闲产业供需缺口大

当前我国健身休闲产业呈现出有效供给不足的状态,主要体现在两个方面:一是健身休闲基础设施建设滞后,难以满足群众的活动需求。以足球场地为例,第六次全国体育场地普查结果显示,截至 2013 年底,全国平均每 13 万人拥有 1 块足球场地,这一比例仅相当于法国的 1/50、德国的 1/90。此外,这些场地中属于事业单位所有的占 66.3%,属于企业所有的占 16.65%,真正面向公众开放的正式足球场地十分匮乏。二是健身休闲产品单一,难以满足群众多层次、多元化的需求。当前我国健身休闲产业多集中在传统的乒羽等领域,对新兴的如冰雪、户外、汽摩、极限等运动开发不足、形式落后,无法满足消费者的不同偏好。此外,大多数健身休闲俱

乐部都只经营单一的运动或健身项目,这种经营模式既无法满足不同消费层次的消费者需求,也难以抵御经营风险。

3. 健身休闲产业结构发展失衡

当前我国健身休闲产业发展存在着发展不平衡问题,主要表现在三个方面:一是区域发展不平衡。受制于经济发展水平,各地区体育健身休闲产业的发展规模和层次差距较大,特别是中西部地区的健身休闲产业发展非常缓慢,有效供给能力也十分有限;二是城乡发展不平衡。体育健身设施和服务经营单位大多集中在大中城市,广大农村缺乏体育健身休闲场所及设施;三是项目开发不平衡。健身俱乐部提供较多的是有氧健身操、体育舞蹈、乒乓球、羽毛球、网球、台球、瑜伽等服务,项目同质化现象较为严重,产品差异度不高,缺乏经营特色。

4. 居民健身意识薄弱,体育健身消费能力不强

我国居民普遍健身意识比较薄弱且休闲观念落后。经常参加体育锻炼的人主要是老年人,而中青年人所占比例最低。另外,居民收入水平总体上仍然较低,农村人口比例较大,影响了体育健身消费。据有关资料显示:我国城乡居民除日常生活消费之外,子女教育仍然是家庭最主要的支出,占15.9%,而体育消费仅占4%。

5. 体育产业统计体系不健全

体育产业统计是明确体育产业在国民经济发展中地位的重要工具,也是揭示体育产业与其他产业关联度的依据。而我国目前尚未出台国家的体育产业统计标准,有些省(市、区)虽然组织进行了本地区的体育产业调查,但由于没有统一的标准,因此统计结果的可比性较差,无法反映体育产业运行的真实情况,因而也就无法真实地反映体育产业在国民经济中的地位和贡献,也就影响了政府对体育产业的支持力度。

6. 市场法规不健全,管理有待进一步加强

尽管国务院已经出台了一些体育产业发展和管理方面的条例,但针对体育健身休闲市场的法制建设还比较滞后,已有的法规制度也缺乏可操作性,政府对体育健身休闲产业的管理体制还没有完全理顺,多头管理、政令不一的现象时有发生。体育健身产业的行业管理目前也比较薄弱,市场壁垒较低,准入制度不严,经营管理水平不高,服务质量无法监控和检查,消费者和经营者经常发生纠纷且得不到有效干预和解决。

第六章 不同类型休闲体育文化产业的发展解析

(二)体育健身休闲产业存在问题的对策

1. 国家提供政策支持

针对体育产业发展面临的投资活力不足、融资渠道不畅等问题,国家应该在以下方面给予优惠和支持:一是应该鼓励民营企业和境外资本投资体育健身休闲产业;二是从产业政策上重点培养和扶持一些大中型体育健身龙头企业,给予税收、信贷、融资、用地等方面的政策优惠,加强与金融机构合作,试点发行"全民健身休闲卡",实施特惠商户折扣。支持各地创新健身休闲消费引导机制、鼓励有条件的地区面向特定人群或在特定时间发放健身消费券;三是鼓励体育健身企业通过发行企业债券、股票,或资产重组、股权置换等方式筹措发展资金,为企业开辟新的资金渠道,健全政府购买公共体育服务的体制机制,运用彩票公益金对健身休闲项目予以必要支持,在体育场馆建设上也可以适当减免房产税和城镇土地使用税;四是通过财政补助的方式设立体育产业研究的专项基金,支持体育健身产业的发展研究;五是支持体育健身企业在各地开设分支机构,推进体育健身服务企业的集团化、连锁化和经营多元化;六是提供土地优惠,在地方各级土地利用规划中合理安排与健身休闲项目有关的新增建设用地指标,鼓励以长期租赁、先租后让、租让结合方式供应健身休闲项目建设用地。

2. 注重管理人才的培养

发达国家都很重视体育健身休闲管理人才的培养,比如英国有115家大学开设了与体育健身休闲有关的专业,包括体育休闲管理、体育健身医疗、体育休闲法律等。而在我国,仅有几家体育学院开设有体育休闲和体育管理的专业,所培养的学生根本不能满足体育健身休闲产业发展的需要。目前体育健身企业的经营管理人员,大多是半路出家,没有接受过正规的专业训练。经营管理人才缺乏已经成为影响我国体育健身产业发展的一个重要因素,因此,应该充分发挥体育院校和综合大学体育院系的优势,加强体育健身休闲产业经营管理人才的培养。

3. 优化产业结构

优化体育产业结构,使之实现产业结构的合理化和高度化。结构合理化是指体育产业内部需要符合产业发展规律和保持内在运作机制,保证个部门的协调发展;结构高度化是指体育产业在不断技术创新基础上,发挥主导产业作用,带动产业质量提升,实现产业由低级向高级的演进。从第一次全国体育及相关产业专项调查数据看,我国体育产业结构很不合理,体育产业增加值主要是体育用品制造业创造的,占到 70.98%,体育组织管理活动、体育健身休闲活动分别仅占 7.06% 和 4.65%,其他部门所占比例更少。这种情况说明我国体育产业结构很不合理,作为体育产业内部的主导产业的体育健身休闲产业和体育竞赛表演产业没有起到主导产业的作用。另外,我国体育产业的科技含量、创新能力不强,影响产业质量的提升。面对这种情况,必须进行结构调整。

优化体育产业结构需要注意,一是必须借助市场机制。二是加大国家政策支持和引导。三是减少政府行政干预。通过结构调整,建立完全市场化的体育产业结构,促进体育产业的快速发展。四是要因地制宜,合理布局,充分利用冰雪、森林、湖泊、江河、湿地、山地、草原、戈壁、沙漠、滨海等独特的自然资源和传统体育人文资源。目前,我国中西部地区健身休闲产业发展缓慢,与东部地区差距较大,通过合理布局,打造各具特色的健身休闲集聚区和产业带,有利于形成东、中、西部良性互动发展新格局。五是要改善健身休闲产业结构,通过打造一批优秀健身休闲俱乐部、发展一批体育旅游示范基地、培育一批以健身休闲为特色的服务贸易示范区,提升健身休闲产业在体育服务业中的比重。

4. 构建体育产业统计体系

科学的体育产业统计体系和准确的体育产业统计数据,是反映体育产业在国民经济中的地位,争取政府的政策支持,各类资本投资体育产业决策,国家宏观调控体育产业发展等的重要依据。有关政府职能部门应该把体育产业统计体系的研究作为重大课题,组织有关专家进行深入研究,尽快建立有中国特色的、符合体育产业发展规律的、科学可行的体育产业统计体系,这也是培育体育产业从国民经济新的增长点到支柱产业的重要基础性工作。

5. 加强体育法制建设

政府应适应市场经济法治化的要求,认真研究现有体育产业的法规、制度,逐步调整并完善体育市场的法律法规体系,建立体育健身休闲产业的市场准入、经营许可、年审评估和服务质量认证等一系列制度;开展体育行业特有职业技能鉴定工作,实行体育服务人员持证上岗制度;理顺管理关系,加强市场监管,规范企业的市场行为,推动体育健身休闲产业沿着法制化轨道健康发展。

6. 制定体育健身休闲产业的整体规划

各级政府应根据本地区经济发展水平和体育健身市场的实际需求,确定体育健身休闲产业发展重点,制定体育健身休闲产业发展规划。要把体育健身休闲产业的用地等列入城乡发展的整体规划,与居民小区建设结合起来,使本地区的体育健身休闲产业与社会经济同步发展,准确把握体育健身休闲产业的发展动态、变化趋势和未来走向,提高对体育健身休闲产业宏观调控的科学性。

体育产业具有多面性、混合性、包容性等特点,随着体育产业与相关产业的日益融合,健身休闲产业的内涵和外延也在不断丰富拓展。一方面要促进健身休闲业与旅游、医疗、文化、教育、健康、农业、林业、交通运输等传统产业的互动融合;另一方面要利用现代信息技术,推动"互联网+健身休闲",鼓励开发以移动互联网、大数据、云计算技术为支撑的健身休闲服务,推动在线健身休闲平台企业发展,形成健身休闲产业新生态圈。此外,还应支持企业利用互联网技术对接健身休闲个性化需求,根据不同人群需求研发多样化、适应性强的健身休闲器材装备。

7. 扩大消费需求

当前我国人均收入水平以及闲暇时间都在不断增加,这为健身休闲产业的发展壮大奠定了基础。在此基础上,应进一步加大对科学健身知识的宣传和普及,鼓励制作和播出国内健身休闲类节目,扩大健身休闲理念在群众中的影响力,进一步丰富节假日体育赛事供给,推动业余体育赛事的举办,充分发挥体育明星和运动达人示范作用,激发大众健身休闲的消费需求。当前我国健身休闲产业呈现明显的供给不足现象,要发展多元化的健身休闲项目,推动极限、电竞、击剑、马术、汽摩、航空运动等个性化运动项目的发展;加强健身休闲设施建设,增加健身休闲设施用地和配套设施配建比例,形成城市15分钟健身圈,并推动有条件的学校和事业单位的体育场馆设施在节假日向社会开放;加强特色休闲健身设施建设,充分挖掘水、陆、空资源,打造步道系统、自行车路网、山地户外营地、航空飞行营地等特色健身休闲设施。

第二节 体育赛事产业的发展

体育赛事是随着社会生产力的发展而形成并发展起来的。在漫长的发展过程中,由于受社会政治、经济发展的影响,体育赛事的内容、形式、功能以及赛事运作方式等方面都在不断地发生变化。从形式上看,体育赛事最早起源于祭祀活动,1984年洛杉矶奥运会,尤伯罗斯成功将商业行为引入奥运会,体育赛事的内涵和形式发生了重大改变。此后,各种形式的体育赛事在世界范围内蓬勃发展,并随着电视转播、信息技术和网络技术的飞速发展而不断创新,对全球经济、社会、文化领域的发展产生了积极影响。作为体育产业中的核心产业,体育赛事产业在体育产业中占有的比重并不大。随着赛事举办的日益多样化,赛事需要的人力、物力和财力也在逐渐增多,完善的法律法规政策可以促使体育赛事产业规范化发展。

一、体育赛事产业概述

(一)体育赛事产业的概念

1. 体育赛事的属性

虽然体育赛事与特殊事件有着密切关系和许多共同的属性,但体育赛事有其自身特点和要求。体育赛事的核心是体育竞技活动,从竞技活动的发端及其历史演进来看,竞技活动是简单的由基本的运动员个体或运动队在裁判员参与下,完成唯目的性的竞技较量。随着近代西方竞技活动的兴起和现代奥林匹克运动会等现代竞技活动的发展,以及社会、经济、政治、文化、科技等的发展,体育竞技活动受到非常之多和非常之大的影响,体育竞技活动过程变得复杂起来。体育运动竞赛活动的内涵和外延发生了大的变化。受到经济的影响和商业利益的驱动,市场营销在体育竞技活动中的地位与价值越显突出。在奥运会等大型体育赛事中,所涉及的事物范围很多、很广。

在对体育赛事进行定义时,在同时考虑体育赛事与事件,特别是特殊事件的关系时,必须考虑体育赛事目标和目的的多样化的特点。体育赛事是特殊事件的子集,体育赛事与特殊事件存在密切关系并有许多共同之处,除了具有特殊事件的基本特点外,还具有潜在的市场前景,共同的组织文化背景引导和联结参与者与观众,另外,规则、习俗和传统影响着活动本身,存在着计划、组织、训练和降低风险等实施行为,并都提供服务产品,要求有不同水平的管理者和不同参与者,如运作管理者、门票销售管理者、市场营销者、人事管理者、协调管理者、工程师、办公人员、媒体与公关协调员、供应商和零售商等进行团队工作。归纳起来,体育赛事有七种基本属性。

(1)以运动竞赛为核心要素,提供竞赛产品和相关服务。

(2)受竞赛规则、传统习俗和多种因素的影响。

第六章 不同类型休闲体育文化产业的发展解析

(3)不同的参与者有着目的和目标的多样性。
(4)能够对外界环境产生冲击影响。
(5)具有一次性的项目管理特征。
(6)具有共同的组织文化背景。
(7)具有潜在的市场运作前景。

2. 体育赛事的定义

在对体育赛事的定义的理解上,国内外各专家学者观点不一,但是总能诠释其内在的属性。在国外,学者们将体育赛事归属于特殊事件,其目的是达到某些特定的效果或目标,或者是通过纪念一些特定的事件而精心设计并组织实施的表演或庆祝活动。在我国,有学者认为体育赛事是采用多种形式开展,借助运动本身经济效益或健身娱乐效果,并达到观赏价值的体育活动。有学者认为体育赛事是以较为完善的规则、竞赛方法及与竞赛章程有关的法律依据为依托的一种特殊过程,是目的性强且竞争性鲜明的实践活动。有学者也对体育赛事进行定义,认为体育赛事是"一种具有项目管理性的特殊事件,其规模和形式受竞赛规则、传统习俗和多种因素的制约,具有组织文化背景和市场潜力,提供竞赛产品和相关服务,迎合不同参与体分享经历的需求,达到多种目的与目标,对社会和文化、自然和环境、政治和经济、旅游等多个领域发生冲击影响,能够产生显著的社会效益、经济效益和综合效益。"

结合以上专家学者的观点,体育赛事可定义为受竞赛规则、外界环境、传统习俗等方面的制约,为人类提供竞赛产品和赛事服务,达到社会效益、经济效益和两者兼容效益效果并且满足人类的需求的特殊活动。

3. 体育赛事产业的定义

众所周知体育赛事产业是体育产业的一个分支,而体育产业有广义和狭义之分,本文主要采用其狭义含义:是指体育服务业或者是体育事业中在市场中能够盈利的部分。体育赛事产业亦称为体育竞赛产业、竞赛表演业、运动竞赛业,体育赛事产业定义也有狭义和广义之分,狭义的体育赛事产业主要针对某次具体的体育赛事进行投入产出分析。而广义的体育赛事产业涉及面较广、企业种类较多但又相互关联,针对体育赛事产业关联各个层面,在整个体育赛事产业链上进行全面系统的投入产出分析。从产业关联标准来看,由于体育赛事产业在体育产业中占据核心的地位,其不仅仅为体育产业的中介产业和外围产业提供了广阔的市场,还促进了其他行业产业的快速发展,比如保险业、旅游业等。体育赛事产业就是为体育赛事提供服务的企业经济活动的集合。

(二)体育赛事产业的特点

1. 联动性

根据体育赛事联动性的特征,分析体育赛事产业特征,发现赛事产业同样具有联动性的特征。赛事产业发展过程中除了自身产业得以发展,同时促进体育相关产业的发展,如博彩业、体育旅游业等,以及其他行业的产业,如广告业、酒店餐饮业、交通业等。赛事的主要收入涉及面较广,基本涵盖了人们对体育赛事关注度的各个部分,另外赛事产业不仅仅产生经济效益,还会产生社会效益和综合效益。这些均体现了赛事产业的联动性。

2. 聚合性

体育赛事能够吸引观众、企业或商家、运动员等各方人员的关注,而在赛事开展期间,会出现人力、物力及财力在特定的时间段内向赛事举办地聚集的现象。

(1)人力聚集方面,观众的聚集既增加了比赛地区的知名度,又为赛事产业的推广提供了可能;运动员及赛事相关人员的聚集促进了运动员之间的交流,对运动员水平的提升有一定的促进作用。

(2)物力聚集方面,体育赛事的举办需要的相关体育器材需要从各个地方向赛事举办地汇集,能够加大人们对体育器材的认知程度,从而有效地刺激人们对体育器材的消费。

(3)财力聚集方面,赛事的开展使赛事的收入渠道更加广泛,赛事产业在短期内得到较高的收益。赛事一旦成熟,会促进体育赛事产业形成产业集群,形成较为系统的产业链。

赛事产业的聚合性有两面性。一面是体育赛事的举办需要各种各样的必备条件,前期的场地设施、比赛宣传等都需要大量的资金投入,为体育赛事的开展提供强有力的物质基础。另外,企业或者商家通过对赛事的赞助提升自身的品牌效应,转播权出售、赛事标志的有形化产品为体育赛事产业带来了较大的商业价值,赛事举办对城市的影响力促进了对外来资金的引入,为体育赛事产业创造了经济收益,同时促进了其他产业的发展。另一面是赛事举办过程中各商家或企业的侵权严重影响赛事的开展,并极有可能降低人们对赛事的认可度,从而对体育赛事产业造成一定的负面影响。其次,对于大型的、具有持久影响力的体育赛事,易出现大批人群涌入赛事举办地的现象,造成赛事举办地负荷较重,进而可能带来较大的生态

第六章　不同类型休闲体育文化产业的发展解析

环境问题。另外,赛事举办场地的重复使用率不高,维修保养费用较大,场馆闲置问题较为严重。因此,在体育赛事前期投入、后期赛事场地使用方面要慎重考虑,争取二者能够达到均衡。

3. 政府主导

我国体育赛事产业主要是由政府主导、市场运作来完成的,与其他产业有着很大的不同,政府在体育赛事产业中的主导地位不容忽视。就目前而言,一旦政府部门不再对体育赛事产业进行主导,体育赛事产业只由市场运作不能很好地促进体育赛事产业的发展。我国体育赛事产业发展时间较短,政府在逐渐进行权力下放,会使得市场主体的权力逐渐加大,政府部的权力逐渐削弱,进而会长久维持在相对平衡的阶段。随着体育赛事产业发展的逐渐成熟,政府职能逐渐削弱,最终退出,进而达到市场独立运作,政府适当监督的局面。

(三)体育赛事产业的分类

体育赛事的人力、财力、物力投入程度和赛事运作管理复杂程度反映了体育赛事的规模,竞赛表演水平反映体育赛事对参与者的直接吸引力和对其他外界因素的冲击影响,规模和水平往往是相关和不可分离的,规模和水平结合在一起构成了不同的体育赛事,为此,我们选择体育赛事的规模和水平作为赛事分类标准。体育赛事规模、水平反映了体育赛事操作要求和对外影响的程度,体育赛事类别反映了体育赛事性质和赛事自身的特殊部分,任何一个体育赛事都存在规模、水平和类别的区分,三者相互联系,有机结合就构成了具体赛事的全貌。

1. 根据赛事规模、大小与类别分类

体育赛事分类依据不同的标准有不同分类。体育赛事分类主要有两种方式,一种是把赛事规模、大小与类别等作为前提条件,赛事可分为超大型赛事、大型赛事和一般赛事三部分。超大型赛事是指对举办地的经济、政治、经济、文化等产生很大影响并在全球有很大影响力的体育赛事,比如奥运会、世界杯足球赛、亚运会、全运会等。大型赛事规模、水平比超大型体育赛事都小,对举办地产生较大影响的体育赛事,如职业联赛、世界单项锦标赛等。一般赛事规模较小、水平较低,比如邀请赛、热身赛等,由于其潜在的市场吸引力和公众兴趣点,这种赛事受到许多政府和体育组织的追捧,以期得到较大的市场效益(表6-1)。

表 6-1　根据赛事规模、大小与类别对体育赛事分类

分类	例子	规模和水平
超大型赛事	全国运动会、洲际运动会、奥运会、世界杯足球赛	规模最大、影响最大、水平最高
大型赛事	职业联赛、世界单项锦标赛、城市运动会	规模比较大、重视程度高、水平比较高
一般赛事	邀请赛、热身赛、商业性比赛	规模比较小、水平不高

2. 依据周期与主体交替主导原则

依据周期与主体两者交替主导的原则,将体育赛事分为五部分:周期性综合赛事、周期性单项赛事、联赛、临时性赛事以及主体参与型赛事。周期性综合赛事指具有固定的周期性以及项目的多样性的赛事,主要赛事有奥运会、亚运会、全运会、大运会等。周期性单项赛事指具有固定的周期性以及项目的单一性的赛事,较之周期性综合赛事侧重于单一项目的发展,如世界杯足球赛、四大网球公开赛等。联赛常采用主客场制,赛事持续时间相对较长,项目单一,有较为固定的比赛模式,如 NBA、五大足球联赛等。临时性赛事特点是赛事的临时性,规模、时间、地点、内容的随机性,另外赛事时效性强、市场化明显、组织策划方式多样,常见于商业赛事。主体参与型赛事则强调赛事参与人员皆为主体,该赛事侧重于主体的参与性,该赛事内容丰富、形式多样、群众性强,比如体育节、登山节、环城自行车赛等(表 6-2)。

表 6-2　依据周期与主体交替原则对体育赛事分类

分类	例子
周期性综合赛事	奥运会、亚运会、全运会、大运会
周期性单项赛事	世界杯足球赛、四大网球公开赛等
联赛	NBA、五大足球联赛
临时性赛事	商业赛事
主体参与型赛事	体育节、登山节、环城自行车赛

体育赛事产业分为两大类。一种是根据体育赛事的比赛规模、水平及类别对体育赛事产业进行划分,主要分为职业体育赛事产业、体育商业赛事产业、大型综合赛事产业、群众性赛事产业四部分。其中职业体育赛事

第六章 不同类型休闲体育文化产业的发展解析

产业主要涉及各大体育赛事联盟举办的单项赛事,赛事具有较强的固定性,该产业是运动员通过技能展示获取物质回报,同时企业通过投资获取商业回报。体育商业赛事产业多以各种形式上的邀请赛为依托,企业通过赞助、转播、冠名等方式获得商业价值,赛事以企业获取利益的时间为依据,并且赛程不固定。大型综合赛事产业涉及的赛事是以国家、国际体育组织以非营利目的举办的综合性体育赛事,如奥运会、亚运会、世界杯等,该产业受政府扶持力度较大,虽然不以营利为目的,但也会为赛事组织者带来一定的经济效益和商业价值。群众性赛事产业主要是通过群众自发组织体育赛事来获得经济价值的产业,通过群众体育赛事刺激体育相关产业发展,如登山节活动、"迪卡侬"杯马拉松接力赛等。

另一种是根据体育赛事周期与主导原则,并结合部分体育赛事审批制度取消的规定将体育赛事产业划分为公益性以及商业性两种体育赛事产业。其中周期性综合性、单项赛事和主体参与型赛事是属于公益性体育赛事产业,主要是由政府或体育社团组织的赛事活动,以达到增强国民体质、提高我国竞技体育水平,并提高我国体育赛事产业整体水平的目的。联赛和临时性体育赛事产业构成了商业性体育赛事产业,这些赛事都是以商家、企业或者体育赛事联盟为主体,且以营利为目的开展的体育赛事。

二、体育赛事产业的发展现况

(一)国外体育赛事产业的发展现况

美国是世界上体育赛事产业最发达的国家,尤其是职业体育,最著名的是美国四大职业体育联赛。当然,美国还有很多其他职业体育赛事,这些赛事都拥有大量的现场观众和电视观众。另外,美国体育赛事的运动是与娱乐、商业、传媒互为一体。将体育与娱乐传媒紧密地联系在一起,通过发达的电视传媒充分展示体育的魅力。与之相对应的是各类提供体育赛事相关服务的专业化公司相继涌现。其中最负盛名的当属 IEG 和 IMG 这两家公司。IEG 成立于 20 世纪 80 年代,始终致力于将赞助建立成为除广告、促销和公关活动之外的第四条营销渠道。经过二十多年的研究,IEG 创造了一套赞助价值评估的方法,它创立的关于对无法测量的媒体价值的分析方法已经成为当前估算赞助价值所采用的主要方法。IMG 又称国际管理集团,是全世界最大、业务范围最广、一心一意为体育和娱乐事业工作的营销和管理公司。IMG 的优势业务主要集中在体育赛事运作及经营、运动员培训、体育电视节目和纪录片制作及销售、中介代理及品牌营销、赞助咨询及分销、品牌授权等方面,以及与世界领先的市场营销和媒体网络进行合作等。

澳大利亚体育赛事产业的发展也很迅速。自澳大利亚成功举办2000年奥运会之后,体育赛事就成为澳大利亚经济发展的重要助推器,出现了墨尔本、悉尼等世界著名的体育赛事城市。体育赛事已经成为澳大利亚诸多城市发展战略的重要组成部分,各州政府管辖的活动事件运作公司纷纷成立,如西澳大利亚州的事件公司、维多利亚州的墨尔本大事件公司、新南威尔士州的特殊事件有限公司等。这些政府控股的公司持续对各种体育赛事的引进和营运操作直接负责,这对澳大利亚体育赛事产业的发展起到了极大的推动作用。澳大利亚曾举办过很多大型体育赛事,尤其是国际性赛事,比如2000年奥林匹克运动会、英联邦运动会、世界一级方程式赛车大赛澳大利亚站等。悉尼奥运会上,澳大利亚人以其良好的赛事运行组织和市场销售成绩,获得了世界的称赞,给全世界观众留下了深刻印象。除了举办大量的国际性赛事外,澳大利亚国内还有很多颇具当地特色的体育赛事,比如赛马比赛。这也是澳大利亚第三大特色运动,拥有140多年历史。不仅如此,澳大利亚还将众多的体育赛事同促进旅游紧密结合,每年,澳大利亚网球公开赛会吸引来自世界各地的网球好手,为期两周的赛事中,超过55万观众前来观看,使其成为澳大利亚观众最多的年度体育活动。

英国的体育赛事产业在世界上一直久负盛名,很多世界顶级赛事都与英国有着渊源。目前,英国除了著名的足球职业联赛外,温布尔顿网球公开赛、伦敦马拉松赛、F1英国大奖赛以及高尔夫球英国公开赛等都是世界著名的体育赛事。体育赛事的举办还带动了相关产业的发展,随着赛车运动的中心转移到了英国,在以牛津郡为中心的地带渐渐形成赛车产业集群,也被称为"赛车业的硅谷",这个聚集着成百上千的与赛车有关的公司和组织的赛车业,现在俨然已经成为赛车产业的"杰出技术中心"。这里代表了赛车制造业技术的最高水平,全世界大约四分之三的单座赛车是在这里设计和装配的,其中绝大部分最具有竞争力的一级方程式赛车和印地赛车联盟的赛车都是在这里设计和制造的。此外,为了促进英国体育赛事产业的发展,英国政府还制订了一份《世界级体育赛事计划》,这份计划是想通过利用发行彩票所获得的公益金对符合该计划要求的体育赛事进行资助,从而达到英国体育赛事产业可持续发展的目标。

加拿大对体育赛事产业十分重视,除了每年举办橄榄球职业联赛、冰球职业联赛以及加拿大站F1汽车大奖赛等常规赛事外,还积极申办各类国际体育赛事。由于认识到举办体育赛事不仅能够促进本国体育事业发展,而且体育赛事产业还可以带来巨大的经济和社会效益,因此,加拿大政府有关部门制订了一份名为"国际体育赛事申办战略"的计划,对加拿大赛事产业进行专门规划,支持地方政府和各类体育组织的申办工作。在这一战略计划的实施下,加拿大已经成功举办了美国运通杯高尔夫球锦标赛、菲斯曼杯滑雪世界杯赛、第6届世界游泳锦标赛等数十项国际体育赛事。

(二)国内体育赛事产业的发展现况

作为近年来中国体育产业发展的热点,众多企业纷纷布局体育赛事,《中国体育赛事价值报告(2017)》对2017年上半年布局体育赛事业务的巨头公司、上市公司、新三板公司以及创业公司进行系统分析:共有31家巨头及上市公司、26家新三板公司布局体育赛事业务,2年内,94个布局体育赛事的创业公司项目获得融资。

从赛事数量上看,31家上市公司布局超过44项体育赛事IP,其中2家公司布局国际性职业赛事、17家公司布局国内赛事、12家公司布局海外赛事、3家公司创办自主赛事IP;布局项目类型及数量分布上,共有20项足球赛事IP、8项篮球赛事IP、5项路跑赛事IP;搏击赛事IP、冰雪赛事IP、自行车赛事IP各2项;羽毛球、高尔夫、铁三、飞镖、网球赛事IP各1项;布局项目投资金额上,共有14家公司公开投资数据,投资时间大多集中在2016年,14家公司体育赛事投资规模约为81.67亿元。

26家新三板公司布局体育赛事相关业务。布局项目上,26家布局体育赛事的新三板公司在赛事项目上主要有电竞、路跑、足球、篮球、排球、网球、自行车、乒乓球、羽毛球、武术搏击、汽车赛、击剑等;布局项目营收上,26家公司2017年半年度总计收入达22.3亿元。其中,电子竞技类赛事项目盈利能力可观;布局项目盈利能力上,2017年半年度26家新三板公司中仅有9家实现盈利,通过布局项目来看,培训类、武术搏击类、电子竞技类项目盈利状况较好。

2015年9月到2017年9月,布局体育赛事的创业公司共有94起赛事项目获得融资。融资数量上,仅2017年上半年共有32起赛事创业公司获得融资;获得融资金额上,32起获得融资项目中,18起公布具体融资金额的公司总金额近10亿元。

三、我国体育赛事产业的发展趋势及影响

(一)体育赛事产业的发展趋势

虽然目前我国体育赛事产业还未达到成熟期阶段,但是这也是未来体

育赛事产业发展的趋势。在今后的体育赛事产业发展中应该注重对赛事水平的提高,赛事产业产品普及力度加大等措施,只有赛事水平达到一定的先进水平,赛事产业产品性能、工艺和样式等得到市场认可,才能增加社会对体育赛事及其产品的需求量,刺激消费,进而促使体育赛事产业尽快进入成熟期,我国体育赛事产业的发展趋势呈现五个特点。

第一,未来的体育赛事的发展将以成立专业的运营团队,进行更充分的市场化运营的模式为主,政府扮演的角色更多的是支持,赛事价值将得到进一步提升。体育赛事市场化程度会越来越高,资本将更多地进入,其价值越发凸显。

第二,体育赛事 IP 将越来越多,其商业价值、品牌价值、社会价值越发凸显,尤其是职业赛事 IP 产品质量将不断提升,其价值提升会更加快速。

第三,体育赛事版权将被抬升,更多企业将有赞助赛事意愿,越来越多的人将会付费观看比赛。

第四,不同级别类型的赛事,其价值分野将会更加明显。群众性体育赛事将呈现爆发式增长,随着各梯级比赛逐步完善,未来群众性赛事的价值会得到彰显。

第五,中国将有望成为世界体育的中心,未来中国企业也将会赢得更多的全球赛事话语权。

(二)体育赛事产业对国民经济的影响

1. 刺激经济增长

体育赛事产业对人们有着较为深远的影响,并未因为体育赛事产业起步较晚而有所变化。然而,作为体育产业中的核心产业,其肩负着提高我国国民经济水平,提升人们生活质量的重任,如今在体育产业中体育用品业占据了较高的比重,体育赛事产业总产值却占有很小的比例,这不足以彰显其重要地位。体育赛事产业的发展将会让体育产业产值得到很大的提高,同时使其当之无愧地成为体育产业中的核心内容之一。

2. 促进企业投资

体育赛事产业发展较为迅速,在这时期,各企业会针对自身的条件有选择地对各项体育赛事进行投资,以期达到自身预期的目标。企业对体育赛事的投资主要分为直接投资和间接投资两种。其中,直接投资是指企业将资金不经处理,直接投入到体育赛事产业,并且达到直接获得利润的效果。像这种直接投资体育赛事的企业在社会上少之又少,这种方式在体育赛事产业中的应用也比较隐晦,容易出现资金使用明细不清,目前也只是

第六章　不同类型休闲体育文化产业的发展解析

中国体育产业股份有限公司采用直接投资的方式进行体育赛事产业投资。

3. 培养专业人才

作为第三产业体育产业中的核心产业,近年来随着体育赛事产业的迅速发展,需要的人才也越来越多,这为广大社会人士提供了较多的就业机会。由于体育赛事产业有国家的资金投入和较强的扶持力度,体育赛事产业的发展会越来越好,届时各类体育经纪公司、协会、俱乐部等需要的人员也会越来越多,为了跟上体育赛事产业发展的步伐,不仅仅需要体育专业人才,其他相关学科人才需求量同样增加,为更多的人提供了就业机会。

第三节　体育旅游产业的发展

体育旅游是社会休闲活动的组成部分,是为了满足参与者各种体育需求,借助旅游方式而形成的一种活动。由于体育旅游兼具体育和旅游的共同特点,能很好地满足人们摆脱压力、释放身心的需要,因而备受现代人青睐。随着人们生活水平的提高,与体育相结合的旅游方式成了现代旅游发展的新趋势,成为体育和旅游爱好者们梦寐以求的乐事,由此而产生的体育旅游业也逐渐成为体育产业和旅游业的新宠。

一、体育旅游产业概述

(一)体育旅游产业的概念

国外对于体育旅游的研究起步较早,并取得了相对丰富的成果。其中,国外很多学者对于体育旅游概念的界定是通过对其类别的判定研究进行的。他们普遍认同"具备参与体育活动的动机"和"一定时间内、跨越一定空间"是体育旅游的界定基础。但在细节方面,学界依旧没有统一观点。一部分学者认为旅游活动中的体育活动一定要具备自己的特定规则,并且是以身体对抗和游戏为本质的竞赛才是体育旅游,另一部分学者认为旅行中的活动只要与体育相关即可称之为体育旅游。有的学者认为只有出于非商业因素参加或参与体育活动的旅游才是体育旅游,其他学者对旅游者参与动机是否出于商业因素则不予以区分。还有一部分学者认为在旅游过程中"无意"参与了体育活动的旅行不属于体育旅游,其他学者观点反之。可见,关于"是否只要旅游活动与体育相关即为体育旅游"和"出于商业因素参与体育活动的旅行是否属于体育旅游""是否参与体育活动是首要动机时才可称之为体育旅游",国外学者仍存在争论。

纵观我国学者关于体育旅游的概念界定可得出,一些学者认为体育旅游是隶属于旅游业的、具有体育特征的特定旅游活动类别,个别学者认为它是一种社会性活动,其余学者大多从复合型产业的角度来界定体育旅游,认为体育旅游学是体育学与旅游学相互渗透而产生的具有交叉性的科学。同时,国内研究者在界定体育旅游时的共同点是,都着重强调旅游者具有参与体育活动的动机并实际参与其中。

体育旅游在广义上来讲,是旅游者在旅游过程中进行各种娱乐锻炼、体育竞赛、体育康复、体育文体交流活动以及和旅游地、体育旅游企业、社会之间所有关系的总和。就狭义而言,体育旅游是通过借助各种体育活动产品来适应并满足消费者的体育需求,通过充分发挥体育旅游产品的各种功能来使消费者得到身心的和谐与健康,进而实现促进社会物质文明和精神文明建设与发展的一种丰富社会文化生活的活动。

(二)体育旅游产业的特点

体育旅游作为一种特殊的旅游方式,是将体育活动与人文景观或自然景观结合而成的,具有多种特征,既能够使消费者愉悦身心,又能够促进消费者增强体质、缓解疲劳。体育旅游有别于常规意义上的旅游,游客在心理和行动上往往都具有主动性、参与性和多样性需求特点,体育旅游能够为其提供个性化服务,并满足其个性消费需求。

1. 专业要求高

进行体育旅游一般需要较强的体育专业知识或专业技能。从需求方而言,如为观赏体育比赛而进行的体育旅游,旅游者起码应了解该项目的比赛规则、项目特点,参赛双方的技术风格、各自的实力等相关知识。如果是从事挑战极限的体育旅游,诸如蹦极、攀登、漂流、滑翔、滑雪等,除了需要掌握专门的知识外,还需要掌握专业的技术、技巧,甚至有些项目必须在专业教练或向导的指引下完成;从供给方而言,从事体育经营的企业从设施装备到教练指导,都有极强的专业性,如登山俱乐部,需要有相应的基地、特制的服装、工具及医疗救护队等;赛马俱乐部则需要马场、跑道、养马师等。体育旅游设施是否具备,旅游资源是否可进入,是开发体育旅游的关键因素。

2. 安全系数低

体育旅游种类繁多,不同种类的体育旅游安全系数是不同的。一般而

第六章 不同类型休闲体育文化产业的发展解析

言,健身类体育旅游安全系数较高,观赏型体育旅游次之,挑战极限类最低。以登山为例,截至1985年底,在中国发生山难死亡的比例是1.9%。国外的统计划分得比较详细,如日本的一家单位统计的材料反映,日本人从1952年到1958年在喜马拉雅山攀登6 000米以上登山探险遇难的比例是2.8%。安全系数低的主要原因是体育旅游的可控性差。可控性差主要包括两个方面的原因,一是自然条件的可控性差。体育旅游包含着向大自然的挑战,大自然的变化有时可称之为瞬息万变。比如征服雪山,再有经验的队员也抵挡不住突然的雪崩。二是人为因素可控性差。体育旅游特别是赛事旅游,人多混杂,再加上赛事竞争的激烈,人们往往难以控制自己的情绪,造成事故的发生。

3. 时效性强

体育旅游大多具有很强的时效性,错过最佳时期,市场随之消失。比如赛事旅游,人们从事旅游主要目的是观赏比赛,进行的消费活动都发生在赛事期间,因此进行市场开发,必须抓住时间,积极做好赛前的宣传、促销等准备活动。北京市旅游局专门组织"亚运会组委会服务部"推出了诸如"亚运、旅游、友谊、和平"百万人签字活动、北京第3届国际风筝节、北京购物节等10项大型旅游活动,极大地丰富了体育旅游市场,刺激了人们的购买欲望,带动了北京市整个旅游业的发展。不仅赛事旅游要把握时机,其他体育旅游为安全着眼也应把握好时机,如登山活动,应该选择春秋两季比较好,其他季节危险性大。

4. 高消费

体育旅游专业性强,属于高消费,主要表现在三个方面。第一,专用工具、设备成本费用高,如从事登山、滑翔、山地自行车、轮滑等旅游都需要有专门的装备,有些装备是高科技的产物,需要进口,成本费用高,一般而言,设备越先进,安全系数越高。第二,门票费用高。无论是赛事旅游、惊险刺激的娱乐旅游还是从容洒脱的高尔夫运动健身游,都需要一笔不小的开支购买门票。第三,专向服务费高,在从事体育旅游之前,往往需要专门的训练,需要私人教练指导,在体育旅游之中,有时还需要雇用有经验的向导、医生或顾问,这些都需要开支。没有充足的经费做保障,不能轻易地进行探险类的体育旅游。

5. 社会影响大

体育旅游是向自然的挑战,向人自身的挑战,从广义而言都是向极限的挑战。无论是单个人的旅游还是团体的旅游,都以独特的魅力吸引着新闻媒体。不管挑战的结果是成功还是失败,一经新闻媒体报道或炒作随即成为世人关注的焦点。特别是奥运赛事旅游,在很短的时间内,世界各地的运动员、教练员、政府官员、新闻记者、球迷等几十万甚至上百万人从四面八方涌入一个城市,从交通到通信,从观光到购物,从有形资产聚集到无形资产升值,对赛事举办城市将产生全方位的影响。

(三)体育旅游产业的分类

1. 按资源分类

根据体育旅游特性,将体育旅游的产品划分为大众和极限体育旅游资源两大类,大众体育旅游资源主要开展健身、休闲、娱乐等活动,极限体育旅游资源开展探险、溯源、寻秘、寻踪等较高运动难度和强度的活动等。此外,可以按功能分为娱乐性资源、观光性资源、探险性资源;按动机分为休闲型资源、观赏型资源、民俗型资源;按承载力分为脆弱性资源、耐受性资源、再生性资源、不可再生性资源;按成因分为自然资源、人工资源、人文资源;按地况分为海滨资源、沙漠资源、热带森林资源;按目的分为参与型资源、观赏型资源等,由此形成不同种类的体育旅游产品。根据体育旅游活动性质划分的体育旅游资源产品类型包括陆地体育旅游资源、水上体育旅游资源和空中体育旅游资源(表6-3)。

表6-3 根据体育旅游活动性质划分的体育旅游资源产品类型

大类	资源类型	开展体育旅游活动的场所

陆地体育旅游资源	野营、篷车旅行、野餐体育旅游资源
	骑游体育旅游资源
	驾车体育旅游资源
	体育观光旅游资源
	徒步远足旅行体育旅游资源
	狩猎体育旅游资源
	攀岩、悬崖下降体育旅游资源
	沙滩足球、排球、步行体育旅游资源
	滑雪、滑沙、滑冰、滑草体育旅游资源
	登山体育旅游资源
	野外定向体育旅游资源
	民族传统体育旅游资源
		城镇、郊区、山丘、草原、森林、沙漠等
		城镇、郊区、山丘、草原、森林、沙漠等
		  以自行车、马、骆驼等为工具
		城镇、郊区、山丘、草原、森林、沙漠等
		  以汽车、摩托车等为工具
		观摩奥运会、足球世界杯等
		山地、平原、沙漠、草原、森林、城镇等
		国家规定的狩猎场
		各类坡度的山体等
		沿海岸线沙滩、沙漠等
		不同高度与坡度的山体
		山地、平原、沙漠、草原、森林、城镇等
		各地少数民族聚居地

第六章　不同类型休闲体育文化产业的发展解析

续表

大类	资源类型	开展体育旅游活动的场所
水上体育旅游资源	河道、湖泊体育旅游资源 近海体育旅游资源 现代冰川体育旅游资源	船、皮艇、舟、筏、游、钓等 船、皮艇、舟、筏、游、钓、潜水、摩托艇、滑水、冲浪、舢板、帆船等 登山、滑雪、滑冰、攀冰等
空中体育旅游资源	滑翔、热气球、航模、跳伞、牵引滑翔伞等体育旅游资源	

2. 按形态分类

(1) 参观型

参观型体育旅游是指旅游者在远离其常住地，主要通过视听感官对体育活动、体育建筑场馆、体育艺术景点、对各具特色体育文化进行欣赏和体验的过程，旨在从中获得愉悦的感受。参观型体育旅游不同于一般的观光旅游，有其自身的特点。参观的目的是获得与体育有关的审美体验，旅游者体验和感受体育美的一种方式，借助这种方式，旅游者要获得的利益不是世俗的愉悦体验，而是追逐体育审美情趣。

(2) 比赛型

比赛型体育旅游是指以参与某种体育比赛为主要目的的旅游活动。运动员、教练员、体育迷（观众）、媒体人员以及与竞赛密切相关的人员，为了参加、观看或采访报道某种体育竞赛，从各地到比赛地逗留一段时间的旅游活动，均属于该类型体育旅游。比赛型体育旅游的特点是选手、教练、裁判、观众、记者、组织者以及从外地来的工作人员等，除了参加与比赛相关的活动外，还要在该地游玩、观光；竞赛型体育旅游者到访地点明确，时间集中；重大比赛的体育旅游者中"体育迷"所占人数比例最大；旅游者在赛事举办地停留的时间长短与比赛进程相联系；旅游者对体育或某一项目有强烈的兴趣和爱好，并具备相应的体育项目知识。

(3) 娱乐型

娱乐型体育旅游是指旅游者在特定的假期中，为达到消除疲劳、调整身心、排解压力、娱乐消遣等目的，参与具有体育意义的旅游活动。娱乐型体育旅游一般是与旅游目的地特色体育项目或民族传统体育活动结合在一起的。娱乐型体育旅游最大的特点是，旅游者是在某个假期或节假日期间所参与的体育旅游活动。娱乐型体育旅游的目的地也较为明确，但不同于竞赛型体育旅游的是，竞赛的时间一般不长且固定，而度假的时间却可

167

长可短。此外,娱乐型体育旅游者所参加的项目大多是娱乐型或民族传统型的体育活动,即竞技性不强但参与度很高。

(4)休闲型

休闲型体育旅游是以娱乐休闲、体育健身、运动疗养为主要目的的旅游。旅游者通过旅游活动进行各种健身娱乐休闲活动,达到身体放松、消除疲劳、心情舒畅的目的。休闲型体育旅游最大的特点就是娱乐休闲中的健身目的,其活动一般都具有明确的健身目的。但这种健身又不同于传统意义上的健身,它更倾向于休闲娱乐,突出健身理念。

(5)拓展型

拓展型体育旅游是结合精心设计的拓展训练的内容和某些相应的活动形式,组织旅游者在崇山峻岭、瀚海大川等自然环境和人工环境中磨炼意志、陶冶情操、完善人格、熔炼团队,满足旅游者寻求刺激、猎奇、挑战极限意愿的旅游形式。拓展型体育旅游活动一般在水上(包括人工和自然水域)、野外山区陆地和人工设计的专用场地上进行。由于拓展型体育旅游是非常新颖的旅游形式,尤其是随着拓展训练受到现代人的推崇和青睐,很快就在很多国家发展起来,目前在全世界不少国家和地区已经建立了多所拓展训练学校。

(6)极限型

极限型体育旅游是人类向自身生理和心理极限的一种挑战,人们参与此项活动不仅是为了征服自然屏障,同时也是为了战胜和超越自我。极限型体育旅游项目的难度极大,也具有一定的风险。追求刺激,挑战极限,是极限型体育旅游的最大特点。面对危险绝不能冒险蛮干,如攀登8 000米以上高峰和穿越大面积荒漠等,一般未经专业训练和不具备专门知识的人不宜从事,故被称为少数人的运动。但由于这类活动已得到越来越多人的关注,并且部分项目现已被简化并给予相应的安全保障,如人造攀岩墙和经过清理的漂流河道等,使越来越多的人能够参与其中。

二、体育旅游产业的发展现况

(一)国外体育旅游产业的发展现况

体育旅游在国外将其划分为参与型体育旅游和观赏型体育旅游。目前,欧美等旅游发达国家,参与型体育旅游已成为一种时尚,此外,由于欧美国家在举办国际重大比赛上优势明显,又有比较完善的国内联赛的市场开发体系,因此,观赏型体育旅游市场的开发也具有明显的优势。体育旅

第六章 不同类型休闲体育文化产业的发展解析

游在欧美发达国家发展了较长时间,目前已经较为成熟。总体上看,西方经济发达国家体育旅游有以下特征,发展进入成熟阶段,体育旅游市场已形成规模;体育旅游经营部门已形成,经营渠道多元化;注重资源的持续利用,带来可观的效益。

澳大利亚体育旅游发展强调合作与交流、重视科学研究和教育培训,人们深信旅游经济的发展潜力,认为体育既是一个重要的旅游促进因素,又是一个特殊的旅游市场。无论是在商业活动中,还是在政府的方针政策上,已经紧紧地将体育和旅游联系在一起。法国的体育旅游资源丰富,大型赛事活动年年举办,极大地推动了法国体育旅游的发展。法国的体育旅游发展之所以如此迅速且居领先地位,主要是得益于法国政府对可持续发展的重视,法国体育教育的普及,以及本国体育明星的推广和本国社会对体育的需求。瑞士的体育旅游也遥遥领先,瑞士是欧洲乃至世界的冰雪运动胜地。登山和滑雪是瑞士旅游业中最先开展的项目。随着现代化发展,瑞士加强了对体育旅游基础设施的建设,如高山铁路、公路、高山缆车道等,旅游设施的日臻完善,加速了登山、滑雪等旅游业的飞速发展,并逐渐成为瑞士旅游业发展的重要支柱产业。

(二)国内体育旅游产业的发展现况

第一,我国拥有丰富的体育旅游资源和特色体育旅游项目。我国具有悠久的发展历史,且国土辽阔,拥有多种地质地貌,既有天然滑雪场和登山攀岩的东北部山川,又有适于潜水、游泳等体育旅游项目的青岛、三亚等海滨城市。此外,各少数民族的地域特点和文化魅力也为体育旅游奠定了物质基础,如荆州的端午龙舟节和新疆、内蒙古的那达慕大会在世界范围内十分有名,这些各具特色的体育旅游资源是我国发展体育旅游的基础所在。

第二,我国具有发展体育旅游的经济优势。自改革开放以来,我国社会经济迅速发展,人均收入逐年高攀,且随着物质与精神生活水平的不断提高,人们越来越崇尚健康的生活方式,各种健身休闲产品十分抢手,近年来尤其推崇体育休闲旅游。我国人口众多,国内体育旅游客源十分丰富,且我国具有独特民族魅力的少数民族,对国际游客有着巨大的吸引力,这使得我国体育旅游拥有很大的国际客源市场。

三、提高我国体育旅游产业经济效益的意义和对策

(一)提高我国体育旅游产业经济效益的意义

体育旅游经济效益的提升对我国具有一定的社会效益。为消费者在

体育旅游过程中所提供的集健身、娱乐、休闲和交际于一体的服务,不仅能使其身心得到放松与发展,对我国社会物质文明和精神文明建设还具有重要的促进作用。由此可见,体育旅游经济效益的提高能推动我国整个社会效益的发展。另外,重视并加强对体育旅游的经济效益,能推动体育旅游产品的创新速度,为体育产业发展创造更大的价值,进而为体育旅游的生存与发展创造有利的环境和条件。

(二)提高我国体育旅游产业经济效益的对策

1. 开发特色旅游资源

可通过对区域旅游资源进行合理的开发与利用来提升其经济效益。我国土地辽阔、地大物博,涵盖了多种地质地貌,以及河流湖泊、名山大川、海滨胜地等丰富的特色体育旅游资源。体育与旅游融合而成的体育旅游是一定社会文化的产物,是依赖于一定社会文化背景而产生的。事实上,有不少旅游者就是为了增长自然、历史、地理、文学、艺术、科技、体育等方面的知识而外出旅游的。由于体育运动中蕴含着丰富的科学文化知识,需要一定的技能,从而才使人们萌发了到体育旅游地了解、学习的动机。从资源开发角度看,体育是人们健身、消遣、娱乐的需要,许多体育项目经旅游业开发后能产生经济和社会效益,具备构成旅游资源的一切属性。旅游资源的最大特点就是能激发旅游者的旅游动机,而作为人类文明活动的一个重要组成部分,体育活动所形成的独具特色、精彩纷呈的人文资源丰富了人类的文化宝库。同时,体育活动又以其健身性、娱乐性、参与性、新颖性和刺激性等特征,满足了大众健身、娱乐、休闲和冒险等多样化消费需求,对旅游者有极大的吸引力,能激发旅游者外出旅游消费的兴趣。

2. 提升体育旅游的内容和形式

可充分利用经济市场创新手段来发展并提升体育旅游的内容和形式。在科学的经济市场需求基础上,有针对性地进行旅游产品开发,结合消费者的不同层次和需求来创新旅游产品,是有效提升其经济效益的重要手段之一。不同的体育旅游模式能够吸引更多的旅游者,因此,创新开发模式并进行体育旅游产品设计,通过举办拓展体育训练等满足不同层次体育需求者。以地域性旅游资源为基础,加大力度开发体育旅游产品,实施旅游性体育,例如漂流、登山、徒步等。另外,还可以针对体育资源开发旅游产品,通过体育赛事等带动旅游经济的发展,我国2008年北京奥运会就是一个成功的以体育竞赛带动旅游经济发展的案例。此外,还可以进行专项性体育旅游资源开发模式和组合式体育旅游资源开发模式等,只有不断地进

第六章 不同类型休闲体育文化产业的发展解析

行创新,才能使我国的体育旅游经济长期快速发展,进而在体育产业中占据稳定地位。

3. 加强体育旅游经济的规划

我国政府部门应重视并加强体育旅游经济的规划。我国体育旅游经济发展与国外发达国家相比起步较晚,因此可结合国外相关的成功经验,来对我国体育旅游经济发展进行调整。澳大利亚、美国等国家政府部门十分注重体育旅游的规划与宏观调控,因此我国也应加以借鉴,加强政府的宏观调控主导能力,并通过金融政策和财政政策等引导手段来积极吸纳社会资金,促使形成我国体育旅游经济发展所需要的各种投资和融资机制。另外,还应重视引进公私合作形式的体育旅游项目,来推动我国体育旅游经济的快速稳定发展步伐。

4. 加快体育旅游基础设施建设

重视体育旅游基础设施的建设,并加大推广力度。体育旅游基础设施建设是体育旅游经济发展的物质基础,同时也是提高游客满意度的重要保障。因此,应加快基础设施的建设速度,尤其是建设现代化的体育训练基地、体育馆等,对体育设施规模进行拓展,以增强承办国际性体育赛事的竞争力,进而带动我国体育旅游经济的发展。对体育旅游服务配套设施进行不断健全与完善,如良好的交通设施、优质的住宿设施、餐饮设施以及各种观赏性和参与性体育旅游场地等,均是保证我国旅游经济不断提高的有效因素。随着信息技术和网络技术的不断普及,其在各行各业已得到了不同程度的运用。我国应通过借助网络平台、媒体平台来大力推广体育旅游经济,让大家认识并了解体育旅游的特点,进而积极参与进来。另外,通过网络还可以与国际体育旅行社建立良好的沟通,建立相关的旅游线路并提升我国体育旅游的国际知名度和美誉度,吸引国际投资和消费者。

5. 重视专业人才的培养和输入

重视体育旅游经济管理专业人才的培养和输入。体育旅游经济专业管理人才是保障我国体育旅游经济实现可持续发展的核心所在,是体育产业的重要因素。就我国当前体育旅游经济发展现状而言,已十分缺乏兼有体育知识和经营管理知识的复合型人才,因此可通过多种形式来鼓励现有人才进行专业提升,并与高等院校建立人才聘用合同,以此来提高体育旅游中各层次人员的综合水平。

第七章　具有娱乐健身特色的休闲运动方法指导

休闲运动包含着非常丰富的运动项目，根据不同的标准，可以将这些休闲运动项目分为不同的种类。其中，具有娱乐健身特色的休闲运动是最主要，也是种类最多的。对于广大群众来说，他们选择和参与休闲运动锻炼的一个主要目的就是娱乐健身，因此，对具有娱乐健身特色的休闲运动方法进行科学地说明和指导是非常重要且必要的。本章主要对球类、时尚类和形体类的休闲运动方法进行详细阐述和说明，为人们提供科学的指导。

第一节　球类休闲运动

一、沙滩排球

(一)沙滩排球概述

沙滩排球，实际上就是在传统排球的基础上发展起来的新型的现代意义上的一种休闲运动项目。沙滩排球以其显著的特点和价值，受到人们的欢迎与喜爱。可以说，沙滩排球是一项愉悦身心、能全面锻炼身体的运动。沙滩排球不仅能够提高中枢神经系统的调节能力和感觉机能，提高灵活性、柔韧性和弹跳力，沙滩排球的场地还能够有效保护运动员不受伤害。除此之外，阳光和沙滩能提高人体的抵抗力。

1920年，沙滩排球在美国西部的加利福尼亚海岸诞生。20世纪70—80年代是沙滩排球从单纯的民间娱乐活动发展成集娱乐、竞技于一体的体育活动的关键时期。随着沙滩排球比赛水平不断提高，沙滩排球的观赏性越来越强，观众人数也越来越多。

沙滩排球运动对环境有着较高的要求，最主要的是阳光和沙滩，同时，这也是备受人们喜爱的重要原因之一。在阳光、沙滩、碧水、蓝天下观赛是

第七章　具有娱乐健身特色的休闲运动方法指导

一件很惬意的事。欣赏沙滩排球比赛,观众除了关注比赛的输赢、金牌的归属之外,更应该享受整个比赛的过程,享受自然、人体、运动美所带来的愉悦,在阳光、沙滩之间充分释放自己的好心情。

(二)沙滩排球运动方法指导

1. 发球技术

沙滩排球的发球技术主要包括以下几个方面。

(1)下手发球(以正面下手发球为例)

发球队员面对球网,手臂由后下方向前摆动,在体前腹部高度击球过网。其特点是动作简单,容易掌握,准确性高,击球点低,球速慢,攻击性不强。可以根据风向情况发出不同弧度的球,适合初学者或娱乐时使用。

(2)正面上手发飘球

这种发球的形式近似正面上手发球,其特点主要表现为:发出的球不产生旋转,而是不规则地向前飘晃飞行,使发球队员难以判断飞行路线和落点,造成接球困难。这种飘球在无风的天气时使用,能取得较强攻击性的效果,若逆风时采用,则效果更佳。

(3)跳发球

跳发球的攻击性很强,在高水平的沙滩排球比赛中被广泛采用,它可以利用助跑跳起在空中击球,使击球点升高,利用身体的伸展,充分发力,加快发球的速度,增强发球的力量,给对方接发球造成威胁。跳发球的技术难度和体力消耗较大,在比赛中应根据队员的体力及比赛的进展适时采用。

2. 垫球技术

沙滩排球的垫球技术主要有以下几种。

(1)正面双手垫球

面对来球,成半蹲或稍蹲姿势站立。两手掌根相靠,两手手指重叠,手掌互握,两拇指平行向前,手腕下压,两前臂外翻成一个平面。当球飞到腹前约一臂距离时,两臂夹紧前伸,插入球下,同时配合蹬地、跟腰、提肩、顶肘、压腕、抬臂等全身协调动作迎向来球,身体重心随着击球动作向前上方移动。击球点保持在腹前高度。用前臂的手腕关节以上10厘米左右的两小臂桡骨内侧所构成的平面击球的后下部。在击球瞬间,两臂要保持稳定,身体重心继续协调地向抬臂方向送球。垫击动作结束后,立即松开双臂做好下一击球动作的准备。

(2)体侧双手垫球

如当来球向接球队员的左侧飞来,左脚前向左侧跨出一步,重心随即移到左脚上，左膝弯曲。同时两臂夹紧向左伸出，右肩微向下倾斜，用向右转腰和收腹动作，配合两臂向左后方，向前截住来球，用两前臂垫击球的后下部。切忌随球向左侧摆臂击球，这样容易把球垫飞。当来球在体侧较高位时，两前臂靠拢，向侧方向截击来球。击球一侧肩做向上回旋，异侧肩做向下回旋。同时腰部转动配合两臂形成理想的击球反弹面，将球垫起。

（3）单手垫球

当来球快速飞向体侧较远，来不及用双手垫球时，可用单手垫球。单手垫球的特点是击球动作快，手臂伸得远，控制范围大。其不足方面是击球面积小，控制能力差。在运用单手垫球时可用多种移动步法接近来球。如球飞向右侧，则右脚跨出一大步，上体向右倾斜，右臂伸直，自右后方向前摆动，用相应的垫击手型击球。如球在体侧远处，用跑步仍来不及时，也可侧向跃出用单手击球。

（4）背垫

背垫时，要判断好球的飞行方向，迅速移动到球的落点处，背对来球方向，两前臂并拢迅速插入球的下部，蹬腿、抬头、挺胸、展腹后仰，直臂向后上方垫抬送球。在背垫低球时，也可屈和翘腕。

（5）前扑垫球

当队员来不及移动接前方或斜前方的低远来球时，身体向前下方扑出，击球后向前顺势扑在沙地上，手臂屈肘撑地。它的特点是重心下降快，前扑距离远。由于沙地柔软，安全性高，所以前扑垫球是沙滩排球救险球普遍采用的方法，可以根据来球情况，用双手或单手击球，前扑垫球。当来球较远，用双手垫球不能击到球时，可用单手前扑垫球。击球时，手臂应尽量前伸，用手背、虎口或小臂击球下方，另一手屈肘撑地缓冲，并以击球手一侧的胸腹部先着地，顺势向前扑。

3. 传球技术

沙滩排球的传球技术主要有以下几种。

（1）正面双手传球

面对目标的传球称为正面传球，是传球中最基本的传球方法，也是沙滩排球应用最多的技术之一，主要是本方场区内同伴间的传球和进攻性传球。在本方场区，主要用于二传球或弧度较高的来球。正面双手传球，易掌握传球的方向，控制球的准确性高，是其他各项传球技术的基础。

（2）背传

背对传球目标的传球称为背传。沙滩排球是2人参与比赛，扣球不需掩护，加上规则对进攻性传球的限制，背传就失去了隐蔽性、突然性的特

第七章　具有娱乐健身特色的休闲运动方法指导

点。但背传在沙滩排球比赛中仍有自身的用武之地,背传在本场区可作二传,打出2人配合的战术球。在近网区,背传也可进攻,运用二传球背传出与两肩延长线垂直的突然吊球。

4. 扣球技术

沙滩排球的扣球技术主要有以下几种。

(1)正面扣球

正面扣球由于面对球网,便于观察,准确性高,运用广泛。正面扣球的挥臂动作灵活,能根据对方拉网和防守情况,随时改变扣球路线和力量及落点,因而进攻效果好。初学者必须首先学习正面扣球的技术动作,掌握了扎实的基本功后,再学习其他扣球技术。

(2)单脚起跳扣球

单脚起跳扣球是指助跑后第二只脚不再踏及地面而直接向上摆动协助起跳的一种扣球方法。单脚起跳下蹲较浅,又无明显的制动过程,故比双脚起跳速度更快,而且还能在空中移动,网上控制面积更大,具有较强的突然性,在来不及用双脚起跳扣球时可采用单脚起跳扣球的方法。单脚起跳扣球采用与球网成小夹角或顺网的一步、两步或多步的助跑。助跑后,左脚跨出一大步(右手扣球者),上体后倾,在右脚向前上方摆动的同时,左脚迅速蹬地,两臂摆动,配合起跳。

5. 防守技术

沙滩排球的防守技术主要有以下两种。

(1)接发球技术

接发球站位多采用2人各负责1/2场区的平行站位,尽量由本方扣球技术好的人接发球,以利于进攻。一传的弧度稍高,落点应在场地中央进攻线附近,便于二传传球。一传时,也可将球直接垫到球网附近,供同伴二次球进攻。

(2)拦网技术

在沙滩排球运动中,拦网只能是无人拦网2人防守和单人拦网单人防守。沙滩排球的远网扣球多,拦网的起跳时间大多在对方击球时或击球后。拦网时,手尽量接近球,力争拦死或拦回。无人拦网防守阵型与接发球阵型相似。单人拦网单人防守的拦防配合要事先约定,不能轻易改变,以免出现大的漏洞。在球网中部拦网时,后防队员应选择中场偏后的位置;在球网一侧拦网时,拦直防斜。防守垫球应稍高,便于拦网队员接应,拦网触球后,应力争使防起的球适合同伴能完成进攻,也可以有目的地把球垫到对方场区的空当。

二、保龄球

(一)保龄球概述

一种在室内木板球道上用球滚动来撞击木瓶的体育运动,就是我国所说的保龄球运动。

现代保龄球运动是从三四世纪德国的九柱戏中发源而来的,其也被称为地滚球。马丁·路德为保龄球的普及和发展开创了新的一页。他首先在德国创立了 9 只球瓶的保龄球标准模式。14 世纪,九柱戏成了德国民间广为流传的一项体育运动。17 世纪,它逐渐由德国流传到了比利时、荷兰、奥地利和英国等地。

1626 年,荷兰移民尼加·保加兹把九柱戏带到了美国。19 世纪初期,由于其被认为是一项赌博的游戏而被取缔,但后来经过在球瓶数量、排列形状等方面进行改变,躲避了方式的限制,这才得以保存下来。到了 19 世纪中期,改过的"九柱戏"被称为"十柱戏"并冠以"保龄球沙龙"的美誉,由此,保龄球成为一项被广大民众所接受的高尚的娱乐活动。

20 世纪初期,保龄球运动才传入我国。尤其是在 20 世纪 80 年代以来,全国各地保龄球场所纷纷建立,保龄球运动也逐渐开展起来,并为大众所接受。随后,保龄球得到了进一步的传播与普及,我国的保龄球运动水平有了进一步的发展和提高。我国保龄球运动起步虽晚,但有着非常好的发展势头。

保龄球运动本身具有非常显著的特点和价值,主要表现为娱乐性、趣味性、竞争性和技巧性,给人以身体和意志的锻炼。另外,由于保龄球运动是室内活动,不受时间、气候等外界条件的影响,也不受年龄的限制,易学易打,所以它成为男女老少皆宜的健身运动。

(二)保龄球运动方法指导

1. 握球技术

保龄球的握球技术主要有以下几种。

(1)传统握球法

传统握球法,即中指、无名指插入指孔后,第一指节至第二指节皆没入指孔内的持球法(图 7-1)。

第七章　具有娱乐健身特色的休闲运动方法指导

图 7-1

(2) 半指节握球法

半指节握球法,即将中指和无名指伸入指孔到第一指节和第二指节之间(图 7-2)。

图 7-2

(3) 满指节握球法

满指节握球法,即将中指与无名指第一指节伸入指孔,然后再将拇指伸入指孔(图 7-3)。

图 7-3

2. 持球姿势

保龄球的持球手型主要有三种,即手腕挺直、手腕向内侧弯曲或手腕向外侧张开,这三种姿势对投球的形式起到重要的决定性作用。绝大多数球员采用前两种姿势。但无论是挺直、弯曲或张开,姿势必须始终如一,决不能因推球、摆球等动作而中途改变持球的形式。

(1) 设定站立点

以 4 步助走为例,在犯规线前背对投球方向向前跨出四大步,然后再跨出半步的滑行距离。在这个点上向后转,并依据自己的打法,向左或向右移动,以此确定站立位置的标示。

(2) 持球站立

将球从回球机上捧起,走到设定的站立点上。脚尖对准瞄准标示点,双脚稍微并拢,使脚尖和瞄准点的连线与右肩整个摆动线平行(图 7-4)。

在这个设定位置站立好后,左手托住球,右手的中指和无名指插入指孔,大拇指插入拇指孔,手腕伸平,手心贴着球弧面,牢牢握住球。手臂与腰部尽量靠拢,手臂与肩膀成 90°角,球的位置在腰与肩之间。握球力右手为 60％,左手为 40％。两肘紧靠腰部,上身稍微弯曲,腰部挺直,两膝微曲,眼睛瞄准目标及目标线,两肩水平正对目标,集中精神,准备投球。

图 7-4

3. 投球技术

保龄球的投球技术主要有以下几个方面。

(1) 推球动作(以右手投球为例)

以 4 步助走为例,在设立位置站定后,眼睛直视目标箭头,身体重心移到左脚。右脚起步的同时,双手将球向着瞄准点平直推出,上臂与前臂约成 45°角,左手离球向外侧运动。此时,脚尖、手臂推出的球与目标箭头在一个平面上(图 7-5)。

图 7-5

(2) 摆动动作

保龄球的摆动动作是依照钟摆的原理,在体侧做一个前后的摆动(图 7-6)。具体来说,摆动的形式主要有三种,即直下摆、垂直后摆、垂直前摆,具体如下。

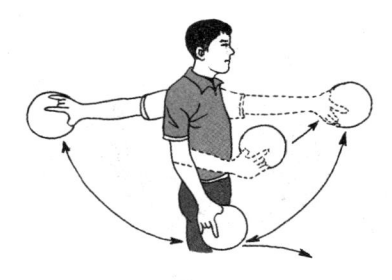

第七章　具有娱乐健身特色的休闲运动方法指导

图 7-6

①直下摆：当第一步完成的同时，已推出的球依自身的重量自然向下坠落，左脚紧跟跨出稍大一步，左手继续外展。当持球手臂下摆至摆动曲线的最低点位置时，平稳地完成第二步(图 7-7)。

图 7-7

②垂直后摆：当第一步完成的同时，握球的右手在球的重力及惯性作用下，从垂直下摆过渡到后摆，此时右脚应向前跨出第三步，左手继续外展(图 7-8)。

图 7-8

③垂直前摆：当第三步完成的同时，球在重力作用下向前回摆，此时应跨出左脚并滑行 20～40 厘米，在距离犯规线前 5～7 厘米处，滑行动作完成。右脚向左后方伸出，左手向外侧平伸(图 7-9)。

179

图 7-9

（3）投球

当身体自然向前滑步完成时,利用重力球垂直回摆到距犯规线 15～20 厘米处的高度,此时手腕不做任何人为的加力和转动。大拇指在 10 点钟位置,中指和无名指在 4～5 点钟位置顺势把球往目标箭头送出(图 7-10)。投球出手后,手臂随出球方向向前垂直上举,上身充分向前伸展,保持投球姿势。看清球的落点及球是否滚过瞄准点,看清球的运行路线、进入瓶位的角度及击球情况(图 7-11)。

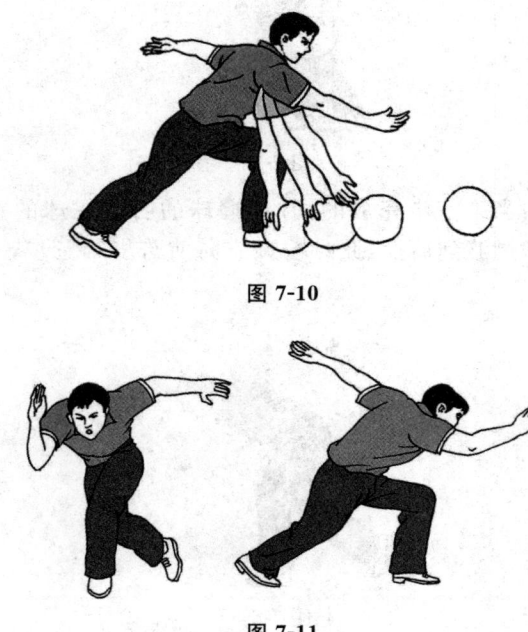

图 7-10

图 7-11

4. 摆动助走技术

一般来说,有威力的投球,必须在摆动中加助走,保龄球是一种要将摆动和助走完美结合的运动。通常,可以将保龄球的助走分为 3 步助走、4 步

第七章　具有娱乐健身特色的休闲运动方法指导

助走、5步助走三种。以右手投球为例,来详细分析和阐述最常用的4步助走投球法。

(1) 第一步——右脚

持球时身体重心放在两脚上。重心移向左脚时开始起步。右脚完全离开地面,左腿支持体重,保龄球慢慢地前伸出。此时左手未离开球。右脚悬在空中,左手准备离开保龄球。右脚落地,身体重心移至右脚。右手伸展到最前位置,左手离开保龄球(图7-12)。

图 7-12

(2) 第二步——左脚

第一步完成时左脚抬起,同时保龄球伸满落下。左手向侧方伸展。左脚完全离开地面,右手持球加速下落。左脚着地时保龄球应下落到最低点,并与身体的中心线成一条直线(图7-13)。

图 7-13

(3) 第三步——右脚

右脚踏出,同时保龄球移向身体后方。为使左手保持平衡,要逐渐向左侧、向上方展开。在右脚快落地时,后摆达到最高位置,与肩齐平。第三步比第二步步幅更大,速度更快。右脚完全落地,左脚即将抬起。上身稍向前倾。一切即将进入最后阶段。这时候,保龄球后摆到最高位置,在下落回摆时,有一个定格停顿的时间。左手充分扬起。

(4)第四步——左脚

后摆到最高位置时进入第四步。这时左脚顺势朝前迈出,右手持球迅速下落。在略有前倾的姿态下,左脚尖着地。注意一定要脚尖先落地,此时进入滑步,右手持球下落到最低位。滑步徐徐前进滑行20～40厘米。在出手线处保龄球出手投出。滑步停止在犯规线前。保龄球出手后,右手自然顺势继续上扬高过头顶。两眼直视目标,身体重心完全移至左腿,右腿到身后与左腿交叉。左手由身体左侧移至身体后方(图7-14)。

图7-14

在球下落到最低位时左脚落地,身体重心在左脚,右脚滑到身体左后方。当体重全部移到左脚后,由于摆动和助走的原因,左脚会有20～40厘米的滑步。滑步是顺利出手投球的基础。收势是出手投球的继续,没有完美的结尾,投球的威力也会减半。下面就对所涉及的滑步、出球、收势三个动作进行详细的分析和说明。

滑步动作:滑步在第四步右脚尖落地后开始,到犯规线前结束。滑步时右手持球到最低位置,保持此姿势一瞬间,好以最稳定的状态,进行出手投球。在出手线处投球。在犯规线处停止,结束(图7-15)。

图7-15

出球动作:步法正确,不自己绊自己的脚。后摆正确,一定要垂直向后摆,才能直向投出。屈左膝关节,右手低位托送保龄球,滑步前进。在保龄

第七章 具有娱乐健身特色的休闲运动方法指导

球送到出手线前的同时,保龄球到左脚踝骨处,此时球出手。出手时根据各个选手的不同投法,运用不同的翻腕动作。

收势动作:收势是出手后的动作,也是整个动作的终结。收势是出手投球的延续。完整的收势说明投球动作是正确的。好的收势有以下六个重点,缺一不可:左腿微屈,身体重心在左腿;两眼直视滚动的保龄球奔向目标;右脚在身体后方轻交叉于左腿后;左手在身体的另一侧扬起,偏向身后以维持平衡;上身稳定地挺立站住;右手高扬过头,成敬礼状。

第二节 时尚类休闲运动

一、轮滑

(一)轮滑概述

轮滑也被称为"滚轴溜冰""溜旱冰",具体来说,就是穿着带轮子的鞋在坚实、平坦的地板或水磨石地上进行的一项运动。

轮滑运动是一项历史悠久并具有国际性的体育运动。据有关资料记载,它诞生在18世纪,是由荷兰的一名滑冰爱好者,为了在夏天也可以滑冰,而发明了最初的轮滑鞋,后来经欧美的一些人多次对轮滑鞋的改造,使这项运动得以普及,并逐渐发展。

现代轮滑是由美国的詹姆斯·普利姆普顿于1863年发明的。他用金属轮子代替木质轮子,他的发明推动了各国轮滑运动的发展。

我国轮滑运动开展较晚。轮滑运动19世纪传入中国,当时仅限于沿海个别城市,只作为娱乐活动。目前,我国几乎所有大中城市都开展了轮滑运动,不仅青少年参加,一些中年人、老年人也纷纷参与,成为一项普及面较广的群众性体育运动。

通过轮滑运动锻炼,能够起到非常显著的健身效果,具体来说,不仅能够有效地提高和改善人体中枢神经系统功能,提高呼吸系统、消化系统、血液循环系统功能,还能够全面协调和综合发展速度、力量、耐力、灵敏性等各方面的素质,增强臂、腿、腰、腹等肌肉的力量和身体关节的灵活性,对提高人体的平衡能力有很大的作用。轮滑运动集健身、竞技、娱乐、趣味、技巧、休闲于一身。

由于轮滑运动受气候和场地条件的限制较小,用具携带方便、技术容易掌握,所以深受青少年喜爱。随着该运动的不断完善,轮滑运动如今已十分普及,已成为都市休闲健身生活的一种新时尚。

(二)轮滑运动方法指导

1. 基本站立

轮滑运动中,常见的站立方法主要有以下几种。

(1)"丁"字站立

脚穿轮滑鞋,扶物成丁字步站立,前脚跟卡住后脚的脚弓,上体稍前倾,双膝自然弯曲。身体重心落在后脚上。然后两脚交换位置,再呈丁字步站立,到站稳为止(图7-16)。

图 7-16

(2)"八"字站立

站立时两脚跟靠近,脚尖自然分开,上体稍前倾,双膝自然弯曲,身体重心落在两脚之间。重心平衡后双脚换成平行站立,上体仍前倾,使重心落在两脚之间(图7-17)。

图 7-17

(3)平行站立

在丁字脚站立的基础上,前脚向侧移,两脚平行站立与肩同宽。上体稍微前倾,两脚自然弯曲,两臂自然下垂,身体重心落在两脚之间(图7-18)。

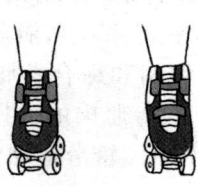

图 7-18

第七章　具有娱乐健身特色的休闲运动方法指导

2．移动重心

轮滑运动中,移动重心的形式主要有下几种。

(1)原地移动重心

原地左右移动练习:两脚平行站立,上体稍向一侧倾移,逐渐将重心完全转移至一条腿上支撑,待稳定后再向另一侧移动。

原地抬腿练习:两脚平行站立,上体稍前倾,重心移至左腿,右腿稍抬起、放下;然后以同样方法练习左腿。练习时要注意放腿时应保持脚下的轮子同时着地。

原地蹲起练习:两脚平行站立,做下蹲并站起的动作。可先做半蹲,逐渐加大下蹲的幅度,直至快速深蹲并做短时间的静蹲后再站起。练习时要注意在屈伸踝、膝、髋三个关节时的协调配合。

(2)外"八"字脚移动重心

两脚成外"八"字脚站立,重心移至左脚,右脚向前迈一小步,重心随之移至右脚上,然后左脚向前迈进一步,重心随之移至左腿上。反复进行练习,逐渐加快迈步频率和加大迈进距离。注意收脚时应尽量保持脚下的轮子同时着地。

(3)侧向移动重心

两脚平行站立,重心向右侧移动,随之左脚向左侧横跨一步,右脚迅速靠拢,待稳定后再进行向右侧的下一步。如此反复进行5～6步后再向左侧做相同练习。

(4)横向交叉步移动重心

两脚平行站立,先将重心移至左腿上并继续向左移动稍超出左腿支撑点,收右腿,右腿向左腿前外侧迈步成双腿交叉姿势,重心随之移至右腿上,成右腿支撑重心,接着收左腿向侧跨一步,成开始姿势。如此反复进行5～6步后再向右侧做相同练习。

3．滑行技术

轮滑运动中的滑行技术主要有以下几种。

(1)直道滑行

单脚蹬地双脚滑行:双脚平行站立,距离稍窄于肩。用左脚轮内刃蹬地,将身体重心推送至向前滑行的右腿上,左腿蹬地后迅速收腿与右腿并拢成两脚滑行;当速度降下来时再用右脚轮内刃蹬地,将身体重心推送至向前滑行的左腿上,右腿蹬地迅速收腿与左腿并拢成两脚滑行。

单脚蹬地单脚滑行:两脚八字站立,身体前倾,两臂自然下垂,两腿弯曲(小腿夹角约90°～110°)。用右脚轮内刃蹬地,用左脚轮平刃向前滑出,随着蹬地动作结束,把身体重心推送至左脚上,左腿成半蹲支撑向前借惯性滑行;接着向前收右腿,同时用左脚轮内刃蹬地,右脚用轮平刃向前滑出,随着蹬地动作结束,把身体重心推送至右脚上,右脚成半蹲支撑向前惯性滑行。反复进行。

直道滑行的摆臂动作:有力摆臂是顺着身体纵轴前后加速摆动的动作,分为单摆臂和双摆臂两种。单摆臂多用于长距离的滑行,双摆臂多用于短距离滑行中和中长距离的终点冲刺。前摆臂时与滑行方向一致,肘部微屈,手摆到与肩同宽的位置。后摆臂时手臂伸直,摆动高度稍过于肩的高度。整个动作要协调、积极有力。

(2) 弯道滑行

弯道滑行技术和直道滑行技术有着显著的区别。弯道滑行技术要点是,练习者要用交叉步滑行,一脚要用轮外刃,另一脚要用轮内刃。弯道滑行技术的关键是摆臂动作与蹬地动作的配合。弯道摆臂动作可以维持平衡。增加轮子的蹬地力量,提高滑行频率。

(3) 向前滑行

向前滑行的具体形式主要有两种。

单脚向前直线滑行:原地两脚成"T"形站立,左脚在前,右脚在后,两腿稍弯曲,用右脚内刃蹬地,重心慢慢移至左腿,右腿蹬直后右脚蹬离地面,成左脚向前滑行。然后收右脚在左脚侧面落地,左脚蹬地重复上述动作,成右脚单脚向前滑行。两脚交替向前直线滑行,两手自然分开,维持身体平衡(图7-19)。

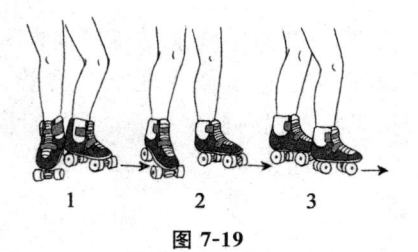

图 7-19

前双曲线滑行:两脚平行站立,左脚以内刃向侧后蹬地(四轮不离地),身体重心在右脚,向右滑双脚曲线,然后右脚用内刃向侧后方蹬地,重心偏向左脚,向左滑双脚曲线,依次连续进行(图7-20)。

(4) 向后滑行

向后滑行的形式主要有以下两种。

向后葫芦滑行:两脚稍稍分开,平行站立,脚尖稍向内,两腿弯曲,用两脚内刃向前蹬地,同时两脚跟向两边分开,向后外滑至最大弧线时,两脚跟

第七章 具有娱乐健身特色的休闲运动方法指导

收拢,两膝用力伸直,恢复至开始姿势,随后重复上述滑行动作,连续向后滑行(图7-21)。

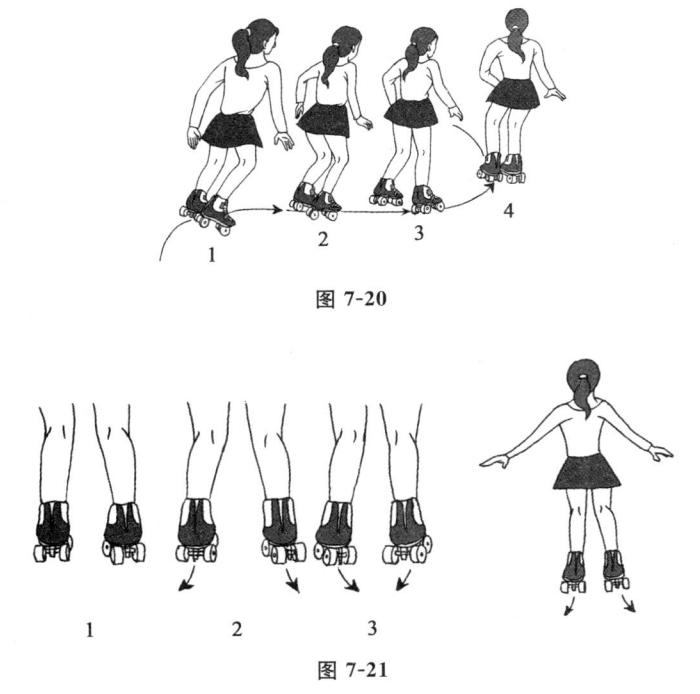

图 7-20

图 7-21

向后蛇形滑行:两脚分开约一脚距离,两腿弯曲,脚尖稍向内转。用右脚内刃向前下方蹬地,身体重心移向左侧,成左脚向后滑行。右腿伸直,随即右脚放在左脚侧面,恢复开始的姿势。然后再用左脚蹬地,身体重心移向右侧,成右脚的向后滑行。左腿伸直,随即左脚放在右脚的侧面。依次重复上述动作,连续向后滑行。上体始终保持稍前倾姿势,两膝弯曲,两臂自然张开。

(5)制动方法

常见的制动方法主要有以下几种,具体要根据实际情况加以选用。

① 脚跟制动法

在慢速滑行时将有制动的脚前伸,脚尖抬起使后跟上的制动胶着地,前腿用适当力量压地,使制动脚与地面摩擦,逐渐减速而停止。

② "T"形制动法

单脚向前滑行,浮足在滑行脚的后跟处成"T"形放好后,将浮足慢慢放在地面上,以内侧轮柔和地压紧地面,减速向前滑行直到停止(图7-22)。

187

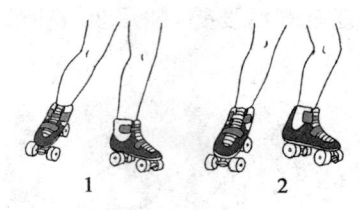

图 7-22

③ 双脚平行制动法

在快速滑行时,双脚略靠近,身体迅速转体 90°,同时带动两脚转体 90°,重心快速降低,腿弯曲,用双脚的轮子与地面摩擦使之减速停止。

④ 内"八"字制动法

向前滑行中,两脚平行分开站立,然后脚尖内转,两脚以内侧轮柔和地压紧地面,两腿弯曲,上体稍前倾、下蹲,两臂前伸维持身体平衡,逐渐减速至停止(图 7-23)。

图 7-23

二、滑板

(一)滑板概述

滑板运动起源于 20 世纪 60 年代,是一项新兴的体育项目,其具有动作炫目、刺激的显著特点,也因此很快得到广大青少年的喜爱。滑板是冲浪运动在陆地上的延伸。前者受地理和气候的限制,而后者则有更大的自由度。20 世纪 50 年代初,美国西海岸是冲浪爱好者的天堂。人们使用普通木头和价格昂贵的轻木制成冲浪板,在风口浪尖上寻找乐趣。

冲浪运动受到地理环境和气候条件的限制,使人们无法随时随地享受这种运动的乐趣。20 世纪 60 年代,一些极富想象力的年轻人受到冲浪板的启发,将滑轮的支架安装到一块厚木板上,然后再装上轮子,就制成了最初的滑板。最初的滑板是由橡木多层板压制而成的板面、轮滑转向桥和塑料轮子组成。后来经过不断改进,一种两头翘起、形状对称的第四代滑板

第七章 具有娱乐健身特色的休闲运动方法指导

出现了。制作这种滑板的材料叫硬岩枫,重量更轻,弹性更好。滑板轮硬度高,弹性好,更适合高速滑行。由于重量平衡,第四代滑板更适合各种翻转动作。20世纪90年代初,滑板从一头改为两头,因而出现了许多前一代滑板不可能完成的动作。这个时期是滑板运动的技巧性动作时代。滑手们发明了很多新的动作。同时为了使滑板更容易翻转,滑板板面变得很窄,轮子变得很小。

(二)滑板运动方法指导

1. 滑行

作为滑板运动的一个基本技术,其主要包括滑行姿势和上下滑板、惯性滑行、障碍滑、下坡滑等这几个方面,具体如下。

(1)滑行姿势

一般来说,滑板者都是横行的。初学者在启动的时候,不要让身体与滑板成横行状态,否则很容易摔倒。如果你喜欢左脚在前面,那叫作 Regular Foot,如果你喜欢右脚在前,那就是 Goofy Foot。这两种站法没有对错之分,你可以随意选择你喜欢的站姿,当你习惯于那种姿势之后,与之相反的姿势就叫作 Switched。Switched 动作非常不好做,很多高手两种姿势都可以做出动作。倒滑的姿势就叫作 Fakie,这比通常的动作要难,但是没有 Switched 难。Fakie 姿势动作基本和本来的一样,只是滑板运动方向相反。

(2)上下滑板

在学习滑板的过程中,上下滑板是最基本的技术。在滑板上可采用两种站法:一种是左脚在前,脚尖向右的正向站法;一种是右脚在前,脚尖向左的反向站法。具体要根据自己的习惯采加以选用。

① 上滑板

双脚站立,将滑板平放于脚前的地上;先把一只脚放在滑板的前端,另一只脚仍踩在地上;身体重心移到已上板的脚上,上体略前倾,膝弯曲,手臂伸展,保持平衡;踩地脚轻轻蹬地,然后收到滑板上,放在滑板的后部,整个身体和滑板开始向前滑动。

② 下滑板

身体前倾,将重心放在前脚上,然后像起落架一样将后脚放在地上;后脚落地后,重心随即转移到后脚,然后抬起前脚,两脚都落在滑板的一侧。

(3)惯性滑行

将左脚踏在滑板的中前部靠左,右脚踩在地上,重心集中在左脚;用右脚蹬地,使滑板向前滑动,然后把右脚收上来踩在滑板尾部,保持站立的平衡;滑行一段,再用右脚蹬地,重复动作;如此反复练习,在掌握好之后便可以做较长距离的滑行;一般开始是 10 米、20 米,然后增加到 50 米、100 米,反复练习到可以轻松熟练地加速滑行为止。

(4)障碍滑

障碍滑即在滑行中遇到障碍时进行急转、急停,或通过改变速度进行跨越。

从坡上滑下时速度比较快,要学会运用双脚保持在滑板上,转动滑板横向刹车的急停法。

滑板速度的改变途径主要有两种:一种是用后脚控制好重心,尽量使身体前倾来带动滑板前进;另一种则是双脚使劲在滑板面上蹦,利用滑板面的弹性向前滑行。

(5)下坡滑

练习下坡滑时,尽量选一条较长的滑道,最好是既有快速下滑段、中速下滑段,又有延伸较远的缓冲段。下坡滑技术的重点在于控制,即要先学会稳滑。

将双脚放在滑板的两端,遇到转弯或需要做跨越动作时,要将双脚移至滑板中央;面部和身体朝向正前方,身体蹲伏下来,大腿靠近前胸,两手伸出。

2. 翘

翘是滑板运动中的常用技术动作,其主要包括两种具体的形式,一种是最基本的翘板技术,还有一种是 180°翘停,具体如下。

(1)翘板技术

推动滑板到滑行速度;左脚踏板尾,右脚踏板前端,以便控制,或踏前轮后侧,以便翘板;将重心移到左脚,身体前倾,使板端在空中停留时间尽可能延长;让板尾间或轻轻刮地,以保持平衡。

(2)180°翘停

滑行时将板端翘起,直到板端刮地,同时整个身体逆时针方向旋转 180°;翘板和旋转要合拍,支撑脚要足够稳固,使滑板旋转 180°后停下来。

3. 下坎与上坎

下坎与上坎技术是滑板运动的基本技术,常用来跨越台阶。

(1)下坎

下坎也叫作下台阶,靠近台阶时,将重心移到后脚;在板端越过台阶边沿时,将前轮抬起;保持这一姿势,略向下蹲,准备着地。

(2)上坎

上坎也叫作上台阶,靠近台阶时,将重心移到后脚;在到达台阶边沿

第七章　具有娱乐健身特色的休闲运动方法指导

时,抬起板端跳过;在空中迅速将重心从后脚移到前脚;将滑板前端按到台阶上,板尾随即落到台阶上。

4. 旋转

旋转是滑板运动中非常重要的一个技术,可用于急停和躲避障碍。通常来说,旋转技术主要包括反转、转圈、360°旋转、单轮旋转和板上旋转等这几个方面。

（1）反转

向前滑行,达到适当速度时,将两脚尽量张开,跨滑板两端。将重心放在前脚,使板尾翘起,同时顺时针方向旋转180°。作完成后,滑板倒转过来,右脚成为支撑脚。

（2）转圈

将滑板向前推,然后站上去,两脚跨立,左脚可以灵活移动。将重量压于板尾,使板端抬起3~5厘米;当板端在空中时,身体向顺时针方向转动;前轮着地时,滑板向右偏转;将这一系列动作连贯起来,不断练习。

（3）360°旋转

在滑行中通过轻微的推转来保持平衡,尽量使滑板保持水平;准备好后,逆时针方向摆动手臂,同时保持平衡,还可向左做最后一次推转;重心落在右脚,向右摆动手臂,并带动整个身体旋转;转动时以后轮为轴,尽量使后轮保持水平,不要将板前端抬得过高;无须注意滑板的前端,只需将重心放在板尾,并加大旋转,前端自然会抬起,且高度刚好。

（4）单轮旋转

滑行到适当的速度,翘起滑板前端,用后轮做360°旋转;保持好身体平衡,尽量使滑板在空中停得久些;用手抓住滑板前端,保持住平衡的支点,使人和滑板一起旋转;然后后脚踩滑板的一边,使后轮的一个轮子离地,起码要转两圈以上。

（5）板上旋转

先滑动滑板,移动左脚,使脚跟压住板端,重心落于大脚趾处;移动右脚到另一板端,将重心移到右脚,使其成为旋转轴;左脚绕右脚顺时针方向旋转,同时右脚也随之旋转,最后与左脚保持平行。

5. 跳

滑板运动中有多种跳的技术,较为常见的跳的形式主要有旋转跳、跨越跳、人与板分开上跳和人带板上跳等几种,具体根据自身需要加以选用。

（1）旋转跳

滑行时滑板保持水平,略向下蹲;向上跳起,旋转180°,两腿略收拢;落下时两脚距离约 30 厘米,不用担心落下的准确位置,只需将双脚落在滑板两端即可。

(2)跨越跳

起跳时动作要稳,只有从容不迫才能控制动作;跨越的长度要根据具体情况而定;落下时重心落于两腿之间,左脚在前,右脚在后。

(3)人与板分开上跳

向前滑行,在前进过程中双脚相互靠近,两脚置于滑板前半部分,但应在前轮之后;在接近横杆时垂直跳起;目视滑板,尽量落在滑板中间,位置大致和起跳时相同;落下时力量要均匀,腿部略弯曲,以抵消落在滑板上的冲击力。

(4)人带板上跳

向前滑行,靠近障碍物时双膝略屈,手臂预摆,后脚用力使滑板前端翘起,利用速度惯性带着滑板一起越过障碍;落地时注意双腿的缓;中动作,重心始终在两脚之间,腿部略弯曲。

6. 脚上技巧

只有熟练地运用脚上技巧,才能让滑板运动显得既"酷"又"炫",常用的脚上技巧主要有两种:一种是脚跟悬空,一种是带板摩擦,具体如下。

(1)脚跟悬空

使滑板保持适当速度,旋转前脚使脚尖对着板尾,脚跟与板端交叠;将重心放在左脚大脚趾,慢慢将另一只脚移到滑板前端;当双脚后跟悬空时,膝盖弯曲,以保持平衡。

(2)带板摩擦

在向前滑行靠近障碍物时,双膝略弯,两臂预摆,后脚用力,使滑板随身体腾空;目视滑板,注意在障碍物的边缘处掌握好平衡;落下时重心落于两腿之间,落地时注意双腿的缓冲动作。

第三节 形体类休闲运动

一、街舞

(一)街舞概述

街舞也称 Hip-Hop。字面上的 Hip 是臀部,Hop 是跳跃。Hip-Hop 可以说是一种自动自发的精神,勇敢尝试的生活态度。

第七章　具有娱乐健身特色的休闲运动方法指导

街舞来自黑人街头舞蹈,所以,另一种叫法是 REETFUNK。街舞因其轻松随意、自由个性和反叛精神而理所当然地受到年轻人的喜欢。

中国青少年最早接触街舞,是源于 20 世纪 80 年代的美国电影《霹雳舞》。当时的霹雳舞就是现在霹雳舞的前身。随着中国青少年对街舞理解的深入,他们逐步回归街舞的本源,以中国青少年自己的眼光和特点来实践街舞。

街舞本身具有非常显著的特点,主要表现为:自由奔放,彰显个性;聚集人气,广泛传播;吸人观赏,斗舞竞技。

现代的街舞,往往可以分为两种类型:一种是嘻哈(Hip-Hop),是舞蹈型街舞。强调舞者的动作协调性和舞感,以及肢体灵活性和控制力。嘻哈在经历了 Old Shool 和 New Shool 两个类型发展之后,发展出机械舞(Poking)、锁舞(Locking)、电流(Wave)等多种风格。另一种是霹雳舞(Breaking)。这是技巧型街舞,对跳舞者的力量、柔韧性和协调性有较高要求,属于技巧性较高的体育舞蹈。通常又可以将霹雳舞分为两种类型:一种是用手、头、身体在地上旋转,称为大地板;一种是在地上踩出复杂变化的脚步动作,加上刁钻的倒立,称为小地板。

(二)街舞运动方法指导

1. 托马斯

双脚张开成大字形,然后左手伸直撑地,左脚用力往右脚脚跟的方向扫,右脚朝头的方向用力踢高。在这同时左脚也必须往头的方向用力踢高,使两只手撑着地面,双脚腾空,腰往前挺直。然后左脚继续保持在空中,右脚往斜后方拉回原来右脚起步的方向,左手远离地面仅剩右手撑住整个身体。

2. 风车

左手撑在肚脐的左侧,双脚张开成"大"字形,然后左脚抬高,往斜下方用力扫。在这同时左手放开,让左手沿着手臂至背部的顺序让身体着地,身体的着地点在背的上方 1/2 处。

3. 无限头转

固定腰部,准备好使身体以垂直的角度转动。保持身体重心,以不失重心为目标,使腰部转动。转完 1 圈后用双手重新找回重心。不断地增加回转圈数的同时注意速度,随着回转速度的加快,放开双手。

4. 手部 POP 练习

把两只手摆成一个很像骑马的姿势,手指往下放,要有很轻松的感觉。

然后手腕往下压,手指头部分要让它往上。

5. 脚部 POP 练习

脚步的 POP 其实也就是大家所说的胯下的 POP。胯下的 POP 练习比手部练习更加容易。

先站起来,然后膝盖向前稍微弯曲。慢慢从这个动作站起来,慢慢地把脚打直,别用力。脚快要站直的时候,突然用力快速把脚打直。反复练习。

二、瑜伽

(一)瑜伽概述

瑜伽是一种老少皆宜、安全有效的休闲运动,对练习者的生理和心理状态有着非常有效的调节作用。瑜伽是东方最古老的健身术之一,当前,瑜伽已经在世界范围内有了普遍的传播和流行。

瑜伽是从印度发源而来的,是古代印度哲学弥漫差等六大派中的一派,已有五千多年的历史。起初,只有少数人进行瑜伽的练习,并且通常在寺院、乡间小舍、喜马拉雅山洞穴和茂密森林中心地带修持,由瑜伽师讲授给那些愿意接受的门徒,以后瑜伽逐步在印度普通人中间流传开来。现在瑜伽,已在全世界范围内广泛传播。印度已出现了许多专门研究瑜伽的学校。

当前所说的瑜伽,是指锻炼身体的健身方法,通过瑜伽的练习来达到增进人们的身体、心理和精神的健康的目的。在中国,真正的瑜伽师和练瑜伽的人并不多,仅仅是近几年,瑜伽才走进健身房,开始被大众熟悉。

瑜伽作为一种心智修炼的方法,集动静于一体,通过姿势、呼吸和冥思的结合,达到健身、修心与养生的功效,是现代人减压、修身养性的休闲健身运动项目。它正以不同形式改变着人们的生活方式、价值观和审美观。瑜伽逐渐成为一种时尚,成为许多人生活中的重要组成部分。

(二)瑜伽健身动作指导

瑜伽的健身动作主要有以下几个方面。

1. 头部动作

瑜伽健身的头部动作主要有以下几种。

第七章　具有娱乐健身特色的休闲运动方法指导

（1）跪坐，身体向前弯曲，把前额贴在地面上，两手放于腿的两侧，呼气，臀部慢慢抬起，大腿要与地面垂直。头部和颈部要支撑住身体的一部分重量，正常呼吸，保持这个姿势 20～30 秒。慢慢吸气臀部坐在脚跟上，重复 2～3 次练习（图 7-24）。

图 7-24

（2）平仰卧，双手平放于身体的两侧。吸气收腹，双腿伸直上抬，双手托起腰部，两肘关节抵住地面，以肘部和背部支撑住身体的重量，使双腿向上伸，慢慢伸直躯干，保持 1 分钟左右，慢慢吸气放下背、腰、腿，身体躺平，重复 2～3 次练习（图 7-25）。

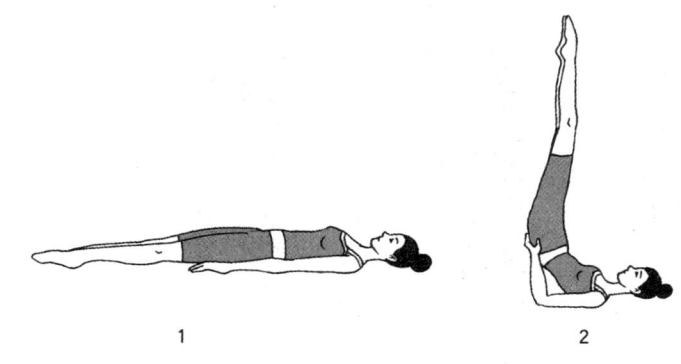

图 7-25

2. 肩部动作

瑜伽健身的肩部动作主要有以下几种。

（1）正直站立，两指尖轻轻点肩上，两肘要向前绕圈由小圈过渡到大圈，绕 12 圈；两肘要向后绕圈由小圈过渡到大圈，绕 12 圈（图 7-26）。动作要准确、和缓。

（2）两腿开立半蹲，两臂体前绕环 12 圈，两臂要向后绕环 12 圈，呼吸配合手臂（图 7-27）。动作要舒展，尽量延伸到身体的最远端。

3. 腰背动作

瑜伽健身的腰背部动作主要有以下几种。

（1）趴在地面上，两臂紧贴身体两侧，吸气头抬起，慢慢使身体上抬，依次按照头、肩、胸的顺序离开地面,正常呼吸,保持这一姿势 30~40 秒,重复 4~5 次(图 7-28)。

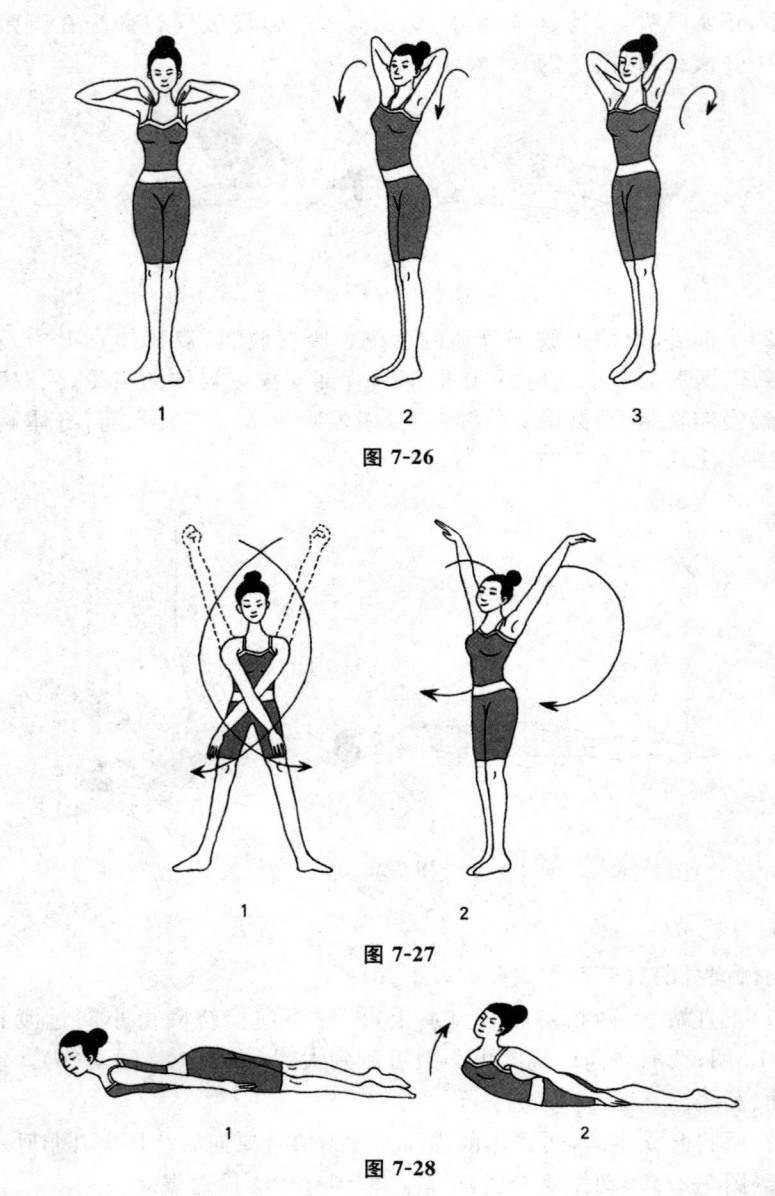

图 7-26

图 7-27

图 7-28

(2)两腿开立,吸气双手头上伸十指相交,呼气身体前屈,两眼要注视手背。吸气身体向右转动,呼气身体要转向左侧,重复 4~6 次(图 7-29)。身体要尽量伸展,动作要准确、和缓。

第七章 具有娱乐健身特色的休闲运动方法指导

图 7-29

4. 腿部动作

瑜伽健身的腿部动作主要有以下几种。

(1) 坐在地面上,伸直双腿,上体正直,吸气双手相对上举,呼气身体要下压,手抓住小腿,身体放松,正常呼吸,保持这一姿势 20~30 秒,吸气的同时要抬身,重复 2~3 次(图 7-30)。

图 7-30

(2) 跪撑,吸气臀部上抬,呼气肩下压,腿伸直,脚跟要向地面沉,身体呈倒"V"字形,正常呼吸,保持这一姿势 20~30 秒,吸气,慢慢还原至开始姿势,重复 3~4 次(图 7-31)。

图 7-31

(三)瑜伽健身体式指导

1. 脊柱扭动式

挺直身子坐着,两腿前伸,左小腿向内收,左脚底挨近右大腿内侧。将左臂举起,放在右膝外侧,伸直左臂抓住右脚。伸出右手,高与眼齐,双眼注视指尖。右臂保持伸直,慢慢转向右方,直至右手背放在左腰上。做深长而舒适的呼吸,保持15~20秒(图7-32)。用完全相反的顺序恢复原态,再做相反方向的练习。

2. 单腿交换伸展式

双腿向前伸直坐着,慢慢吸气,两手上升高过头部,两臂向前伸,身躯略向后靠。慢慢呼气,向前弯上身,两手尽量抓住左脚,将躯干拉近腿部,两肘向外弯曲。放松颈部,让头部下垂(图7-33)。保持这个姿势10秒钟或更长久之后,再换左腿做同样的练习。

图 7-32    图 7-33

3. 身腿结合式

仰卧,抬高双腿,并保持膝盖伸直,当双腿已垂直于地面时呼气,抬起髋部和下背部,两腿伸展至头上方,并伸向头后。两腿弯曲,将大腿移向胸部,躯干便向后方移动,直到能够把膝盖都贴在地面上。也可以把双手顺势滑向背后抓住两脚脚踝,从而能够用手帮忙把膝盖抵紧双肩,然后两手臂抱住大腿,作缓慢而深长的呼吸(图7-34)。在感到舒适的前提下,可以尽可能长时间地保持这个姿势。

4. 肩倒立式

这个姿势的梵文名字原意是"全身",因为它有益于整个机体。开始时仰卧,两臂向下按以求平稳,慢慢将腿抬离地面。当椎垂直于地面时,升起髋部,将腿部向头部后方送得更远,让两腿伸展在头部之上。接着用手托住腰部两侧,支撑起躯干。收紧下巴,让它顶住胸部。舒适地呼吸,保持这个姿势至少1~3分钟(图7-35)。

第七章 具有娱乐健身特色的休闲运动方法指导

图 7-34　　　　　　　图 7-35

5. 蛇击式

双手双膝着地，做动物爬行状，一边保持两手按住地面，一边把臀部放落在两脚跟上，并把头贴在地板上，做叩首式（图 7-36）。保持胸膛高于地面，一边吸气并将胸膛向前移动，伸直双臂，放低腹部直到大腿接触地面，胸部向上挺起。背部呈凹拱形，眼睛向上注视，正常地呼吸（图 7-37）。保持这个姿势 10～20 秒之后，再慢慢按反过来的程序做，恢复到叩首式。可以重复做 10 次。

图 7-36　　　　　　　图 7-37

6. 鸽式

首先放松坐着，曲双膝，左膝向外，左脚板紧靠右大腿内侧。右脚板朝天，双手把住右脚踝，使右脚尽量靠近身体，保持上体直立（图 7-38）。在长时间保持这个姿势之后，可以换反方向做同样的练习。

7. 骆驼式

两大腿与双脚略分开跪在地上，脚趾指向后方，吸气，两手放在髋部，将脊柱向后弯曲，然后在呼气的同时，把双掌放在脚底上，保持两大腿垂直于地面，头向后仰。一边保持这个姿势，一边将颈项向后方伸展，收缩臀部的肌肉，伸展下脊柱区域（图 7-39）。保持 30 秒之后，两手放回髋部，慢慢

199

恢复预备姿势。

图 7-38　　　　　图 7-39

8. 侧三角式

保持两膝伸直,将右脚向右转 90°,呼气,双臂伸直,将上身躯干转向右方,让左手在右脚外缘碰触地板,右臂向上伸展,与左臂成一条直线。保持姿势,双眼注视右手指尖,伸展双臂及肩胛骨(图 7-40)。恢复常态时吸气,先后缓慢将双手、躯干转至常态。然后交换方向做同样的练习,需要注意的是,两侧的练习应保持相同的时间。

图 7-40

9. 拜日式

放松站立,两脚靠拢,两掌在胸前合十,正常呼吸。双手食指相触,掌心向前,双臂高举过头顶,缓慢而深长地吸气,上身自腰部起向后方弯下。呼气,慢慢向前弯身,用双掌或两手手指接触地面,不要弯曲双膝。以不感到太费力为限,尽量使头部靠近膝盖。保持手掌和右脚不离开地面,慢慢吸气,同时左脚向后伸展。慢慢把头部向后上方抬起,胸部向前方挺出,背部则呈凹拱形。一边慢慢呼气,一边将右脚向后拉,使两脚靠拢,脚跟向上,臀部向后上方收起。伸直四肢,身体好像一座山峰的样子。一边呼气,一边让臀部微微向前方摇动,一直到两臂垂直于地面为止,然后蓄气不呼,弯曲两肘,胸膛朝地板方向放低。一边保持胸部略高于地面,一边慢慢呼气,胸部前移,直到腹部和大腿接触地面。然后吸气,慢慢伸直两臂,上身从腰部向上升起。头部像眼镜蛇式那样向后仰起。呼气,同时臀部升高,双手、双脚支撑地面。一边吸气,一边弯曲左腿并将左脚伸向前面。头部向上看,胸部向前挺,脊柱呈凹拱形。试图把这个动作和上一个动作做连贯,一气呵成。一边保持两手掌放在地板上,一边慢慢呼气,右脚收回放在左脚旁边。低下头,伸直双膝。一边慢慢抬高身躯,两臂伸直举过头顶,背部向后弯。一边呼气,一边恢复到开始的姿势,两手掌在胸前合十(图7-41)。

图 7-41

10. 战士第三式

两腿大分开,吸气,双掌合十,高举过头顶并尽力伸展,呼气,右脚与躯干向右旋转90°,左脚向右方略转动。曲右膝直到大腿与地面基本平行,左腿伸直,两眼注视合十的双掌,伸展脊柱(图7-42)。接着呼气,将上身躯干向前倾,双臂保持伸直,手掌合十,一边伸直右腿,一边把左腿举离地面(图7-43)。右腿完全伸直后,左腿举高至与地面平行,此时,双臂、上身和左腿应该形成一条与地面平行的直线,右腿应与这条直线成直角(图7-44)。在保持这个姿势约20秒之后,呼气,再回到第一个姿势上来。

图 7-42　　　　　　　　图 7-43

图 7-44

第八章 具有民族传统特色的休闲运动方法指导

我国是一个多民族国家,在幅员辽阔的土地上,居住着56个民族。在长期的生产劳动和日常生活中,各族人民逐步创造和发展了各种各样、丰富多彩、具有浓郁民族风格的民间体育休闲娱乐活动。这些体育休闲娱乐活动在民间生存着、流传着,有的经历了数千年历史,至今仍活跃在民间,其中一些独具特色的活动与项目还发展到了新的阶段。本章将深入研究木球、门球、毽球、空竹、秋千和龙舟这些具有民族传统特色的休闲运动,为人们开展休闲体育活动提供方法指导。

第一节 木 球

木球是运动员通过传、接、拖、运等技术将木制球击进球门,以几个球道总杆数低者为胜的一项休闲活动。

一、木球的起源

木球运动起源于中国台湾省,创始人名叫翁明辉。由创始人设计并改进的球杆,击球部分像一个酒瓶,一端为细颈,一端为瓶底状;球门是一个悬起来的可旋转的瓶状木制品,击球进门时以球门酒瓶至少转动一圈计数,若只是接触导致倾斜不算进门。因为运动规则与高尔夫相似,使用专用长杆击打实木圆球,最终进门为一个赛道的结束,所以又叫平民高尔夫。

从1990年开始,翁明辉经过两年时间精心设计和反复修改、试验,直至1992年5月将球具和球道完成。由于木球适合各年龄层的人参与,很快风靡台湾省。世界上已有21个国家和地区成立了木球协会,在东南亚一带尤其盛行。亚洲之外的奥地利、意大利、匈牙利、英国、加拿大、美国等国也有了不少的木球爱好者,亚洲木球总会也已获得亚奥理事会的承认。2002年,木球以新兴运动项目的姿态陆续在匈牙利、新加坡、马来西亚、中国沈阳、日本、韩国举办了6场国际比赛。在台湾省,如今正规的木球比赛就达 100 多场,台湾省每年 3~6 月间举办的"全民运动木球联赛",平均有 2 500 支队伍、20 多万人报名参赛。木球虽小,爱好者众。

二、木球的场地器材和基本技术

(一)木球的场地器材

1. 球场

标准木球场(比赛用)设在广阔的草地或泥土地上,共设 12 个球道(或者 12 的倍数),每个球道的长度在 30~130 米间,宽度为 3~10 米,12 道总长度在 700 米以上。12 个球道中,含有左曲道、右曲道各两个,休闲用场地则可视地形、面积,自由设置一个或数个球道来回击球比赛或游戏。

球道上利用自然物如树木、树丛、挡墙、土堆等设置简单障碍物以及临时界线,球道外可视地形设置参观区。球道依地形规划成直线式和弯曲式球道两类,每一球道宽度可依地形规划,但最窄处不得少于 2 米,最宽处不宜超过 20 米;35 米以下球道为短距离球道,65 米以下为中距离球道,100 米以下为长距离球道。12 个球道中,至少有 4 个是弯曲球道,其中 2 个左弯道、2 个右弯道,有 2 个长距离和 2 个短距离球道。从发球线中心点沿球道中央至球门中心点之长为每一球道实际距离,每一球道起端应设有一横线为起点线称发球线,线长 2 米,横线两端向后划设的 3 米正方形称发球区。每一球道末端一般设有以球门为中心,直径 5 米的圆形球门区。球门区后方距球道边界线,应有 1 米以上的缓冲地面。球门架设在球门区中心点,球门可朝球道任何方向,发球区及球门地面,以平坦无障碍为宜。

每一球道以 4~5 人同时进行比赛为原则,比赛进行时,除比赛球员、裁判员外,禁止其他人进入球道内;球员击球时,其他球员应退至 3 米外的安全位置。球道上设置的障碍物不可随意移动。

2. 球具

木球的一套球具包括:球杆、球门和球,全为原木(红木、紫檀等)制成,在我国大陆仅宁波一家公司生产。

球:直径约 9.5±0.2 厘米,重量约 350±60 克。

球杆:成 T 字状酒瓶样的杆头,套有橡皮帽,利于击球。

球门:两只木酒瓶中间悬挂一只木酒杯构成,球门内缘宽 16 厘米,木酒杯底部距离地面 7 厘米。

（二）木球的基本技术

木球的基本技术是练习者通过球杆击打木球,使球沿着预定的路线向前滚动,并达到目标地点的技术动作,包括准备姿势、握杆、瞄准和引杆、击球四个部分。

1. 握杆

左手在上,右手在下(均以右手习惯的人为例),四指并拢、拇指分开,自然握杆上端。要示右手小指侧紧贴左手拇、食指,握杆力争自然与协调。

2. 准备姿势

两脚开立同肩宽,两膝微屈脚站稳。重心稳定稍偏右,上体微前倾莫弯腰。人与球间成直角,球距左脚跟两瓶长。要求"左臂与杆成一线,全身放松是关键"。

3. 瞄准与引杆

杆头、球心与目标(球门中心的木酒杯),瞄准时三点成一线。"握好杆站好位,集中精力为挥杆",要求"抗干扰求平静,精力集中不漂浮,瞄准预摆(引杆)不碰球"。

4. 挥杆击球

在准备姿势和瞄准的基础上:"两臂握杆在体前,以肩为轴似钟摆,预摆挥杆不过肩。眼睛直视球中央,腰腿千万莫起伏。预摆结束下挥杆,保持肩臂轻松力,原路挥杆走椭圆,重心平行向左移"。要求击球之前不转体,匀速果断把球击出,击球之后随之转体,目送木球,挺胸同时两臂举杆做随挥动作。

三、木球的竞赛规则

（一）比赛规则

（1）比赛方式分为个人赛和团队赛,比赛方法分为杆数赛和球道赛。

（2）每位球员必须赛完 1~12 个(或规定)球道后,才按比赛总杆数多寡判定胜负。

（3）比赛时,球穿过球门金属棒,并位于球杯后方、球体不接触球杯为完成一球比赛;球门前或后方以及球道上的球均可直接攻门。

（4）比赛中球体落在界线外地面上,即为界外球;发生界外球时,应将球拾回放置在以出界点为中心、2个球瓶长度为半径的球道上;球如果掉落或进入坑洞、树丛、水塘等障碍内而无法打击时,按界外球处理或将其移出置于无限向后延伸球道上的新球位,加计一杆;球被不同球道的球碰击,新停球点为其球位,如球被碰击出界,以界外球处理,但不罚一杆。

(5)每一球道距离球门 5 米,如设有标示线,线外直接攻门而完成过门时,该球道杆数减一杆;中或长球道中如设有 30 米超越线时,球员发球若未超越此线加计一杆,若 30 米内出界,作界外球处理;如超越此线后球再出界,只以界外球处理。

(6)比赛中球员挥杆时,其他球员应退至打击者的球道两侧或后方 3 米以上的安全距离。

(7)球员身体任何部分或球具都不得触及自己或他人的比赛球。

(8)每位球员必须有每一球道的比赛杆数,以及赛完十二个球道的总杆数记录,否则不予核算成绩。

(9)杆数赛中以每位球员赛完每一场十二个球道的总杆数判定胜负,低杆者为胜。若总杆数相同者,以杆数低的球道多者为胜,以此类推;或由大会指定球道加赛至分出胜负为止。团体胜负判定,以该团队最佳四人总杆数总和低者为胜。若总杆数相同时,以各队个人总杆数低者为胜,以此类推。

(10)球道赛中每一场球赛中获胜球道多者为胜,若相同时,由大会指定球道加赛至分出胜负为止。

(二)犯规及罚则

1. 比赛过程中犯规

(1)球道上的比赛球,依距球门远者先击球或经裁判员指示击球。不可任意击球,违者罚加计一杆,并从新球位击下一杆。

(2)球道上的比赛球,因击球而球体落在球道界线外地面上时,以界外球论,每次界外球,均须罚加计一杆。

(3)比赛时,球如需拾起,须经裁判员同意后执行,并在球体点放置记号。违者罚计一杆。

(4)比赛球如碰撞到作为界线之障碍物再弹回在球道上的球不以出界论;如碰撞界线外之障碍物,即以出界论,并按界外球处理。

(5)在各种弯曲式球道上比赛时,球位必须在球道上进行,不可截弯取直方式击球飞越界外区,违者以界外球论。

(6)球道上之比赛球,因击球而碰撞时:被他人击中之球未出界则以新

第八章 具有民族传统特色的休闲运动方法指导

球位为准,如球过门,即算完成该球道比赛,如球出界以界外球处理,但不罚计一杆;如打击者之球因碰撞而出界,以界外球处理,罚加计一杆;如打击者之球因碰撞后仍留在球道上,即以新静止点为准。

(7)比赛进行中,球员如违反运动员精神,警告并要求违者改善,同时罚计一杆。再犯时,则取消比赛资格。

(8)比赛球员身体任何一部分或其所持球具碰触自己或他人所打之比赛球时,罚计一杆,而球之停止点为新球位。

(9)比赛球员未依规定挥杆打击或由双腿跨下击球,违者罚加计一杆,并从新球位击下一杆(过门不算)。

2. 发球时犯规

(1)球员就位后,裁判员做出打击手势,球员应在十秒钟内完成击球动作,违者警告,再犯时罚计一杆。

(2)发球时,球员应将球置于发球线上或发球区地面上,从静止状态下开始击球,违者罚计一杆,重新发球,计第二杆。

(3)发球后,球未能离开发球区应计一杆,再重新发球,计第二杆。

3. 击球时犯规

(1)每次击球时,应从双脚站立双手握球杆置于球体后方的静态下开始挥杆打击。不可在行走中击球,违者罚加计一杆,并从新球位击下一杆。

(2)出击球时,如因挥空杆或堆球前之预备挥杆练习(不得碰触球体),均不予计杆,但不得一直练习而拖延比赛,违者警告,再犯时罚计一杆。

(3)轮到打击顺序时,球员不得有拖延行为,应在十秒钟内完成击球,违者警告,再犯时罚计一杆。

(4)球员击球时,前方球道上禁止有人穿越、走动。如球员犯规,该犯规球员罚计一杆。

(5)球员击球时,其他球员不得喊叫或有不当言行而影响打击,违者罚计一杆。

(6)击球时,因挥杆而碰触球体或使球体移动,即算一次击球,计一杆。

(7)击球时须以球杆头碰击球体,瓶一杆,并从新球位击下一杆。

(8)禁止以球杆做持球推送动作,违者罚加计一杆并从新球位击下一杆。

(9)滚动中的球不可连击,违者罚加计一杆,并从新球位击下一杆。

第二节 门 球

门球是在平地或草坪上，用木槌击打球穿过铁门的一种室外球类游戏，又称槌球。门球是高尔夫球与撞球的混血儿，不但规则简单、轻松有趣，而且可以激发脑力、促进身心，是时下最经济实惠、老少皆宜的休闲运动方式之一。

一、门球的起源

门球运动始于法国，当时称为槌球，传到英国以后大为风行，1947年12月，传入日本北海道，经过铃木和伸的改良和精简成为风靡日本的门球运动。当初引进门球运动的铃木和伸，原只希望用这种轻柔的运动来教导小孩子，使日本从战败后的黑暗时代挽回光明的希望。想不到活动推出后，就受到许多人的赞许和喜爱，所以后来又以女子高中学生及公务员为推广、奖励的对象，结果同样受到欢迎尤其是从未有机会享受运动乐趣的老年人，在参加过之后，更是爱不释手，乐此不疲。据保守估计，迄今日本已拥有七百万的门球人口，这种运动之受人喜爱就可见一斑了。

1983年5月，日本第一个门球使团到中国访问并传授球艺，中国的门球从此兴起。1985年9月，世界门球协会成立，亚洲门球协会也于1991年5月成立。由于门球运动很适合于老年人的特点，因此深受老年健身者喜爱，国家体育总局、中国老年体协也大力推动门球的发展，我国也开展了小学生门球比赛，在武进、南京、连云港、昆山等多个地区发展，当地体育局定期举行市级少儿门球大赛，进而是省级，最后进入全国。

二、门球的场地和器材

(一)门球的场地

门球场为长方形，长20～25米，宽15～20米。距比赛线外四周1米处标出限制线，限制线外2米内为自由区；比赛场区的各角按逆时针方向分别称为第一、二、三和四角；第一二角之间的比赛线称为一线，第二三角之间的比赛线称为二线，第三四角之间的比赛线称为三线，第四、一角之间的比赛线称为四线。在四线上距一角顶点1～3米之间的2米长的线段为起始线,用不同于比赛线的颜色标出,此线为开球线。门球场地为略带沙质的土地或草坪,地面平整无障碍物。

(二)门球的器材

1. 球门

球门以直径1厘米的圆金属棒制成,内宽22厘米,内高19厘米,涂以较醒目的颜色,竖立在场内。球门分第一、第二和第三球门,各球门在场内设立的位置如下:第一门:在发球区的中心第四线向上4米向第二线方向与第一线平行而上设立门的中心点;第二门:在第二至第三角的方向第二线的长度的3/5处向场内直角入2厘米处设立门的中心点;第三门:在第四角至第一角的方向第四线的长度的1/2处向场内直角入2厘米处设立门的中心点。

2. 终点柱

终点柱为直径2厘米的圆棒,竖立于球场中央处,高出地面20厘米,涂以较醒目的颜色。

3. 球

球直径7.5厘米,重230克,球体以合成树脂制成,球面圆滑。共有红球和白球各5个,红色球以白字标示1、3、5、7、9单数号码,白色球以红色标示2、4、6、8、10双数号码,号码一般高5厘米,标示在球表面对称的两侧。

4. 球棒

球棒是由槌头及柄所构成的"T"字形球具,重量及材质不限,槌头长度为18～24厘米,以直筒形为原则;槌头两端平面之直径为3.5～5厘米,柄长50厘米以上,可使用有角度的柄连接槌头。

三、门球的比赛规则

球队由5名正选球员及3名后备球员所组成。以队为单位进行对抗,每队各派5名球员进行比赛。比赛开始后,先攻、后攻从球员依序轮流上场击球,按规定的方向和顺序过门及撞柱得分。比赛时,两队各5个球,一方红球,一方白球,从1号到10号交替击红、白球。队员每人1球,称为"自球",球号和队员号一致,也就是击球员在开球区首次击球过一门时的序号,其余的球为他球。如果击球员成功将球击过一门,称为通过第一门,该球员可再次击球,过二门、三门同样如此。

此外，如果球成功通过第三门后撞柱，即可在下一回合重新再进1、2、3门，撞柱。在击球时，如果自球触及他球，称为撞击。如果自球和被撞他球停在比赛线内，击球员需用脚踩住自球，并将他球与自球贴靠，然后，用球槌击打自球，利用冲击力把他球震出，称为闪击。无论是成功击球过门还是闪击，击球员都得到一次续击权。合法通过第一、二、三门后各得1分，撞击终点柱得2分；每个队员满分为5分，全队满分为25分。

全场比赛时间为30分钟，击球或闪击击球限时10秒，击球员击球完毕，球停稳在比赛线内或出界、满分、犯规时，击球权即告结束，击球员应迅速退出限制线外。击球员击球过门得分、球停留在场内静止后或闪击成功，可获得续击球的权利。

四、门球的功能和注意事项

（一）门球的功能

1. 提高身体素质

打门球的基本活动是瞄准、击球、拾球和到位。在活动中伴随着快步走或慢跑，可以使全身的运动器官，特别是手、臂、腰、腿、脚以及视力、听力、内脏和神经系统都得到锻炼。

2. 接受充足的阳光照射

门球活动是一项户外运动，又因其活动量较小，能持续活动几个小时，可以进行充分的日光浴和空气浴，这是门球户外运动"得天独厚"的优点。经常进行日光浴和空气浴有增强体质和防病治病的作用。太阳的光辐射还可以使人心情舒畅，并改善人体组织的新陈代谢；人体皮肤与空气接触，可产生相应的生理效应，提高身体对气温的适应能力。

3. 增强脑细胞的活力

门球活动中的技、战术的运用和整体配合，以及打球所处的位置，都需要用脑，这样日复一日地进行脑运动，就会增强脑细胞的活力，锻炼思维和记忆能力。打门球可以说是体脑并用的运动项目，而体脑运动的有机结合，正是门球运动的独具之长，所以这项运动更有益于老年人健康长寿。

4. 心理保健

门球是运动和娱乐兼而有之的项目。它不仅对肢体健康有益，而且能愉悦参加者的情绪。打起门球来，妙趣横生，心醉神达，忘却生活中的种种烦忧,老年人的孤独感、失落感也消失了,同时还增多了朋友之间的交往和友谊,对老年人心理保健起到重要作用。

(二)注意事项

(1)参加门球活动前应把臂、腿、腰以及相应的关节充分活动开。

(2)打门球时最好穿带齿而不滑的鞋。尤其对老年人来说,如绊倒或滑倒很容易出现摔伤事故,冬季冰冻天参加户外门球活动更应小心。

(3)门球活动的体力消耗并不大,但是一旦着迷,容易兴奋,此时老年人应注意控制自己。不应超过自己适合的步伐或跨度活动的幅度,以免扭伤筋骨,从未打过门球的人也可以先自己练或与友人、家人同练。

(4)老年人有充裕的时间打门球,而门球运动能使参加者长时间活动,因此,老年人应把打门球安排在作息制度中,使生活、锻炼有节奏。

(5)老年人经常从事门球活动应有自我监督和预防意外的方法。

(6)老年人参加门球活动,以安全适度、确保实效,能得到快乐感和满足感为健身原则。

第三节 毽 球

毽球又称踢毽子,是一项简便易行的健身运动,在中国流传很广,有着悠久历史,是一项传统民间体育活动。经常进行这项活动,可以活动筋骨促进健康。

一、毽球的起源

据历史文献和出土文物证明,踢毽子起源于中国汉代,盛行于六朝、隋、唐。宋朝高承在《事物记源》一书中,对踢毽子有较详细的记载:"今时小儿以铅锡为钱,装以鸡羽,呼为毽子,三四成群走踢,有里外廉、拖枪、耸膝、突肚、佛顶珠等各色。"明、清时期,踢毽子进一步发展,关于踢毽子的记载也就更多了。明代进士、我国历史上有名的散文学家刘侗在《帝京景物略》中写道:"杨柳儿青,放空钟,杨柳儿死,踢毽子。"踢毽子已成为民谚的内容,而且发展到数人同踢的技巧运动。至清末踢毽子已达到鼎盛时期,参加的人越来越多,不仅用来锻炼身体,作养生之道,而且把踢毽子和书画、下棋、放风筝、养花鸟、唱二黄等并提,一些人以会踢毽子而自荣。因此,踢毽子的活动更加广泛,特别是青少年参加者更为普遍,当时就有这样的童谣:"一个毽儿,踢两半儿,打花鼓,绕花线儿,里踢外拐,八仙过海,九十九,一百。"说明踢毽子已经到了相当普及的程度。民间踢毽爱好者更是用功苦练,以口传身授的方法代代相传。以北京为例,每遇城乡庙会,各路能手,步行相聚,观摩、比赛,培养新手,甚是热闹。

二、毽球运动及其发展

(一)毽球比赛

在设计毽球比赛时曾有原则为"羽毛球场地、排球规则、足球动作",但在实际诞生后,最后一条并未落实,其基本动作酷似诞生于1964年的、流行于东南亚的藤球。从发球、主要攻防动作和集体项目设定方面都与藤球十分接近。例如,在进攻动作方面,毽球的两种主要进攻动作"高腿踏毽"和"外摆脚背倒钩攻球",就是藤球在20世纪60年代盛行的进攻动作。在防守动作方面,都允许进行跳起封网和以头击毽过网,也与藤球的规则完全相同。所以,在我国广东省和山东省的毽球管理机构就都与藤球管理机构合二为一称为"藤、毽协会"。

(二)毽球发展

20世纪30年代,涌现了一批全国闻名的踢毽子能手,如北京的谭俊川,上海的周柱国,河北的杨介人,浙江的谢叔安,河南的路锦城等,数不胜数。踢毽技术在普及的基础上得到了提高,各种踢法丰富多彩,高难翻新的动作层出不穷,不同风格争奇斗胜,使观者眼花缭乱,惊叹不已。我国传统的踢毽运动,日趋完善。1928年月,在上海市举办"中华国货展览会"时,举行了我国第一次踢毽子公开比赛,推动了这项民族体育项目的发展。1933年举行的全国体育运动会上,踢毽子同拳术、摔跤、弹弓、剑术等民间运动项目一起成为正式的比赛项目。此后踢毽子运动衰落,直到新中国成立后,这项民族体育运动才逐渐得到了恢复和发展。1950年,北京市吸收了在街头靠踢毽子糊口的艺人参加了杂技团,专设了踢毽子节目,并出国进行表演,受到了国外观众的热烈欢迎。1963年,踢毽子同跳绳等,被列入国家提倡开展的体育活动,踢毽子运动还被编入了小学体育教材。天津、上海、保定、哈尔滨等地参加踢毽子的人越来越多。在我国著名的"毽乡"之一河北承德,家家有毽,人人善踢,逢年过节,更是热闹,街头巷尾,到处可以看到踢毽的活动,为节日增添了特有的喜庆气氛。

三、毽球的场地设备和竞赛规则

(一)毽球的场地设备

1. 场地

比赛场地采用羽毛球双打场地,长 11.88 米,宽 6.1 米。场地上空 6 米以内(由地面计算)和场地四周 2 米以内不得有障碍物。比赛场地应按平面图画出清晰的界限,线宽 4 厘米,线的宽度包括在场地面积之内。较长的两条边界叫边线,较短的叫端线。连接场地两边线的中点与端线平行的线叫中线。中线将场地分为均等的两个场区。在中线两侧各画一条与中线平行的线叫限制线(此线包括在限制区内)。中线至限制线的距离为 2 米。距两端线中点两侧各 1 米处向场外各画一条长 20 厘米与端线垂直的短线叫发球区线(此线不包括在发球区内)。发球区线向后无限延长的区域叫发球区。

2. 球网

球网长 7 米,宽 76 厘米,网孔 2 厘米见方。球网上沿缝有 4 厘米宽的双层白布,用绳穿起,将球网张挂在网柱上。球网必须挂在中线的垂直上空。球网为深绿色。网柱安在中线以外,距边线 50 厘米处。球网的中部顶端距地面垂直高度为 1.60 米(男子),1.50 米(女子)。网的两端距地面的垂直高度必须相等,两端的高度与中间的高度相差不得超过 2 厘米。在球网的两端,垂直于边线和中线交接处,各系有一条宽 4 厘米,长 76 厘米的白色带子,叫标志带。在球网上连接标志带外侧应系有两根有韧性的杆,叫标志杆。两杆内侧相距 6 米。标志杆长 1.20 米,直径 1 厘米,用玻璃纤维或类似的材料制成。标志杆应高出球网上沿 44 厘米,并用鲜明对比的颜色画上 10 厘米长的格纹。

3. 毽球

毽球由毽毛、毽垫等构成。毽毛为四支白色或彩色鹅羽成十字形插在毛管内,每支羽毛宽 3.2~3.5 厘米。毽垫直径 3.8~4.0 厘米,厚 1.3~1.5 厘米。毛管高 2.5 厘米。毽球的高度为 13~15 厘米。毽球的重量为 13~15 克。

(二)毽球的竞赛规则

比赛队由 6 人组成,上场队员 3 人,其中队长 1 人(左臂应佩戴明显标志)。比赛前,各队应将参赛队员(包括替补队员)的姓名、号码登记在记分表上。未登记的队员不得参加比赛。也可因时、因地、因人制宜,增加单人、双人毽球赛,规则与3人制大体相同,记分可采取直接得分法。教练员和替补队员应坐在指定的位置上。

双方队员必须站在本方场区内。站在靠近球网的两名队员从左至右分别为3号位和2号位队员,靠近端线的队员为1号队员(图2)。场上队员的位置必须与登记的轮转顺序相符合。发球的一方,2、3号位的队员在发球队员的前方,彼此间相距不得少于2米。球发出后,双方队员可以在本方场区内任意交换位置。

每局比赛结束之前,队员的轮转顺序不得调换。比赛成死球时,教练员和队长有权要求暂停或换人。在暂停时间内,教练员可以进行场外指导,但不得进入场区。比赛进行中,场上队长有权向裁判提出询问或要求解释,但必须服从裁判的最终判决。

四、毽球技术

(一)基础踢法

1. 拎踢

两脚自然开立,左手自然下垂,右手轻抛毽子,高度适当,以右脚掌或左脚掌内侧将毽子踢起,反复落下和踢起。高踢低踢均可,初学者一般以此方法入门。

2. 盘踢

方法与拎踢基本相同,只是左右脚连续交替以脚掌内侧将毽子踢起,踢毽的高度适中。

3. 拐踢

小腿向外侧拐,以脚掌外侧将毽子踢起。拐踢法一般将毽子踢得较低。

4. 脚尖踢

一脚向前一步,重心在后脚,毽子抛起后,以前脚的脚尖部将毽子踢起,脚尖踢法既可将毽踢得很低,也可踢得相当高。熟练者有时还可将毽子踢起后,脚掌向内或向外围绕毽子转一周后再接踢,称为"钓鱼"。向内或向外围绕毽子转一周分别称"里钓鱼"和"外钓鱼"。

第八章　具有民族传统特色的休闲运动方法指导

5. 空踢

方法与拎踢、拐踢和脚尖踢法相同,只是踢毽脚悬空不落地,反复将毽子踢起,踢毽高度一般较低。

6. 磕踢

以靠近膝盖的大腿部将毽子磕踢起,一般毽子踢得较低。

7. 停毽

毽子下落时,利用缓冲将毽子停住,在拎踢、拐踢、脚尖踢等踢毽方法中均可使用。

(二)花样踢法

1. 交叉踢

毽子抛起后,先抬起左脚,在右脚蹬跳起的同时左脚落地,右腿屈膝在左腿后面举起,以脚掌内侧将毽子踢起,反复落下和踢起。

2. 交叉跳踢

毽子抛起后,先抬起左脚,大腿屈膝使小腿自然下垂并与大腿成直角,右脚蹬跳起的同时左脚不落地,右腿屈膝在左腿后面举起,以脚掌内侧将毽子踢起。踢毽时尽可能将左腿盘高。

3. 跳盘踢

毽子抛起后,两脚同时起跳,左腿自然下垂,右腿屈膝在左腿前面或后面举起,以脚掌内侧将毽子踢起,然后两脚同时落地。

4. 交叉踢接

毽子抛起后,先以右腿屈膝将毽子磕踢起作为过渡,然后以右脚尖部将毽子接住;再以左腿屈膝将毽子磕踢起作为过渡,以左脚尖部将毽子接住,反复接踢。

(三)游戏踢法

1. 计数

在规定时间内,计算踢毽次数,次数多者为胜。一般用低式盘踢法,因为此法踢毽速度最快。

2. 轮踢

参加者数人站成一圆圈,随意踢毽,一般用盘踢。一人先踢毽传至第二人,第二人踢毽传至第三人,以此类推。在规定的时间内,计算次数,次数多者为胜。

3. 接力

参加者数人站成对的甲乙两队,相隔数米。甲队第一人踢毽传至对面乙队第一人;乙队第一人再踢毽传至甲队第二人;然后传至乙队第二人,以此类推。计算规定时间内次数,次数多者为胜。

4. 组合

将多种踢毽方法组合为一个单元进行比赛,如右盘踢—左拐踢—右盘踢—左盘踢—跳盘踢为一个单元等。计算规定时间的次数,次数多者为胜。

(四)注意事项

首先要注意毽子的羽毛,羽毛一般长度约 12~15 厘米,过短踢起来不容易控制方向;过长运行时难以翻转,难变化动作花样。毽子羽毛要扎接对称,否则容易偏离方向;底盘一般以直径 2~3 厘米为好,主要以毽子的运行灵活和易控制为准。

其次要注意场地大小可根据实际情况和需要而定,但应平整干净,避免下肢踝关节扭伤和尘土飞扬,花样踢毽更是如此。

第四节 空 竹

空竹,也称"空钟""响簧""空筝",南方一般将其称为"扯铃"。由于空竹在练习时不停地抖动旋转,所以玩空竹也叫"抖空竹"。抖空竹,是我国一项传统的体育娱乐活动,早在汉代就已经出现,当时以竹木材质制作,后来随着其他材料的出现,现如今像塑料、玻璃钢、橡胶等材质的空竹也逐渐流行起来。

一、空竹的起源

空竹在中国有着悠久的历史,据考证,最早是由汉族民间游戏用具"陀螺"演变而来的。陀螺是远古时代就出现的玩具,在新石器时代的河姆渡文化遗址和常州圩墩遗址中,就出土了木陀螺,而山西夏县西阴村遗址中出土了陶陀螺。后来,为延长陀螺的旋转时间,人们改用鞭子抽击这些木制或陶制陀螺;再后来,改用竹制陀螺,并在上面开口利用空气冲击发出哨

第八章 具有民族传统特色的休闲运动方法指导

声,即"鸣声陀螺",后来"鸣声陀螺"渐渐有了"空竹"的别称。

抖空竹是民间传统休闲体育活动,明代就有流传。《帝京景物略·卷二》:"杨柳儿活,抽陀螺;杨柳儿青,放空钟。"说的是春天适宜抖空竹;清代《燕京岁时记》说:"京师十月以后,则有风筝、空钟等物。"并有民谣"空钟儿响,鞭竹儿爆,正月十五又来到",春节期间北方抖空竹和南方扯铃的习俗一直延续至今。练习时变化无穷的动作,十分具有观赏性,练习所发出的嗡嗡声响,又增添了不少节日气氛。

空竹一般为木质或竹质,中空,因而得名,是一种用线绳抖动使其高速旋转而发出响声的玩具。"抖空竹"是中国传统杂技中,以简单小巧,信手可得的物件,练出高超技艺的代表节目。它原是一项十分有趣的中国民间游戏,在中国北方,逢年过节,人们特别是孩子们,都喜欢抖空竹,并能耍出许多花样。抖空竹集娱乐性、游戏性、健身性、竞技性和表演性于一身,技法多样,目前掌握的花样技法就有100多种,还有双人、多人等众多集体花样。

二、抖空竹的艺术特色和功能

(一)抖空竹的艺术特色

空竹为圆盘状,中有木轴,以竹棍系线绳缠绕木轴拽拉抖动。空竹又分为单轮(木轴一端为圆盘)和双轮(木轴两端各有一圆盘)。双轮空竹比单轮空竹容易操作。圆盘四周的哨口以一个大哨口为低音孔,若干小哨口为高音孔,以各圆盘哨口的数量而分为双响、四响、六响,直至三十六响。拽拉抖动时,各哨同时发音,高亢雄浑,声入云表。

空竹抖动时姿势多变,使绳索翻花,做出"过桥""对扔""串绕""抢高"等动作,也有以壶盖等器具代替单轴空竹而游戏的。抖空竹的技巧颇多,有"仙人跳""鸡上架""放捻转""满天飞"等诸般名目,令人眼花缭乱目不暇接,其中"蚂蚁上树"系将长绳一端系于树梢,一端手持,另有一人抖动一只空竹,迅速将飞转的空竹抛向长绳,持绳者用力拉动长绳,将空竹抖向五六十米高的空中,待空竹落下时,抖空竹者将其稳稳接住,令观者惊叹不已。

抖空竹的动作,看上去似乎是很简单的上肢运动,其实不然,它是全身的运动,靠四肢的巧妙配合完成的。一般玩的空竹约200~300克,一个小小的上下飞舞的空竹,玩者用上肢做提、拉、抖、盘、抛、接,下肢做走、跳、绕、骗、落、蹬,眼做瞄、追,腰做扭、随,头做俯仰、转等动作,要在最有利的一刹那间来控制它,在空中完成各种动作,过早过晚都要失败,这就需要做到反应快、时间准、动作灵敏、协调。而跳跃时,则不但要跳,腰部动作也很重要,上肢随同摆动,有时颈部也要运动。连续跳跃,心跳可以加速。

抖空竹运动量可随意控制,可视自己的体能来确定运动量。不必与人争抢冲撞。不受场地限制、占地小、器具简单、投资少,男女老少都可参加。其抖法多种多样,有单人抖、双人抖、多人抖;有正、反、花样抖等一百多种玩法。抖空竹寓游戏于运动之中,只要玩得开心,合理掌握运动量,不但能够达到强身之目的,还能享受到其中的乐趣,其锻炼效果堪与慢跑、游泳、骑车、划船、爬坡、越野和徒手体操相媲美。青少年可以对高难动作进行练习,增加户外休闲活动,老年人和慢性病患者,可以通过不十分激烈的动作进行练习,坚持下去大有好处。尤其老年人腰腿不便是常见的慢性病,抖空竹基本在于腰和四肢,如经常适度抖空竹,对舒筋活血,益寿保健,有一定的效益。曾有许多报道,由于坚持抖空竹,恢复了健康和延缓衰老的实例。

(二)抖空竹的功能

1. 促进血液循环

长期参与空竹锻炼,还可以促进全身血液循环,提高四肢协调能力,促进人体大脑发育,延缓衰老。现在人们长期伏案工作,或者久坐电脑前面,工作之余抖抖空竹,对于改善视疲劳也有着不小的好处。抖空竹时可以锻炼人们上肢关节中的肩关节、肘关节、腕关节,下肢的胯关节、膝关节、踝关节,加上颈椎、腰椎等部位,可以说抖空竹时人体的全身都在运动着。因此,抖空竹既能促进全身的血液循环,同时又能提高四肢的协调能力和灵敏性。

2. 提高身体机能

抖空竹可以使人体的肌肉组织等得到有规律的周期性收缩与舒张,在促进血液循环的时候,从而促进人体各个器官的组织供血、供氧,新陈代谢也能得到改善。所以,抖空竹对于缓解高血压、动脉硬化、心脑血管等疾病也有不小的帮助。

3. 集中注意力

抖空竹时人们的注意力高度集中,在做各种动作时,眼睛要始终注视着空竹在空中旋转位置的变化,随时反映给大脑做出判断。所以,眼睛和脑神经在抖空竹的过程中,也会不断得到锻炼。

三、抖空竹的技术方法

(一)基础动作

1. 平抖

两臂屈肘持平，与肩同宽，上下均匀地扯动竹棍，以细绳在空竹轴凹状处运动，使空竹旋转抖动。

2. 过门

无论是单盘，还是双盘空竹，旋转抖动时均会产生顺时针的自转。空竹只要自转一周以上，细绳就会缠绕而无法再抖，所以必须以过门方法予以处理。过门方法有两种，一是穿针法，以右竹棍在抖动时穿过左细绳。空竹每自转一周，右竹棍就要穿过左细绳一次，此方法在单盘和双盘空竹的旋转抖动时均可使用。另一是绕让法，即主动将右绳绕空竹轴凹状处一周，同时左绳在轴的空端处往左下方让一周。同样，空竹每自转一周，细绳需绕让一次，此方法仅在单盘空竹使用。

(二)难度动作

1. 轰鸣

虽然抖空竹总会发出一定声响，但要其发出阵阵轰鸣声，必须用一定技巧方法。方法有两种：一为提拉法，即右竹棍用力向右上方提拉，左竹棍随右竹棍的提拉朝同一方向提送；二为缠拉法，即右绳绕空竹轴凹状处一周半后，再进行提拉，方法同前。这两种方法均能使空竹发出轰鸣声，缠拉法尤其如此，但缠拉法的速度必须很快，否则容易造成因缠绕而崩断细绳。

2. 上架

在平抖方法过程中加快空竹抖动速度时，两竹棍向上猛一抖动，空竹即腾空飞起，此时主动将右竹棍去接空竹轴凹状处，使空竹在右竹棍上原地滚动。熟练者可将空竹从右竹棍滚到左竹棍上，然后再落到或抛起后落到细绳上。

3. 爬高

在加快空竹抖动速度前提下，突然将右竹棍往下拉，同时左竹棍朝上提，两臂向外用力，空竹就会从绳的底端朝上直线爬至绳的顶端。

4. 环跳

先加快空竹抖动速度,然后采用平抖法,抬起一脚后用脚底踩踏细绳的侧部,使空竹从一侧腾空环跳至另一侧;如果连续环跳,空竹似在绕圈飞转。

5. 转顶

在平抖法中左竹棍朝胸外拉,右竹棍往胸里靠,使空竹逐步形成底盘朝上,空端往下的状态;然后两手一抖,使空竹的空端往下底盘朝上地旋转,稍后将细绳套在轴中间的弧形凹状处提拉起。熟练者可以将细绳套在轴空端的小弧形凹状处提拉起,并继续抖动。此方法仅在单盘空竹练习时使用。

6. 飞天

采用提拉法使空竹形成加速度,然后使空竹自转半周后成平抖状态。此时两臂奋力向上发力,使空竹带着轰鸣声腾空而起,腾空高度视发力程度而定,高者可达 10 米以上。空竹下落时,右竹棍主动向上迎接空竹,两臂拉开形成右竹棍高、左竹棍低的状态,使空竹有一个沿细绳从右竹棍高处滑向左竹棍低处的惯性,形成空竹下落的缓冲和增加空竹与细绳之间的摩擦,从而增强空竹的自较时间。

第五节 秋 千

秋千也称"打秋千""荡秋千",古时候就为民间休闲娱乐活动,历史十分悠久,是中国古代北方少数民族创造的一种运动。春秋时期传入中原地区,因其设备简单,容易学习,故而深受人们的喜爱,很快在各地流行起来。汉代以后,秋千逐渐成为清明、端午等节日进行的民间习俗活动并流传至今。

一、秋千的起源

秋千的起源,可追溯到几十万年前的上古时代。那时,我们的祖先为了谋生,需要上树采摘野果或猎取野兽。在攀缘和奔跑中,他们往往抓住粗壮的蔓生植物,依靠藤条的摇荡摆动,上树或跨越沟涧,这是秋千最原始的雏形。至于后来绳索悬挂于木架、下拴踏板的秋千,春秋时期在我国北方就有了。《艺文类聚》中就有"北方山戎,寒食日用秋千为戏"的记载。当

第八章 具有民族传统特色的休闲运动方法指导

时拴秋千的绳索为结实起见,多以兽皮制成,故秋千两字繁写均以"革"字为偏旁。也有相传是汉武帝为求千秋之寿而逐步形成的游戏。荡秋千风俗曾盛行唐宋,唐代有《秋千词》说:"长长丝绳紫复碧,袅袅横枝高百尺。少年儿女重秋千,盘巾结带分两边……"到了明清仍有其游戏,《济南府志·风速考》说,"清明、插柳、簪柳、妇女归宁作秋千之戏。"秋千也曾是宫廷中的一项娱乐活动,刘若愚的《酌中志·明宫史》说:"三月初四日,宫眷内臣换罗衣。清明,则'秋千节'也,戴柳枝于鬓。坤宁宫后及各宫,皆安秋千一架。"后来,最初在宫廷仕女中所流行的秋千,慢慢传至民间。

二、秋千的种类

(一)按结构分类

1. 横轴秋千

横轴秋千是吊绳式的荡秋千,也是最普及的秋千,只需在一根横梁上吊起绳索和木板即可。

2. 磨转秋千

磨转秋千是左右旋转的磨秋,由两人伏在有中轴的横木两边,利用人的后蹬力推动,上下起伏旋转,如同推磨一般,故称"磨秋"。磨秋又可分成两种,一种叫转磨秋,另一种叫磨担秋。以云南、贵州、广西等地区的傣、景颇、苗、壮、哈尼、布依、仡佬族为盛,其中哈尼族最为典型。

磨担秋的玩法是,取一根长1~2米,直径约15厘米的硬木固定竖于场地上,顶端削细作轴;另选一根长约10米、直径与木柱相当的木杆,中间凿凹,横置于立柱顶上,即搭成磨担秋木杆两端骑坐对等人数,骑坐者用脚蹬地略跑数步后,即迅速骑上木杆或匍匐杆头,木杆即磨一般旋转,两端上下升沉,又似挑担时扁担的上下起伏,故称磨担秋。随着木杆的旋转起伏,落地的一方用脚蹬地,增加动力,使杆弹起,这样,木杆两端交替上下,旋转不止。

3. 轮转秋千

轮转秋千是上下转动的轮秋,是较为复杂的秋千,每次可坐4~8人同时娱乐。在场地中立两根约3米高的木柱,相距约3米,柱顶架一横梁,横梁中央套一宽约1米的木制十字形滚轴,如车轮状。滚轴上有各长约2米的4对平行足,足端系短绳,绳端拴一木板,形如秋千。玩时,4人各坐一木板上,使滚轴转动,上下升降。各人脚触地时用力蹬地,再加上空中三人下坐、下拉的力量,秋千作圆形旋转,转速快时,如飞旋的大风车,煞是好看。在黔东南苗族地区,风车秋千的每块坐板上可坐两人,4块坐板坐8人,这样的风车秋千叫作"八人秋"。风车秋千在苗、阿昌、傈僳族等民族中盛行,其中傈僳族最为典型。傈僳族转风车秋千的多为女子,节日里,她们着盛装前来比赛。比赛时分成若干小组,每组4人,依次参赛。参赛者脸朝外坐在秋千板上,裁判一声号令,秋千像纺车一样开始转动,越转越快,如同转起一个缤纷的彩球。

(二)按民族分类

1. 朝鲜族

朝鲜族最喜爱荡秋千这一传统竞技游艺活动了,这一活动常在节日举行,有时还进行比赛。节日里,姑娘们身穿色调艳丽的彩裙,围在秋千旁,争试高低,只有挑选出来的能手,才能参加运动会的比赛。比赛时,在高空的彩带上悬挂一串金黄色的铜铃,比赛选手荡起秋千,看谁能碰响铜铃,碰到的次数越多,成绩越高。飘逸的长裙,悦耳的铃声,惊险的摆荡,令人叹为观止。秋千架一般竖在空阔的场地上,支架上面一根横梁,横梁下两根粗绳,绳端固定一块30～40厘米宽的木板,形成一副简单的秋千架。一般分为单人荡和双人荡。比赛时,起初是用树叶或花枝吊起作为目标,荡起后用脚触及或用嘴叼住即为胜利,后来发展成为在秋千前方竖两根杆子,杆子中间系一横绳,绳中央吊一只响铃,距地面4～5米,甚至更高,秋千荡起后以脚成功触铃的次数决定胜负。

2. 纳西族

纳西族各村寨都有秋千架,每年春节要举行竖秋千仪式。除夕上午开始竖架,秋千架立起时,要鸣放鞭炮,分送糖果以示祝贺。而且要年长者开千试荡,表示全村吉祥,然后才能正式开始荡秋千,从正月初一到正月二十下午,整整20天时间的尽情秋千娱乐和比赛,然后才拆卸秋千架。

3. 土族

土族人玩轮子秋千,将车轴连同车轮竖起,底下的车轮用重物压住,在上面的车轮上绑一根长横杆,杆的两端拴上绳套,就成了轮子秋千。荡者坐在绳套里,其他人推动横杆,秋千随轮子的转动而荡起来,技术高超者还能做出许多高难动作。每年秋收后,土族姑娘身着艳丽花裙,在乐曲声中荡起轮子秋,观看的人唱起土族歌曲。秋千飞转,彩裙飞舞,歌声荡漾,一片欢乐景象。现在,土族人的轮子秋千已经从乡间走入了都市,在云南举行的第五届全国少数民族传统体育运动会上,轮子秋千的表演大获成功,

第八章　具有民族传统特色的休闲运动方法指导

并赴香港参加了迎回归民族艺术节,受到了香港同胞的热烈欢迎。

4. 柯尔克孜族

新疆柯尔克孜族的荡秋千游艺,当地人称"阿拉提巴坎谢里钦吉克"。在空地上选一点,用3根木头搭一座三角架,在3~5米外的另一点也搭一座同样的架子,然后在两个三角架中间架一横梁,离地大约3米,横梁上悬挂6根"U"形的牛毛绳,构成秋千。玩时一男一女面对面,两人皆双脚交错蹬在较长的两根牛毛绳上,伸开双臂各抓两根牛毛绳,背部靠在绳上,双脚蹬动,越荡越高。

5. 维吾尔族

维吾尔族玩的秋千更为奇特,叫"沙哈尔地",意为"空中转轮",每逢春秋季节和举办婚礼时荡玩。在场地上牢固竖起一根高约10米的圆木作轴,轴顶装一木轮,轮上装两根横木,各拴上绳索,如秋千状。竖轴底部另装一根横木,以绳与顶部木轮相连接。游戏时,绳索秋千上各站一人,然后底部横木两边,各有数人相向而立,双方等速推动横木,带动顶部木轮旋转。站在绳索上的游戏者即随着转轮的加速慢慢升上高空,转速越快,游戏者飞得越高。

6. 彝族

彝族秋千最常见和最普及,在树间挂两绳,绳下横一板即成秋千。逢年过节时,男女青年都以此作为一种社交手段,三三两两,谈笑风生,其乐无穷。

三、秋千比赛和技巧

(一)秋千比赛

1991年,全国少数民族体育运动会将荡秋千列为表演项目,后来吊秋又被列为比赛项目。秋千这种有着几千年历史的民俗活动,至今仍保持着旺盛的生命力。它活跃了人们的生活,也是民族传统特色休闲运动的重要方式之一。1986年2月,国家体委制定了《秋千竞赛规则》(草案),同年,秋千被列为全国少数民族体育运动会正式比赛项目。到1999年第6届全国少数民族运动会,秋千已发展为包括6个单项的较大项目。秋千运动不仅是一项精彩的竞赛运动,更能够锻炼人的意志,培养勇敢精神。同时,它对人体生理机能的健康发展也是十分有益的。

1. 高度比赛

单人或双人比赛均有 6 次试荡机会,铃杆高度是指从铃杆(包括铃铛)的最低点至地面的垂直距离。比赛中,铃杆高度只升不降,起荡铃杆高度均为 6 米;铃杆高 6~9 米时每次升高 30 厘米;9 米以上每次升高 10 厘米;双人极限高度为 10.5 米,单人为 10 米。

团体赛的名次依据各队队员在各项比赛中前 12 名的名次得分总和排定,得分多者名次列前。如遇成绩相等,以获得第一名多者名次列前;如仍相等,以获得第 2 名多者名次列前,以此类推。

2. 触铃比赛

铃杆单人高度为 6.2 米,双人为 7 米。单人或双人比赛均有一次试荡机会,时间为 10 分钟。单人或双人在规定时间内,触铃次数多者名次列前。如遇成绩相等,以连续触铃次数多者名次列前;如仍相等,以预摆试荡次数少者列前;如仍相等,则抽签决定名次。

高度比赛试荡过程中,出现运动员的手离开秋千绳或脚离开脚踏板,判定该次试荡失败。在触铃比赛中,裁判员应鸣锣终止该次试荡,终止前的成绩仍然有效。高度比赛中,如果运动员借助外力增加摆动力量或减少自己摆动力量者,判定该次试荡失败。在高度比赛中,裁判员应鸣锣终止该次试荡,终止前的成绩仍有效。高度比赛中,如果运动员准备比赛时间超过 3 分钟,判定该次试荡失败。触铃比赛中,超过准备时间 30 秒,扣除一次触铃次数;超过 31~60 秒,再扣除一次触铃次数;超过 60 秒以上者,则取消该项比赛资格。

(二)秋千技巧

如果人站在秋千上不动,荡秋千的运动类似于单摆的运动。当秋千从最低点荡到最高点的过程中,重力做负功,系统的动能转化为系统的势能,当秋千从最高点荡回到最低点时,系统的势能又转化为系统的动能,整个过程机械能守恒,秋千将做等幅摆动。如果要让秋千越荡越高,就必须借助外力,自己荡秋千,就没办法借助外力了,系统也就无法从外界获得能量。只有通过荡秋千的人自己与绳子的内力做功将自己的内能转化为系统的机械能,而人的内力做功又只能靠人在秋千上站起或蹲下来实现。

但当人荡到平衡位置时,双手用力拉绳,则绳以相同大小的反作用力拉人。此力克服人的重力做功使人突然起立,人在此时重心将上移。系统的重力势能增加。此时切向速度未变即动能未变,系统的机械能增加。当秋千从最低点荡到最高点的过程中慢慢下蹲,则在此过程中,重力不再做负功了,而近乎不做功,甚至还可以做正功。当人升至最高点时在迅速站起。使重力势能增大。当秋千由最高点荡回到最低点时慢慢下蹲,使其重心下降,此时重心的位置下降,此过程重力仍然做正功。则在一个周期中重力始终做正功。这样,荡秋千的人就可以将自身的内能转化为秋千的机械能。

总之,荡秋千的人应在秋千运动到最低点时迅速站起,然后慢慢下蹲,当秋千荡到最高点时,再猛然站起,过了最高点后再慢慢下蹲,到了最低点时再猛地站起,以后重复上面的动作,使秋千越荡越高。

第六节 龙 舟

一、龙舟起源

人们习惯把划龙舟这一传统的民间体育休闲娱乐活动和习俗称为"赛龙舟"或"龙舟竞渡",其历史已有两千余年了。端午节龙舟赛、元宵节舞龙(也称舞龙灯、耍龙灯)及二月二龙头节是大东亚龙文化区重要的民间活动,因为中华文化的传播,也因为东南亚华人多,在如新加坡、马来西亚等华人区流行。

提起龙舟的起源,人们自然就会想起纪念屈原,其实,龙舟作为一种文化,它的出现比屈原所处的年代要早得多。据专家考证,进行龙舟竞渡的先决条件必须是在产稻米和多河港的地区,这正是我国南方地区的特色。在古代典籍有关龙舟起源的记载中,最早是出现在东汉。据此可以推测,端午的习俗最初可能只在长江下游吴越民族中流行,后来吴越文化逐渐和中原文化交流融合,这种习俗才传到长江上游和北方地区。又盛传龙船源于湖南西北部沅陵之说。在反映中华龙舟文化的博大精深和沅陵龙船历史渊源的《沅陵千年龙船》一书里,收编了 104 篇作家、学者对沅陵龙船的精辟论述。这些文章科学、系统地论证了沅陵传统龙舟的起源,记录了沅陵龙舟活动的参赛规模、船建等情况。沅陵龙舟起源于 5 000 年前,所以比纪念屈原的说法要早 3 000 多年。

唐代大诗人苏轼在其《屈原塔》诗中写道:"楚人悲屈原,千载意未歇。精魂飘何处,父老空哽咽。至今沧江上,投饭救饥渴。遗风成竞渡,哀叫楚山裂。"精辟的诗句道出了龙舟竞渡的由来和悲屈原精魂飘何处的情感,使人感叹不已,浮想联翩。元代理学家袁易为汨罗江中上游的平江人,他在《重舞客中雨》的诗中写道:"住恨湘累远,他乡楚词同。流传成吊屈,泪没见英雄。"清代更有不少地方志记载了赛龙舟和龙舟竞渡之事,《湘阴县志·礼俗方言篇》说:"龙舟竞渡,纪念屈原,系属本地故实。"清代学者顾禄在《清嘉录》中有:"胜会山圹看水嬉,大船几处插红旗。契瓶人向波心跳,苦忆汨罗怀石时。"

唐、宋、元、明、清各代帝皇,均有临水边观看龙舟的娱乐,也属于游戏之类。《旧唐书》中记穆宗、敬宗,均有"观竞渡"之事。《东京梦华录》卷七,记北宋皇帝于临水殿看金明池内龙舟竞渡之俗。其中有彩船、乐船、小船、画舫、小龙船,虎头船等供观赏、奏乐,还有长之四十丈的大龙船。除大龙船外,其他船列队布阵,争标竞渡,作为娱乐。宋张择端《金明池夺标图》即描绘此景。又明代皇帝,在中南海紫光阁观龙舟,看御射监勇士跑马射箭。清代则在圆明园的福海举行竞渡,乾隆、嘉庆帝等均往观看。也有的是游船式竞渡。如《淮南子·本经训》"龙舟鹢首,浮吹以娱",是划着龙船、摇船在水上奏乐、游玩。

二、龙舟的分类

(一)按少数民族分类

当时楚国人民因舍不得贤臣屈原死去,于是有许多人划船追赶拯救。他们争先恐后,追至岳阳洞庭湖时不见踪迹,是为龙舟竞渡之起源,后每年五月五日划龙舟以纪念之。借划龙舟驱散江中之鱼,以免鱼吃掉屈原的尸体。龙舟是做成龙形或刻有龙纹的船只。古代那些有"真龙天子"之称的帝王们,行走水路时一般都要乘龙舟。如"天子乘鸟舟龙舟浮于大沼"(《穆天子传》),"上御龙舟,幸江都"(《隋书·炀帝纪》)。皇帝乘坐的龙舟,高大宽敞,雄伟奢华,舟上楼阁巍峨,舟身精雕细镂,彩绘金饰,气象非凡。南宋画院待诏李嵩画的"大龙舟",即是一例。民间用来竞渡的龙舟和皇家龙舟不可比肩,一般都做得窄小狭长一些,以利赛事。用作竞渡的龙舟,其形制因时代而变化,因地域而不同。据载,旧时西湖上的龙舟,约四五丈长,头尾高翘,彩画成龙形;中舱上下两层,船首有龙头太子和秋千架,均以小孩装扮,太子立而不动,秋千上下推移;旁列弓、弩、剑、戟等"十八般武艺"和各式旗帜。尾有蜈蚣旗,中舱下层敲打锣鼓,旁坐水手划船。

1. 傣族

傣族的龙舟长近 40 米、宽约 1 米,两头尖尖向上翘起,像一个巨大的梭子,细长的木制龙舟周身涂满了彩色图案。泼水节是傣族传统节日,而龙

第八章　具有民族传统特色的休闲运动方法指导

舟赛则是泼水节的主要内容之一,而且一般放在泼水节的第一天举行。

赛龙舟的这一天,人们穿上节日的盛装,早早来到河边,参加龙舟赛的每一条龙舟也早就准备妥当,披红挂绿的龙舟横排在起点整装待发。3声炮响,赛龙舟正式开始,每条龙舟有数十人之多,每条船中间站一名手持大锣的指挥者,边吆喝边打出有节奏的锣声指挥划桨的速度,船尾还有数人拨动大桨掌握船的航行方向。水手们分坐两边,顺着锣声的节奏奋力划桨,龙舟如同离弦之箭带着浪花向前驶去。首先达到的龙舟受到热烈欢迎和祝贺,水手们纷纷兴奋地跳入水中,畅饮大壶甜茶和大碗美酒,享受着赛龙舟第一名的荣耀和待遇。

2. 苗族

苗族赛龙舟不同一般,尤其是龙舟的制作别具风格,它是由3整根巨大的树干挖槽而成的原始龙舟,显得古朴而又结实。中间的母舟和旁边的两条子舟被平行捆绑在一起,船头和船尾分别做出龙头和龙尾的形状,然后分别涂以各种颜色,三舟合一的龙舟就此而成。

每年的农历五月二十四日是苗族的"龙船节",在"龙船节"的日子里,苗家人习惯乘坐龙船走亲访友。每当过寨时,龙船要鸣放铳炮,而亲友则在岸边燃起鞭炮迎接。龙船靠岸后,划龙船者拿出菜与饭在船帮就餐,小孩们必须围拢上来讨"路边饭",据说吃了龙船上的菜饭可以免祸和消灾。比赛时,龙舟船头挂起家禽以示吉祥,每条龙舟的苗家划龙船者个个剽悍强壮,头戴马尾斗笠,手持细长木桨,顺着锣声节奏奋力划桨前进。凡是参加龙舟比赛的,必须忙完农活,如插好秧等再去划龙船方感自豪,否则会受到大家的奚落和耻笑。

3. 白族

白族划龙舟在八月初八"耍海会"上进行,大山深处遍布着大大小小的深潭,这些由雪融化后所形成的大小水潭显得宁静而又神秘。有的深潭也有一望无际之感,生活在大山深处的少数民族对大海有着一种神圣的崇敬感,他们将这像海水一样蔚蓝的深潭称作"海子",即大海的儿子。

"耍海会"是白族的一个传统节日,划龙舟则是耍海会的主要活动。龙舟除有彩旗、绣球和响铃之类的装饰外,还将龙舟画成黄龙、黑龙、青龙等。每条龙舟一般有20名划船手,龙舟头还有数人的乐队在比赛时伴奏助威。比赛开始后,吆喝声、加油声、锣声、唢呐声、响铃声不停,热闹无比。各条龙舟绕过海子中的折返点标志后,第一个返回起点的即为胜者。

(二)按地方区域分类

苏州的龙舟分成各色,四角插旌旗,鼓吹手伏在中舱,两旁划手十六人。篙师执长钩立于船头,称作挡头篙。船头亭上,选面端貌正的儿童,装扮成台阁故事,称龙头太子。船尾高丈余,牵系彩绳,由擅长嬉水的小儿表演"独占鳌头""童子拜观音""指日高升""杨妃春睡"等节目。

　　湖北、湖南等地的龙舟短则23米多,长则36米,划动时有如游龙戏水。湖南溆浦是我国龙舟竞渡的发祥地,这里的龙舟竞渡还保留着很多原始古老的民间习俗,规模之大,竞争性之烈,曾让世人瞩目。溆浦是屈原流放地,历代溆浦人们都非常重视这一热闹非凡的节日。自东汉初马援平武陵蛮后,溆浦形成以初五为小端午,十五为大端午的习俗,龙舟初五下水,十五上岸,平日操练,十四、十五竞赛,整整十一天。

　　福建的龙舟,船首雕刻龙头,口能开合,舌能转动。福建背山面海,境内江河纵横,一千多年前民间就盛行龙舟竞渡。竞渡活动在端阳节前后,一般从农历五月初一开始至初五达到高潮,亦有个别地方把竞渡活动提前或延至中旬之后。龙舟的船、桨、舵均用杉木制作,颇为考究。船首安装木雕龙头,船身漆绘颜色鳞片,以色名舟,有白龙、黄龙、红龙、蓝龙、绿龙等,船身长短,划手多寡,因地而异,划法有站、坐两式。

　　贵州的龙舟由三只独木船联合而成,中间较长的一只称"母船",船上有鼓手指挥,两边的两只船身稍短,称"子船"。

　　温州各乡都有龙船,各庙宇设香官神,专管划龙船。每逢端阳节,有些地方要做新龙船,四月初一就擂鼓开殿门,祭香官神,开始造船。各地乡风一般都是五月初一才开殿门,祭神后即开划,俗叫"上水",龙船归去叫"收香",斗龙结束叫"散河"或"洗巷",并把河龙船翻转,次日再翻正,抬到庙中保存,还要祭香官神。

　　广东潮汕的龙舟有多种样式,正规的龙舟有龙头、龙颈、龙尾。龙身半圆而长,宽1.4米至1.6米,长短不一,有容纳12对桨、16对桨、32对桨不等,最长的可容纳52对桨。龙舟分红龙、黄龙、青龙、白龙数种,乌龙由于易出事,且有历史教训,为人们所忌讳。龙身龙腹按鳞甲模样涂彩,并根据红、黄、青、白龙种,突出各种颜色。色泽艳丽鲜明,图案漂亮。不同龙舟挂着长长的不同色泽龙须,标志突出。

三、龙舟的基本技术和参加人数

(一)龙舟的基本技术

　　现代竞技性龙舟有专门的划龙舟技术和方法。划龙舟的基本技术是由坐姿、握楫(桨)、入水划楫和集体配合4大内容组成。

第八章　具有民族传统特色的休闲运动方法指导

1. 坐姿

右排坐姿是左脚在前,全脚掌踏在母船板上;右脚在后,脚跟稍抬,脚掌踏在母船板上;下坐后大腿与臀部紧靠船的内沿。左排与右排坐姿技术要求相同,方向相反。

2. 握楫(桨)

右排坐姿的握楫是左手握桨把上端,虎口向上;右手握桨把下端即桨与把的交接处,握把自然放松。左排坐姿与右排坐姿握楫技术要求相同,方向相反。

3. 入水划楫

入水划楫时身体要前倾,楫入水的角度一般以 80°~90° 为宜。划行时,右排坐姿左手向前推,右手朝后拉,左排坐姿则动作相反。起楫向前时,楫不能碰水,以免产生阻力;也不能起楫过高,以免影响入水时间与配合一致。

4. 集体配合

集体配合很重要,要求握楫把一致,入水角度一致,入水深浅一致,因此必须听从锣声指挥。一般以咚(鼓声)入水、嚓(锣声)划水;起楫时吸气,划楫时呼气。

龙舟的鼓手、锣手和舵手的地位绝不可小视,鼓手是龙舟的指挥,一般由经验丰富的长者担任。鼓手根据比赛情况变化,将鼓点击出不同的节奏,划舟者则根据鼓点节奏而掌握划行的速度和力量;锣手的节奏感不但要强,而且要主动与鼓手密切配合,一般由体重较轻者担当,以减轻龙舟重量;舵手是把握方向的关键,舵手首先要有娴熟的掌舵技术,同时目测要正确,尽可能使船走成一条直线而不走弯道。

(二)龙舟的参加人数

龙船人数,额定三十六人,叫作一槽,就是俗称的"三十六香官"。如是小龙,船身十三档,划船的二十六人,船面管旗一、后梢二、唱神一、司鼓二、掌锣二、托香斗二,正合三十六之数。大龙有十八档,两旁划船的三十六人,加鼓、梢、锣、旗、唱神、托香斗六种执事十二人,就需四十八人。划船者穿衣,一船均依旗色。在苍南等地,则定为白衣白帽子是吊念屈原。(龙舟额定四十二人,划者三十六,前后梢各一,掌旗一,击鼓一,击锣一,唱神一,此四人俱站在龙舟中间。龙舟有十九档,坐十八挡,前方向空一档,龙舟在竞赛时不掉头,而是人转身反方向坐。龙舟的鼓声很有节奏,转身的鼓声为密集点鼓。

船面上,鼓在最中,两旁划的人要听鼓声,两头是梢桨,就是船舵,靠此端正舵向,所以俗语说:"鼓是令,梢是命。"锣是听鼓声的,也有鼓动的作用。旗是分明船色,使岸上观众能够辨认,只有执神杖唱神的,托香斗的,是为了奉香官神,在竞渡中没有作用。

四、龙舟的竞赛规则和赛事概况

(一)龙舟的竞赛规则

1. 航道

龙舟竞赛分男子和女子组直道竞速,男子组有 800 米、1 000 米、2 000 米、4 000 米等比赛,女子组有 400 米、600 米、800 米、1 000 米等比赛。赛场设在静水区域,一般设有 6~8 个航道,航道宽约 9 米、11 米和 13.5 米不等;水深约 2.5 米,航道每 50 米以内均有航道浮标以示标志,起点和终点两端的延长线均有标志杆。

2. 器材

按各地传统龙舟式样规格制造,制作材料不限。舵桨及划桨规格按各地传统要求制作。传统龙舟可按各习惯制作龙头和龙尾,并备有锣、锣架、鼓和鼓架等,另可带水标二个,预备划桨若干个。

3. 队员

队员必须身体健康,会游泳,熟悉水性。龙舟参赛队员为 25 人。每队设队长一名(运动员兼),比赛时必须佩戴标志。每队登舟比赛队员为 23 人,包括舵手、锣手、鼓手各 1 人,划手 20 人。每队替补队员 2 人。替换时需经裁判员验明资格,并于检录登舟前替换完毕,登舟后不能够替换。

4. 起航

赛前 5 分钟,龙舟进入航道。如赛前 2 分钟龙舟仍未进入航道,受警告一次;起航前,龙舟(龙头)前沿必须稳定在起航线,不服从指挥或有意拖延时间者,受警告一次;预备口令发出时,划手把桨举离水面;发令(鸣枪)后,划手方可入水划桨;发令鸣枪前入水划桨被判为抢航犯规,受警告一次。一条龙舟连续两次抢航犯规或在第三次被判犯规的队(不管该龙舟是第几次抢航)将被取消该场次的比赛资格。根据比赛规则,每一组的起航次数总共为 3 次。

第八章　具有民族传统特色的休闲运动方法指导

5. 划行

比赛划行中,各龙舟必须在规定的航道内划行,窜道干扰和阻碍其他龙舟,锣手和鼓手参与划桨,以及其他不道德行为等,将根据不同情节受到警告、中止比赛和取消该场次的比赛资格的处罚。

6. 终点

龙舟划至终点时,必须在本航道以龙舟(龙头)的前沿(不含龙须和龙角)到达终点线,经裁判长检查,被确认无误之后,比赛成绩方有效。如果有队员在比赛时落水而不在龙舟上,比赛成绩则被判无效。比赛中龙舟不按规定航道通过终点,途中调换队员或器材短缺,以及比赛成绩未经裁判长检查等均可能被判比赛成绩无效和取消成绩。

(二)龙舟的赛事概况

现在全国赛龙舟活动空前活跃,各省市龙舟活动极为频繁,仅福建就有龙舟千余条,每年的赛龙舟观众多达百万人,而且全国龙舟大赛已有女子龙舟队,这更是传统龙舟史上的一大创新。20世纪80年代,龙舟已被国家体育部门列为正式的竞赛项目,相继出版了《龙舟竞赛规则》和《龙舟竞赛裁判法》,国际和国内龙舟协会组织相继成立,古老的龙舟习俗翻开了崭新的一页。

随着龙舟活动的广泛开展和运动技术水平的不断提高,我国举办的龙舟大赛也越来越多,1987年,在福建厦门举办了"嘉庚杯"国际龙舟邀请赛;1992年,江西九江举办了"庐山杯"国际龙舟邀请赛;1999年,在上海举办了国际舞龙、龙舟、龙筝的三龙大赛;2000年,北京、杭州、厦门连续举办"炎黄杯"世界龙舟大赛;1997年,香港回归之际,香港举办了国际龙舟邀请赛,来自全球各地数十个国家和地区的龙舟队参加了比赛,中国广东龙舟队一举夺取了冠军,为香港回归祖国添上了喜庆的一笔;2017年举办第13届世界龙舟锦标赛,中国队获得19枚金牌,共有22个国家和地区2 000余名运动员参加了精英组、老将组两大类75个小项的角逐。本届赛事不仅是一个向世界阐释推介具有中国特色、体现中国精神、蕴藏中国智慧的优秀文化的好机会,也是一个向世界展示十八大以来砥砺奋进的五年伟大成果的好舞台。

第九章 具有极限挑战特色的户外休闲运动方法指导

休闲体育运动的方法有很多种,并且都是特色鲜明的,除了具有娱乐健身价值和民族传统特色的休闲运动方法之外,具有极限挑战特色的户外休闲运动方法也是较为常见的,并且受到人们,尤其是年轻人的喜爱,这与他们追求刺激与冒险的精神相适应。本章主要对蹦极与攀岩、冰雪运动以及水上运动这些休闲运动项目加以指导,从而使人们更加了解具有这一显著特色的户外休闲运动,并且为参与到这些运动项目中来提供科学的方法。

第一节 蹦极与攀岩

一、蹦极

(一)蹦极概述

蹦极就是跳跃者站在40米以上(相当于10层楼高)高度的桥梁、塔顶、高楼、吊车甚至热气球上,把一端固定的一根长长的橡皮绳绑在踝关节处。然后两臂伸开,双腿并拢,头朝下跳下去。绑在跳跃者踝部的橡皮绳很长,足以使跳跃者在空中享受几秒钟的"自由落体"。当人体落到离地面一定距离时,橡皮绳被松开、绷紧,阻止人体继续下落,当到达最低点时,橡皮绳再次弹起,人被拉起,随后又落下,这样反复多次直到橡皮绳的弹性消失为止,这就是蹦极的全过程。

可以说,蹦极是非常刺激的运动,同时也有着非常大的危险性,因此,为了保证运动的安全性,要求必须在蹦极前做好相应的检查工作,具体来说,需要检查的装备主要有弹跳绳、扣环、绑膝装备、绑脚装备、绑背装备、抱枕几个方面。

第九章　具有极限挑战特色的户外休闲运动方法指导

（二）蹦极运动方法指导

科学技术的发展使蹦极绳索质量和性能得到了极大的提高，蹦极的方式呈现多样化趋势，创造了多项世界蹦极之最。蹦极的技法很多，可以根据不同的标准将其分为不同的种类。

1. 按照跳跃方式来对蹦极的技法加以分类

按照这一分类标准，可以将蹦极的运动技法分为以下几种，每一种都有自己的特点和适用范围。

（1）绑腰前扑式

绑腰站于跳台上以面向前扑的方式跃下也是蹦极初学者的基本动作。此种方式类似于绑腰后跃式，但弹跳者面朝下，能真正感受到视觉上的恐怖与无助，当弹跳绳停止反弹时蹦极者会有劫后重生的欣喜。

（2）绑腰后跃式

绑腰站于跳台上采用后跃的方式跳下为蹦极初学者的第一个规定基本动作，弹跳时仿佛掉入无底洞，整个心脏都要跳出，约 3 秒钟时突然往上反弹，反弹持续 4～5 次，整个过程约 5 秒钟，体验真正的紧张和刺激。

（3）绑脚高空跳水式

此方式为弹跳者表现最酷的跳法，将橡皮绳绑于双脚踝上，弹跳者站于跳台上，展开双臂向前跃出，面朝下俯冲，恍若雄鹰展翅。

（4）绑脚后空翻式

跳法难度最高但最神气的跳法，将橡皮绳绑于双脚踝上，但背朝后站于跳台上。倒数五个数后即展开双臂，向后空翻，需要强壮的腰力及十足的勇气。

（5）绑背弹跳

被喻为最接近死亡感受的跳跃，弹跳者将橡皮绳绑于背上，倒数 5、4、3、2、1 后，双手报胸双脚往下悬空一踩，由高空坠落，顿时感觉大地旋转，地面物体由小变大，整个过程犹如与死神打交道。

（6）双人跳

用弹跳绳将两人紧紧扣在一起，同时从高空跳下，一般要求其中一方必须要有弹跳经验。

2. 按照操作的方法来对蹦极的方法加以分类

按照这一分类标准，可以将蹦极的运动方法分为以下三种。

（1）绑腰——踏出弹跳的第一步。

（2）绑背——尝试电梯断线后的坠落。

(3)绑脚——可体验奥运跳水选手俯冲的快感。

3. 按照蹦极的地点来对蹦极的方法加以分类

按照这一分类标准,可以将蹦极的方法分为以下三种。

(1)桥梁蹦极

在桥梁上伸出一个跳台,或在悬崖绝壁上伸出一个跳台。

(2)塔式蹦极

塔式蹦极主要是在广场上建造一个斜塔,然后在塔上伸出一个跳台。

(3)火箭蹦极

顾名思义,火箭蹦极是将人像火箭一样向上弹起,然后上下弹跃。

二、攀岩

(一)攀岩概述

攀岩运动被人们称为"峭壁上的艺术体操"和"岩壁芭蕾"。是一种只能靠运动员的双手、双脚蹬抓岩面上突起的支点、棱角或裂缝,移动四点钟的一点(三点不动一点动)向上攀登,因而极富刺激性的运动。

攀岩作为一种专门的运动萌芽于 19 世纪的欧洲,当时的攀岩运动是从登山运动中派生出来的现代竞技项目。20 世纪 50 年代末和 60 年代初,攀岩运动逐渐兴起。20 世纪 80 年代后,现代竞技攀岩的快速发展。许多训练有素的运动员们开始像准备参加奥运会那样刻苦训练,并使用高技术装备和科学攀登技术,使攀登运动达到了非常高的水平。由于攀岩是一项很好的健身运动,其特有的惊险性、技艺性、刺激性、竞争性和趣味性,吸引了越来越多的人,影响也越来越大。目前欧美各地除了建有专门的攀岩场地外,在很多公园和游乐场所,都建有攀岩场地,有的国家还把攀岩引入中、小学的教学课程。

攀岩运动有着特定的器材设备,其中,最主要的有攀岩鞋、头盔、服装,登山绳,安全带、保护铁锁、绳套、快挂、上升器和下降器,攀岩常用绳结,岩石锥、岩石塞、机械塞,以及背包、睡具、炊具、炉具、小刀、打火机等其他装备。

(二)攀岩运动方法指导

攀岩运动方法主要包括身体姿势、手臂的动作、脚的动作几个方面。

1. 身体姿势

在自然岩壁攀登时,上、下肢要协调舒展,盘眼要有节奏,上拉、下蹬要

第九章　具有极限挑战特色的户外休闲运动方法指导

同时用力,身体重心一定要落在脚上,保持面向岩壁、三点固定支撑、直立于岩壁上的攀登姿势。具体而言,攀岩的身体姿势包含以下几点。

(1)要准确把握身体重心

在攀岩的时候,攀岩者应明确地意识到自己重心的位置,灵活地控制重心的移动。移动重心的主要目的是在动作中减轻双手负荷,保持身体平衡。最基本的三点固定。单手换点时,一般把重心向对侧移动,使手在没离开原支点之前就已经没有负荷,可以轻松地出手。横向移动时,要把重心向下沉,使双手吊在支点上而不是费力地抠拉支点。一般情况下,应把双脚踩实,再伸手够下一支点,而不要脚下虚踩,靠从手上拉使身体上移。一定要注意体会用腿的力量顶起重心上移,手只是在上移时维持平衡。一般认为,身体要尽量贴近岩壁。常见一些高手往往身体离岩壁很远,这是因为他们常用的侧拉、手脚同点、平衡身体等技术动作的准备动作需要与岩壁间有一定空间,只是身体上升的一刻,身体贴向岩面。通常重心调节主要由推拉腰胯和腿平衡来达到。腰是人体中心,它的移动直接移动重心,较大的移动往往形成一些很漂亮的动作,把腿横向伸出,利用腿脚的重量来平衡身体也是常见的做法。

(2)要对攀岩节奏进行熟练准确地掌握

攀岩时要对攀岩的节奏,也就是动作的快慢和衔接加以注意。每个动作做完,身体都有一定的惯性,而且如果上一动作正确到位身体平衡也不成问题,这时可以利用这一惯性直接冲击下一支点,两个动作间不做停顿。这样你经常可以发现原来很困难的一些点,不知不觉间就通过了,否则过分求稳,一动一停,每个动作前都要先移动重心、调节平衡,然后从零开始发力,必然导致体力消耗过大。动作要连贯但不能毛糙,各个细节要到位,上升时一定要由脚发力,不能为快手拉脚蹬。手主要用做保持平衡和把身体拉向岩壁。动作不要求太快,要连贯。每个动作做实,一般做一两个连贯动作稍稍停顿一下,调整重心,观察选择路线,困难地段快速通过,容易地段稳定、调整。连贯—停顿—连贯—停顿……间歇进行,连贯动作时手脚、重心调整一定要到位,冲击到支点后要尽快恢复身体平衡。有必要时,可选好地段稍事休息,放松双手。

2. 手臂的动作

手在攀登中是抓住支点、维持身体平衡的关键,手臂力量的大小会对攀登的质量和效果产生直接的影响。手臂如何用力,在人工岩壁攀登和自然岩壁攀登时情况不同,前者要求第一指关节用力抠紧支点的同时,手腕要紧张,手掌要贴在岩壁上,小臂也要随手掌紧贴岩壁而下垂,在引体时,手指(握点)有下压抬臂动作,其动作规律是,重心活动轨迹变化不大,节奏更为明显。

具体来说,攀岩的手臂动作技术主要有以下两种。

(1)攀岩的手部技术

在攀岩的时候,手臂使用的根本目的是使身体向上运动和贴近岩壁。岩壁上的支点形状很多,常见的有几十种,攀登者对这些支点的形状要熟悉,知道对不同支点应抓握何处,如何使力。根据支点上突出(凹陷)的位置和方向,有抠、捏、握、拉、攥、推等方法。但也不要拘泥,同一支点可以有多种抓握方法。比如,有种支点是一个圆疙瘩上面有个小平台,一般情况是把手指搭在上面垂直下拉,但为了使身体贴近岩壁,完全可以捏住,手拉。又如有时要两只手抓住同一个支点时,前手可先放弃最好抓握处,让给后手,以免换手的麻烦。抓握支点时,尤其是水平用力时,手臂位置要低,靠向下的拉力加大水平摩擦力。要充分使用拇指的力量,尽量把拇指搭在支点上。对于常见的水平浅槽的支点,可把拇指扭过来,把指肚一侧扣进手槽,或横搭在食指和中指指背上,都可增加很大的力量。攀登中手指上的力量十分重要,可用指卧撑、引体向上、指挂引体向上、提挂重物等方法练习。现在国外一些高手已能达到单手引体向上的力量水平。

(2)攀岩的侧拉技术

在攀岩的时候,侧拉是常见的攀岩技法,它能极大地节省上肢力量,使一些原本困难的支点可以轻易达到,在过仰角地段时尤其被大量采用。其基本技术要点是身体侧向岩壁,以身体对侧手脚接触岩壁,另一只腿伸直用来调节身体平衡,靠单腿力量把身体顶起,抓握上方支点。以左手抓握支点不动为例,使身体朝左,右腿弯曲踩在支点上,左腿用来保持平衡,右腿蹬支点发力,右手伸出抓握上方支点。由于人的身体条件限制,膝盖是向前弯的,若面对岩壁,抬腿踩点必然要把身体顶出来,改为身体侧向岩壁就可以很好地解决这一问题,使身体更靠岩壁,把更多体重传到脚上,而且可利用上全身的高度,达到更高的支点。侧拉动作应当注意:身体侧向岩壁,踩点脚应以脚尖外侧踩点,不要踩得过多,以利换脚或转身。若此点较高,可侧身后双手拉牢支点,臀部向后坠,加大腰前空间,抬脚踩点,再双手使劲把重心拉回到这只脚上,另一条腿抬起,不踩点,保持平衡用,固定手只负责把身体拉向岩壁,身体完全由单腿发力顶起,不靠手拉,以节省手臂力量。发力前把腰肋顶向岩壁,体重传到脚上,千万不能松垮垮地坠着,这点在攀仰角时尤应注意。移动手应在发力前就向上举起,把肋部贴向岩面,否则蹬起后再把手从下划到头上,中间必会把身体顶离岩壁,加大固定手的负担。一次侧拉结束后,视支点位置可做第二个连续侧拉。双手抓稳

第九章　具有极限挑战特色的户外休闲运动方法指导

后,以发力脚为轴做转体,脸转向对侧,平衡腿在发力腿前交叉而过,以脚尖外侧踩下一支点。这时平衡腿变成了发力腿,移动手变成了固定手,做下一次侧拉动作。其间发力脚踩点一定要少,否则不易做转体动作。侧拉主要在过仰角及支点排列近于直线时使用。

3. 脚的动作

除了身体姿势和手臂动作外,要想进行攀岩运动,还必须有脚的动作参与,只有将这三个方面配合起来,攀岩运动才能得以进行。

具体来说,脚的动作主要为,两腿外旋,大脚趾内侧贴近岩面,两腿微屈,以脚踩支点维持身体重心,在自然岩壁支点大小不一和方向不同的情况下,要灵活运用。但要切记,膝部不要接触岩石面,否则会对脚的支撑和身体平衡产生一定影响,甚至会造成滑脱而使膝部受伤。另外,在用脚踩支点时,切忌用力过猛,并要掌握用力的方向。下面就对攀岩的脚步动作技法进行详细的阐述。

（1）攀岩的脚部技术

在攀岩的时候,脚部技术也是攀岩者最常使用的技法之一。研究发现,要想在攀岩中取得较好的成绩,脚部技术的把握就显得尤为重要。腿的负重能力和爆发力都很大,而且耐力强,攀登中要充分利用腿脚的力量。攀岩一般都穿特制的攀岩鞋,这种鞋鞋底由硬橡胶制成,前掌稍厚,鞋身由坚韧的皮革制作,鞋头较尖,鞋底摩擦力大。穿上这种鞋,脚踩在不到一厘米宽的支点上都可以稳固地支撑全身的重量。一只脚能接触支点的只有四处:鞋正前尖、鞋尖内侧边（拇趾）、鞋尖外侧边（四趾趾尖）和鞋后跟尖（主要是翻屋檐时用来挂脚）。而且只能踩进一指左右的宽度,不能太多,比如把整个脚掌放上去,为的是使脚在承力的情况下能够左右旋转运动,实行换脚,转体等动作。换脚是一项基本的技术动作,攀登中经常使用。常见到一些初学的朋友换脚时是前脚使劲一蹬,跃起,后脚准确地落在前脚原来的支点上,看起来十分利落,但实际上是错的,因为这样一方面使手指吃劲较大,另一方面造成身体失衡,更重要的是在脚点较高时无法用这种方法换脚。正确的方法是要保持平稳,不增加手上的负担。以从右脚换到左脚为例,先把左脚提到右脚上方,右脚以脚在支点上最右侧为轴逆时针（向下看）转动,把支点左侧空出来,重心还在右脚上,左脚从上方切入,踩点,右脚趁势抽出,重心过渡到左脚。动作连贯起来,就像脚底抹了油一样,右脚从支点滑出,左脚同时滑入,体重一直由双脚负担,手只用来调节平衡。双脚在攀登过程中除了支承体重外,还常用来维持身体平衡。脚并不是总要踩在支点上,有时要把一条腿悬空伸出,来调身体重心的位置,使体重稳定地传到另一只脚上。

(2)手脚同点技术

手脚同点技术,主要应用于攀岩者在攀岩过程中,出现一些手点高度在腰部附近的情况时,具体来说,就是攀岩者把同侧脚也踩到此点,身体向上向前压,把重心移到脚上,发力蹬起,手伸出抓握下一支点,其间另一手用来保持平衡的技术动作就叫做手脚同点技术。手脚同点需要的岩壁支点较少,且身体上升幅度大。需要强调的是,在进行手脚同点技术的运用时,若支点较高,应使身体稍侧转,面向支点,腰胯贴墙向后坠,腾出空间抬腿,不要面向岩壁直接抬腿。脚踩实后,另一脚和双手发力,把重心前送,压到前脚上,单腿发力顶起身体,同点手放开原支点,从侧面滑上,抓所握下一支点,另一手固定不动调整身体平衡。手脚同点技术主要用在支点比较稀少的线路上。

第二节 冰雪运动

一、滑冰

(一)滑冰概述

滑冰运动的产生与人类生活生产有密切的关系,有关滑冰的最早记载是公元936年。最原始的冰上滑行器是用动物骨制成,古人将兽骨系于鞋上在冰封的湖泊、河道上滑行。

1. 速度滑冰运动

速度滑冰是指在规定距离内以竞速为目的的滑冰比赛,是一种以冰刀为用具在冰上进行的竞速运动,是冰上运动项目之一。速度滑冰是冰上运动的源头,冰上运动的其他项目都是在速度滑冰的基础上产生和发展起来的。速度滑冰具有悠久的历史。

2. 花样滑冰运动

早在新石器时期,人类为了生产和生活的需要,用兽骨制成冰刀作为狩猎和生活中必备的交通工具。后来,人们用兽骨制成绑式冰鞋在冰上活动,随着人类社会的发展,逐步分化出以游戏和娱乐为主的冰上活动,即花样滑冰的雏形。

第九章　具有极限挑战特色的户外休闲运动方法指导

(二)速度滑冰运动方法指导

速度滑冰的运动方法主要由起跑、直道滑跑、弯道滑跑以及终点冲刺几个方面构成,具体如下。

1. 起跑

要做好起跑,需要对以下几个方面的技术动作加以注意。

(1)起跑姿势

以站立姿势为主要依据可以将起跑姿势分为两种:一种是正面起跑,其又可以分为正面点冰式起跑、丁字式起跑、蛙式起跑三种具体类型;另一种是侧面起跑,实际上就是指两刀平行与起跑线成一定角度的侧向站立的起跑;而以运动项目距离为主要依据,则可以将起跑姿势分为短距离起跑和长距离起跑。这里重点对两种较为典型的正面起跑姿势加以分析和阐述。

① 正面点冰式起跑

"各就位"口令下达后,前脚冰刀与起跑线约成 45°角,刀尖切入冰面,刀跟抬起保持稳定不动;后刀用平刃或内刃置于冰面,两刀间距略大于髋,两刀开角为 90°~120°,后刀刃应牢牢咬住冰面,以便起动时后脚冰刀快速发力;上体直立,两臂自然下垂,目视前方,体重大部分落在后腿上。

"预备"口令下达后,屈膝屈髋,降低身体重心,体重大部分移至前脚冰刀;重心前移,要做到肩超过前脚刀尖并位于前膝上方,前膝蹲曲角约为 90°,后膝约为 110°;头部与整个身体成直线,目视前方跑道;后臂微屈肘(约 90°~110°)并后举与肩齐平或略高于肩,前臂屈肘约成 90°,置于膝盖上方,两手半握。

保持上述动作静止不动两秒钟以上,鸣枪之前不改变动作。

② 丁字式起跑

起跑方法与点冰式起跑基本相同,不同的是:丁字式起跑两冰刀是以平刃在冰上支撑站立,重心位于两冰刀中间,即体重较均匀地置于两腿;丁字起跑的"预备"姿势,身体重心略有前移,但不能将体重大部分移至前脚冰刀,以免冰刀滑动。

(2)起动

起动是起跑的第一步,具体来说,就是指浮腿向前摆动迅速跨出着冰、后腿快速用力蹬离冰面的技术。要做好速度滑冰的起动,需要掌握以下几个方面的动作要领。

第一,迅速向前上摆动浮腿,并使前脚冰刀尽量外转。

第二,身体重心前移,成前冲姿势,快速用力蹬直后腿,身体向前"弹出",在后腿蹬直瞬间,两刀抬离冰面,身体有个腾空阶段;两臂配合腿的蹬踏动作,屈肘做小幅度快速摆臂;髋随重心移动而前送,外转的前脚冰刀以内刃踏切动作迅速着冰,并使刀跟落于前进方向的中线上。

第三,采用蛙式起跑,两手迅速撑离冰面,两腿同时用力蹬冰,并快速前摆浮腿。浮脚冰刀无须做外转动作。

2. 直道滑跑

直道滑跑这一技术主要包括滑跑姿势、自由滑行、收腿动作、单支撑蹬冰动作、摆腿动作、双支撑蹬冰动作、着冰动作、摆臂动作几个方面,具体如下。

(1)滑跑姿势

滑跑姿势在发挥技术、减少阻力、增加推进力并持续长时间的紧张工作方面起着非常重要的作用。一般来说,合理、正确的滑跑姿势可以使滑冰者保持最大用力能力、最大限度地减少滑跑中的阻力、快速地行进。

正确的直道滑跑姿势:上体姿势上体放松成背弓的流线型姿势。上体应倾至几乎与冰面平行或肩背略高于臀部,与冰面形成 $10°\sim25°$,上体要充分放松,团身,两肩下垂,力求接近流线型。头部微抬起,目视前方 10~20 米;腿部成低姿势。即大腿深屈,膝关节角度约 $90°\sim110°$,踝关节角度在 $55°\sim75°$,髋关节角度屈至 $45°\sim50°$,并使身体重心线(是通过身体重心的假设线)从后背下部穿过大腿,经过膝盖后与脚的中后部相接。

(2)自由滑行

蹬冰脚冰刀蹬离冰面后,另一条腿借助前次蹬冰惯性,在冰上支撑滑行至该腿开始蹬冰前的滑行过程,就是所谓的自由滑行。

滑冰者的支撑腿冰刀由外刃过渡到平刃支撑;鼻、膝、刀成三点一线的滑行姿势;身体重心放在冰刀中后部的上方;两肩保持平稳,上体朝着滑行方向稍倾斜;保持基本滑跑姿势,不得上下起伏。

(3)收腿动作

收腿动作是与自由滑行动作同步的协调动作。具体来说,要掌握以下几个方面的动作要领。

第一,起于蹬冰腿结束蹬冰变为浮腿开始收腿。

第二,利用蹬冰腿蹬冰结束的反弹力以及内收肌群收缩,将冰刀抬离冰面,完成收腿还原动作。

第三,浮腿屈膝放松,并以大腿带动,以最短路线直接内收至身体的矢状面。

第九章　具有极限挑战特色的户外休闲运动方法指导

第四,结束收腿时,浮腿大小腿与支撑腿靠拢,膝盖低垂,冰刀垂直于冰面。最后止于浮腿收至身体重心下方的矢状面。

(4)单支撑蹬冰动作

单支撑蹬冰动作的分界时机是从开始横向移重心起,到浮腿冰刀着冰止。具体来说,应该掌握的单支撑蹬冰的动作要领主要有以下几个方面。

第一,准确的蹬冰时机。准确适时地移动重心是非常重要的,身体总重心沿横向开始移动,浮腿从支撑腿后位开始向前摆动,身体失去平衡做积极"倾倒"压冰。

第二,牢固的蹬冰支点和侧蹬方向。冰刀以内刃切入冰面,刀尖指向滑行方向,形成牢固的支点并随身体重心横向移动,将全身力量集中地作用到冰面,向侧推蹬,产生强而有力的推进力。

第三,用刀刃中部蹬冰。注意绝不能将重心置于刀的前部开始蹬冰,以免造成身体重心偏前形成严重的后蹬冰错误,而削弱蹬冰力量。

第四,浮腿做协调配合。浮腿加速向前侧摆动,重心移动和蹬冰腿作加速展腿的协调配合动作,使蹬冰角(蹬冰腿的纵轴线与水平面之间的夹角)缩小,使水平分力加大,当浮腿前摆着冰时,则是快速伸膝展腿的最佳时机。蹬冰角可以决定蹬冰的力量效果。

(5)摆腿动作

在单支撑蹬冰的同时,浮腿做摆动动作,摆腿动作是蹬冰动作的组成部分。具体来说,需要掌握的摆腿动作要领有以下几个方面。

第一,浮腿从后位的矢状面摆向身体重心移动方向。

第二,膝盖领先,以大腿带动小腿摆向身体重心移动的方向(前侧方)。

第三,摆腿时,将大腿前摆置于胸下,使膝部由下垂状态向前上抬起贴近支撑腿膝部。

第四,当摆腿动作即将结束时,尤其强调大腿抬送至胸下和小腿前送刀尖微翘起的动作,此时,应做到两腿、两刀尽量靠近,并将浮脚冰刀放于支撑脚刀前面,以准备用刀后部着冰,则摆腿动作结束。

(6)双支撑蹬冰动作

具体来说,需要掌握的双支撑蹬冰动作要领有以下几个方面。

第一,自浮腿冰刀着冰开始,继续控制体重于蹬冰腿,随重心移动蹬冰角缩小,加快展腿速度,并在结束蹬冰时达到最快速度。

第二,保持冰刀内刃全刃压冰向侧推蹬的蹬冰方向,刀尖指向滑行方向。

第三,充分利用蹬冰腿肌肉长度,使肌肉产生尽可能多的能量,蹬冰距离(幅度)尽量延长,在加快展直腿的过程中作用力总时间相对加长,使蹬冰结束时产生最大蹬冰力量。

第四,蹬冰速度达到最快时,并将蹬冰腿充分伸直。即在蹬冰结束时,蹬冰腿(膝、踝)关节充分伸直,踝关节跖屈,蹬冰腿冰刀蹬离冰面。

(7)着冰动作

着冰动作也称下刀动作,是与双支撑蹬冰动作是同步协调完成的,指从浮脚冰刀着冰起,到完全承接体重止的动作。具体来说,需要掌握的着冰动作要领有以下几个方面。

第一,着冰前浮脚冰刀应尽量靠近支撑脚冰刀并领先 1/2 刀长的部位,刀尖稍翘起朝着新的滑行方向做好着冰准备。

第二,以冰刀的外刃(或平刃)和冰刀的后半部着冰。

第三,膝盖领先上抬,小腿积极前送,顺势做向前的快速着冰动作。

第四,尽量缩小着冰刀的出刀角度,接近直道方向着冰,使新的滑行方向沿直线滑行。

(8)摆臂动作

通常情况下,可以将摆臂动作分为单摆臂、双摆臂和背手滑行(不摆臂)三种类型,每一种类型都有其各自的特点和适用范围。其中,单摆臂多用于中长距离,以保持滑行节奏和速度的均匀;双摆臂多用于起跑、短距离和终点冲刺,以提高速度;背手滑行多用于弯道后的直道中,以延长滑步,放松一下。这里重点介绍双摆臂,摆臂时,两臂前后加速摆动,准确协调地配合是良好滑行技术的基础。摆臂力量、幅度要与腿部动作及滑跑速度相一致。两臂摆动有三个位向点,即左(右)臂的前高点、两臂的下垂点和左(右)臂的后高点。前摆时,臂从后高点顺势下落经下垂点加速向前上方摆至前高点,然后,臂从前高点回摆下落经下垂点,接着加速向后方至后高点。

具体来说,需要掌握的摆臂动作要领有以下几个方面。

第一,摆臂应领先于腿部动作,当腿部动作高速运动时,臂与腿才同步运动。

第二,两臂以肩为轴做独立的加速前后摆动。

第三,前摆至最高点时,手不超过肩高。肘部弯曲夹角在短距离时可小于 45°,在长距离时可在 150°~170°。

第四,后摆至后高点时,肘与手的动作要求是:短距离肘要保持弯曲状态,肘与肩部大致齐平,手略低于肘部,如后摆过高则摆臂路线会加长而降低摆臂速度;长距离则肘部不能弯曲,手臂在后高点可略超过头部。

第五,两臂贴近大腿摆动,使之与头、支撑腿、躯干成平行摆动方向,以保持平衡。

第九章　具有极限挑战特色的户外休闲运动方法指导

3. 弯道滑跑

弯道滑跑,主要由滑跑姿势、单支撑左腿蹬冰动作、右腿摆腿动作、双支撑左腿蹬冰动作、右脚冰刀着冰动作、单支撑右腿蹬冰动作、左腿摆腿动作、双支撑右腿蹬冰动作、左脚冰刀着冰动作这几个动作构成,具体如下。

(1)滑跑姿势

① 上体动作:上体前倾程度要比直道更接近水平状态。优秀选手上体前倾的水平角男女分别为长距离 16.5°和 14.8°,中距离为 15.7°和 13.4°。上体放松、团身背弓,成流线型并朝着滑行方向,身体成一线向左倾斜,保持平稳流线型状态。

② 头部、肩部与臀部动作:在弯道滑跑中,头部要与身体其他部分成直线,并始终要处于整个身体的领先位置;两肩始终保持平行稳定状态,并与离心力方向成一直线(即两肩处于半径延长线的平行位置);臀部始终保持与冰面平行。

(2)单支撑左腿蹬冰动作

单支撑左腿蹬冰动作指右脚冰刀离开冰面起,到右腿摆动后重新着冰的动作。具体来说,要掌握以下几个方面的动作要领。

① 保持两肩、臀部与冰面平行稳定状态;大腿和膝部位于胸下,并以左刀外刃牢固咬住冰面;保持后坐使身体重心位于冰刀中部。

② 展腿时,先展髋,与此同时深屈膝踝(压膝),当浮腿摆经蹬冰腿时,蹬冰腿膝关节开始积极加速伸展。

③ 沿弯道半径延长线向外侧蹬冰,使蹬冰腿肌肉完成最有效的蹬冰。

(3)右腿摆腿动作

右腿摆腿动作是指自右腿蹬冰结束抬离冰面起,到右腿加速摆动与左腿交叉后至右腿冰刀着冰的动作。具体来说,要掌握以下几个方面的动作要领。

① 屈膝以膝盖领先摆收右腿,在重力和屈髋、膝肌群内收的作用下,使腿部由外展动作变为内收和前跨动作。

② 右腿向左腿右前方朝着支撑腿加速摆动。

③ 右腿交叉经过左腿时,右刀跟要贴近左刀尖做交叉跨越动作,以保证左脚侧蹬,并为右脚着冰动作做好准备。

(4)双支撑左腿蹬冰动作

双支撑左腿蹬冰动作是指自摆动后的右脚冰刀着冰起,到左脚冰刀结束蹬冰离开冰面的动作。具体来说,要掌握以下几个方面的动作要领。

① 身体重量尽量控制在蹬冰腿上,充分利用体重完成最后蹬冰动作。

② 将蹬冰刀控制在臀下,用刀刃中部做快速向侧推蹬。

③ 当蹬冰结束时,在膝关节伸直的基础上,重心移向冰刀的前半部,使踝关节迅速跖屈,以增加蹬冰腿做功距离和充分发挥肌肉的有效功量。

(5)右脚冰刀着冰动作

右脚冰刀着冰动作是指自右脚冰刀以内刃着冰起,到该腿完全支撑承接体重左腿蹬冰结束冰刀离冰的动作。具体来说,要掌握以下几个方面的动作要领。

① 着冰点应在支撑脚冰刀左前方(靠近支撑脚冰刀),沿弯道滑行方向(贴近弯道切线方向),使着冰脚冰刀准确地落在重力与离心力的合力点上。

② 刀尖抬起朝着切线方向,以刀跟内刃先着冰。

③ 右腿以前跨动作使膝部朝着弯道滑行方向,并保持右脚冰刀着冰后的小腿向左倾斜度,顺势着冰。

(6)单支撑右腿蹬冰动作

单支撑右腿蹬冰动作是指自左脚冰刀离开冰面起,到左腿摆动后重新着冰的动作。具体来说,要掌握以下几个方面的动作要领。

① 右腿蹬冰基本与直道右腿蹬冰动作相同。

② 左腿蹬冰结束,右腿即刻蹬冰。左腿蹬冰结束时,右腿沿着弯道切线方向滑行开始蹬冰,并逐渐滑离雪线,此时身体重心却沿着另一切线方向移动(冰刀与重心运动方向不同),随右腿滑离雪线,腿部应弯曲(压膝、踝),当左腿摆收到与蹬冰腿成交叉部位时,蹬冰腿应积极展髋、展膝,向侧蹬冰。

③ 整个身体成一线保持向左倾斜平移姿势(两肩、臀部与冰面平行),冰刀以内刃咬住冰面,沿切线方向滑行并沿弯道半径向侧蹬冰。

④ 利用冰刀内刃中部,加速完成侧蹬动作。

(7)左腿摆腿动作

左腿摆腿动作是指自左腿结束蹬冰冰刀蹬离冰面开始,到左腿冰刀着冰的动作。具体来说,要掌握以下几个方面的动作要领。

① 借助蹬冰结束时的反弹力和重力在股内收肌作用下摆收左腿。

② 刀跟抬起,刀尖向下,冰刀几乎垂直于冰面,屈膝、屈髋完成提刀动作。

③ 以膝盖领先大腿带动,沿身体重心移动方向加速摆收。

④ 在摆腿过程中,大腿做向上抬送动作,使刀尖由朝下变为与冰面平行动作。

(8)双支撑右腿蹬冰动作

双支撑右腿蹬冰动作是指自左脚冰刀着冰起,到右腿蹬冰结束冰刀离

第九章 具有极限挑战特色的户外休闲运动方法指导

冰的动作。具体来说,要掌握以下几个方面的动作要领。

① 展腿达到最高速,右腿快速展直完成蹬冰动作。

② 保持两肩、臀部与冰面平行移动,随蹬冰腿加速伸展,使蹬冰角达到最小角度。

③ 蹬冰时,右脚冰刀内刃牢牢地咬住冰面,避免在蹬冰结束阶段出现滑脱现象。

④ 采用新式冰刀技术时,当蹬冰结束时,重心移至冰刀前半部,使踝关节跖屈,充分伸直蹬冰腿。

(9)左脚冰刀着冰动作

左脚冰刀着冰动作是指自左脚冰刀的外刃着冰起,到左脚冰刀完全承接体重右腿蹬冰结束冰刀离冰的动作。具体来说,要掌握以下几个方面的动作要领。

① 左腿前送到位。要做到展膝屈踝,将刀尖抬起。

② 左脚冰刀以外刃、冰刀的后部先着冰。

③ 沿着弯道标记的切线方向着冰,以便向贴近弯道标记滑进,以延长蹬冰距离。

④ 着冰动作要做到前冲、迅速,并与快速结束蹬冰动作配合同步协调。

4. 终点冲刺技术

终点冲刺是全程滑跑的一部分。在全程滑跑的最后阶段,运动员应努力保持合理的滑跑技术,竭尽全力滑完全程,并以合理有效的冲刺技术触及终点线,完成冲刺。具体来说,要掌握以下几个方面的动作要领。

(1)保持正确的滑跑动作和已取得的滑跑速度,注重向侧蹬冰质量。同时,采用双摆臂加快蹬冰节奏。

(2)以"箭步送刀"的方法结束用冰刀触及终点线的最后冲刺动作。

(三)花样滑冰运动方法指导

通常情况下,可以将花样滑冰技术分为单人花样滑冰技术、双人花样滑冰技术、冰上舞蹈技术三个类型,这里重点对单人花样滑冰的技术方法加以分析和阐述。

1. 基本滑行技术

花样滑冰运动的基本滑行技术主要有以下方面。

(1)冰上站立

两脚稍分开,与肩同宽,平稳站立,冰刀与冰面保持垂直,两膝微屈,上体保持正直(稍前倾),重心落在支撑脚上,两臂在体侧前伸开,自然控制身体平衡,目视前方。

(2)单足蹬冰、单足向前滑行

准备姿势与双足滑行相同,在蹬冰结束后要保持重心不变和单足向前滑行姿势,蹬冰足放在滑足后,保持身体重心平稳,换脚时,浮足要接近滑足,两臂在两侧自然伸展。

(3)双足向后滑行

双足成内八字形站在冰面上,足尖靠近,足跟分开,身体重心在冰刀前半部,双膝微屈。开始时双足同时用内刃向后蹬冰。双足间的距离同肩宽时,将双足跟向内收紧,形成双足平行向后滑,同时两膝逐渐伸直,靠拢后再次蹬冰,如此反复进行。

(4)前外刃弧线滑行

以左足内刃蹬冰,用右足外刃滑出为例,身体向右侧圆弧内倾斜转体,右臂在前,左臂在后,滑足膝部逐渐伸直。换足时右足用内刃蹬冰,左足用外刃着冰,滑出前外弧线。滑膝的伸屈要和两臂及浮足的移动协调一致。

(5)前内刃弧线滑行

以右足滑前内弧线、左足内刃蹬冰为例,右足用内刃向前滑出,身体重心向左倾斜,转体,右臂在前、左臂在后,面向滑行方向,右膝微曲,左足蹬冰后沿滑线靠近滑足前移,逐渐伸直,滑足膝部逐渐伸直,换足时右足用内刃蹬冰,左足用内刃滑出。

(6)后外刃弧线滑行

双足平行站立,两肩和臂平放,面向滑行的方向,用右足后内刃蹬冰,两臂动作协调配合,右臂用力向后滑行方向摆动,左臂在前。右足蹬冰后迅速放在滑足前,左足做后外刃弧线滑行,当滑行到弧线一半时头向圆内,上体随着向外转动,浮足靠近滑足移向滑线前,上体姿势不变。然后再做右后外弧线滑行。

(7)后内刃弧线滑行

双足平放在冰面上,背向滑行方向,两臂伸向身体两侧,用右足蹬冰,左后内刃做弧线滑行,右臂在前,左臂向滑行方向用力摆动,右足蹬冰后迅速放在滑线后,滑至弧线的一半时,浮足向滑足靠近,上体均匀缓慢地向圆内转动,浮足伸向滑线前,上体保持姿势不变。换足继续滑行,方法同上,方向相反。

(8)急停

在滑冰项目中,急停能够使在练习时受伤的情况得到有效避免,除此之外,还能够在表演节目的段落和结束时,有效增强表演的效果。通常情况下,急停的形式主要有以下两种。

第九章　具有极限挑战特色的户外休闲运动方法指导

① 双足向前内刃急停：在向前滑行时，突然将足尖靠近，足跟分开，身体重心后移，两腿微屈，双膝靠近，形成用双足冰刀内刃向前刮冰的急停动作。

② 单足前外刃急停：在向前滑行时，突然用右或左足前外刃做横向刮冰急停动作，身体稍向后倾，另一足离开冰面。

2. 基本旋转技术

在花样滑冰中，旋转动作是重要技术内容之一。一般情况下，大多数人习惯于向左的逆时针方向旋转，也有少数人能掌握左右两个方向的旋转。这里主要对左逆时针方向的旋转加以分析和阐述。

(1) 双足旋转

双足旋转是由两只脚支撑冰面的旋转动作，它是旋转动作中难度较小的一种。双足旋转又可以分为两种形式，具体如下。

① 双足直立旋转：原地直立，双足分开与肩同宽，左臂在前右臂在后，双膝微屈。旋转开始时，左臂带动左肩用力向左后摆动，右臂带动右肩用力向前摆动，双膝同时迅速伸直，使整个直立的身体形成一个旋转的轴心和两个相反的转动力，此时便形成了左后内刃—右前内刃的双足直立旋转。在旋转开始的前几圈，两臂呈对称侧平举姿势，以控制身体平衡和转动轴心。此后可收回两臂于胸前，以缩小旋转半径，加快旋转速度。在旋转结束时，伸开双臂，减缓旋转速度，用右后外刃或左前外刃弧线滑出。

② 双足直立交叉旋转：从双足直立旋转开始，在起转后，左足经右足前方，顺旋转方向滑至右足前外侧，形成双腿和双足交叉姿势，用右后外刃和左前内刃成对称的双足交叉旋转姿势，足尖靠近足跟分开。其他要求同双足直立旋转。

(2) 单足旋转

单足旋转是由一只脚在冰面上旋转的动作。具体来说，又可以将这一旋转技术分为以下三种类型。

① 单足直立旋转：先滑一右后内弧线，浮足在后远离滑足，右臂在后左臂在前，起转前右足用力蹬冰，将身体重心移向左足，左足滑前外刃齿制动，成后内刃转动，右足伸直摆到右前方，开始两臂侧举，待重心稳定后，两臂和浮足再靠拢身体加快转速，身体重心始终保持在冰刀的前三分之一处，结束时两肩臂侧举、左脚蹬冰、右脚用后外刃滑出。

② 单足直立快速旋转：在旋转时将右足收回，沿左腿前外侧由膝部向下滑动，使两脚形成交叉状，缩小旋转半径，加大旋转速度。

247

③单足直立反旋转：在完成右前内—右后外 3 字转体后，立即用右后外刃在原地做旋转动作，两臂动作呈侧平举姿势，左浮足在左前外侧，当旋转重心稳定后，收回两臂和浮足，加快旋转速度。也可将左足和左腿交叉放在右腿滑足前外侧。结束时以右后外刃或左前外刃弧线滑行。

(3) 跳接旋转

跳接旋转是将跳跃动作与旋转动作结合为一体的旋转动作。具体来说，又可以将这一旋转技术分为以下两种类型。

①跳接蹲踞旋转：开始时，用左前外刃起跳，上体保持直立，当用刀齿制动起跳时，滑腿膝部弯曲，两臂由左右前方同时向上摆动，右腿经侧后方向前摆动，左腿在空中形成蹲踞姿势，当身体向下落时，应尽快将左足向下伸直，用刀齿触冰，然后再过渡到左后内刃上，此时右腿顺势向旋转方向自然摆动，左腿迅速下蹲，两臂收至胸前，形成蹲踞旋转。结束动作同其他旋转动作。

②跳接反蹲踞旋转：开始时，同跳接旋转技术基本相同。起跳后，右腿在侧后方摆动向前，并尽快弯曲成蹲踞姿势，同时左腿迅速向前外侧伸展，两臂向前外方向自然伸展，保持身体平稳，身体下落时，迅速将右腿向下伸直，用刀齿触冰后下蹲，左腿向旋转方向摆动，两臂收至胸前，形成右后外刃反蹲踞旋转动作，结束动作同其他旋转动作。

3. 基本跳跃技术

跳跃技术动作是滑冰中很重要的技术动作。起跳方式分为单足刃起跳和点冰跳两大类，主要的跳跃动作有华尔兹跳、阿克谢尔跳、鲁卜跳、沙霍夫跳、点冰鲁卜跳、菲力普跳等，不同跳跃技术难度不同，同一跳跃也因在空中转体周数不同而有所差别，周数越多，难度也越高。但不管是哪一种跳跃技术，都包括以下几个技术环节。

(1) 准备：这一阶段是从滑腿屈曲开始到起跳前为止，包括从运用滑行技术来增加速度的助滑到起跳前缓冲。跳跃的准备阶段是为增加起跳的效果做好充分准备，主要技术有滑腿屈伸与四肢预摆的配合。

(2) 起跳：由身体重心从最低点开始到滑足即将离冰结束，包括四肢下摆、上摆、滑足蹬直制动和预转的技术配合。

(3) 空中动作：由冰刀离开冰面开始到冰刀触冰结束，包括收回四肢（加速转）、展四肢（减速转）、转体技术及其配合。

(4) 落冰：由落冰足触到冰面开始到身体重心降至最低点为止，包括深屈滑腿和展四肢的技术。

二、滑雪

(一)滑雪概述

手持滑雪杖、足踏滑雪板在雪面上滑行的运动,就是所谓的滑雪运动,其关键要素是"立""板""雪""滑"。滑雪运动在许多国家是冬季中最受欢迎的休闲和竞技项目。

滑雪运动,特别是现代竞技滑雪发展至今,项目不断增多,领域不断扩展。目前,世界比赛正规的大项目有:高山滑雪、北欧滑雪(越野滑雪、跳台滑雪)、自由式滑雪、冬季两项滑雪、雪上滑板滑雪等,各大项又分成众多小项。纯竞技滑雪具有竞争性、专项性的特点;休闲滑雪则是以娱乐、健身为目的,男女老幼均可参与的雪上运动。

1. 越野滑雪

越野滑雪是从北欧发源而来的,因此,也往往被称为北欧滑雪。越野滑雪是在低山丘岭地带的(平地、下坡、上坡各约占 1/3)长距离滑行,安全系数高、健身效果显著,参与性广泛。

2. 高山滑雪

高山滑雪是在北欧的阿尔卑斯地区发源而来的,因此,也往往被称为阿尔卑斯滑雪。高山滑雪是在越野滑雪基础上逐步形成的。高山滑雪具有惊险、优美、自如、动感强、魅力大的特点,所以被视为滑雪运动的精华和象征,是休闲滑雪的首选和主体项目。

(二)越野滑雪运动方法指导

越野滑雪的运动方法,主要包括蹬冰式滑行、单蹬式滑行、登坡滑行、转弯滑行以及滑降几个方面,具体如下。

1. 蹬冰式滑行

蹬冰式滑行是指运动员在平地或缓下坡地段,两腿按速度滑冰方法蹬动与滑进,双手虽持杖但不使用,只是配合腿部动作而摆动,或将两杖夹在腋下而不摆动。一般地,运动员一腿蹬动后,身体重心必须移到滑行腿板上,使之延长自由滑进距离。上体放松前倾成弧形,以减少空气阻力;膝关节尽量弯曲,增加蹬动时间,小腿与地面夹角以 70°～80°为宜;注意蹬动方向应与雪板纵轴垂直,出板角度应尽量缩小。蹬冰式滑行适合在平地及缓坡,当滑行速度达到 7.5～8 米/秒时运用。

通常情况下,可以将蹬冰式滑行具体分为两种类型,一种是一步一撑蹬冰式滑行,另一种是两步一撑蹬冰式滑行。

(1)一步一撑蹬冰式滑行

①双杖推撑的同时,右脚蹬动并移重心至左板。

②左脚向前滑进,右脚蹬动后向左板靠拢。

③自由滑进的左脚再蹬动,同时开始撑杖。

(2)两步一撑蹬冰式滑行

①右板向前滑进并利用内刃进行有效的蹬动,接着将重心移到左侧板上并承担体重向前滑行,同时两侧杖推撑,但左侧杖的推撑力要大于右侧杖。

②连续若干次后,调换至另一侧开始,如此反复。

2. 单蹬式滑行

单蹬式滑行的动作要领主要有以下三个方面。

(1)用右腿雪板内刃向侧用力蹬动,两杖同时向后推撑。

(2)蹬动结束后,重心移向左侧板并承担体重向前滑进,与此同时,双杖前摆。

(3)左板向前滑进一段距离后,重心向右倾,右板着地后,准备再一次蹬动,两杖前摆插地。

(4)右脚准备再一次蹬动,两杖插入板尖两侧。

3. 登坡滑行

具体来说,登坡滑行的形式主要有以下两种。

(1)两步一撑蹬冰式滑行登坡

①上坡时步频不需要明显加快,由于膝关节弯曲度大,登行效果也好。

②两杖用力不同,滑行板侧用力较大。插杖也不对称。

③随着坡度的增大,两步一撑第一步滑行距离较短,往往只起到过渡作用。

(2)交替蹬撑滑行登坡

蹬动及撑杖的配合与"两步一撑蹬冰式滑行"一样,只是两脚的蹬动与滑行方向不同。动作节奏和每步滑行距离应随坡度变化而变化。滑行条件好时,每步的滑行距离应稍长些。

4. 转弯滑行

在转弯滑行时,要掌握一定的动作要领,具体如下。

(1)身体向弯道圆心侧倾倒。

(2)内侧板沿弯道切线方向滑进,并时刻调整方向,勿远离圆心。

第九章　具有极限挑战特色的户外休闲运动方法指导

(3)外侧板应按弯道的法线方向向外侧蹬动,同时需要加快频率,以便与内侧板相配合,变换转动方向。

5. 滑降

自由技术滑行的滑降技术方法与传统技术的滑降技术方法相同。但因越野滑雪板的宽度与高山板不同,雪鞋后跟部也不固定在板上,速度快时不易控制,容易失去平衡。所以必要时要先控制速度,从而使失去平衡的情况得到有效避免。

(三)高山滑雪运动方法指导

高山滑雪运动方法主要包括两个方面,一方面是滑降技术,另一方面是转弯技术,具体如下。

1. 滑降技术

高山滑雪的滑降技术是指从高处向低处滑下的技术。从板形上可将滑降分为三种主要类型,即直滑降、犁式滑降、斜滑降。每一种类型都有其各自的特点,具体如下。

(1)直滑降

直滑降是指双板平行,面对垂直落下线直线下滑的技术。通过直滑降的练习主要应掌握基本滑行姿势,体会速度、滑行感觉及重心位置,提高对不同坡度的适应能力及对雪板的控制能力。直滑降的技术重点是用腿部的屈伸来调节并保持正确的滑行姿势。

双板平行稍分开,体重均匀地放在两腿上,两脚全脚用力。上体稍前倾,髋、膝、踝关节稍屈,呈稳定的稍蹲姿势,保持随时可以进行腿部屈伸状态。两臂自然垂放两侧,肘稍屈以协助保持平衡,肩部应始终处于放松状态。目视前方,观察场地及前方情况,防止低头看雪板。

(2)犁式滑降

犁式滑降是雪板呈八字形从山上直线滑下的技术动作。

双膝稍屈并略有内扣,重心在两板中间,两脚跟同时向外展,推开板尾,使雪板成八字形。眼睛向前看,上体稍前倾,上体、双臂及肩部放松,两手握杖自然置体侧,杖尖朝后方撑地滑行。

(3)斜滑降

斜滑降是指在斜滑坡上不是沿着垂直落下线下滑,而是用直线斜着滑过坡的技术。

斜对山下站立,肩、髋稍向山下侧转形成外向姿势。上体稍向山下侧倾而膝部向山上侧倾,用双板山上侧刃刻住雪面。在下滑过程中,时刻把握从山上向下踩住雪板的感觉,上侧板比下侧板向前一些,双板应平行;保持上述姿势并注意两肩的连线、髋的连线和两膝的连线与坡面几乎平行。身体姿势变化与用刃是协调一致的,共同控制用刃强弱及速度,两臂自然放松,目视前方 8~10 米处。

2. 转弯技术

高山滑雪的转弯技术是指改变方向的滑行技术。通常情况下,可以将转弯技术大致分为四种类型,即犁式转弯、双板平行转弯、蹬跨式转弯和跳跃转弯每一种类型都有其各自的特点和动作要领。

(1) 犁式转弯

在犁式滑降姿势的基础上将体重逐渐向一侧板上移动,保持雪板外形不变,进行自然转弯。单侧腿加力伸蹬时,保持八字形不变,自然形成转弯。立刃转弯也同样如此。无论是移体重、单腿加力伸蹬还是单板加强立刃的转弯都必须注意雪板外形,身体姿势不改变。

(2) 双板平行转弯

保持一定的速度进入转弯的准备阶段,提重心、移体重。体重向转弯内侧移,一板内刃、一板外刃蹬雪,滑入垂直落下线。继续向前屈膝、屈踝,体重移动结束后点杖开始,外、内板的体重比例为 7 比 3。上一个转弯的动作结束阶段和下一个转弯的点杖,踝关节应有蹬实踏实的感觉,身体处于直立状态。利用蹬踏的反作用力与向内倾倒,向斜上方提起体重。再次滑入向垂直落下线的方向,此时应有骑自行车或摩托车时体重在转弯的内侧、轮胎(雪板)牢牢地抓住地面的感觉。

(3) 蹬跨式转弯

在双板滑进的基础上弧内侧(右)板稍抬起并跨出,注意左板向弧外蹬出、右板跨出、左板蹬出应同时进行。外侧板(左)强有力地用刃刻、蹬雪为右板增大了向新的转弯方向的推进力,右腿主要承担体重。左侧板蹬板结束,重心升高,收板向左侧倾倒。然后双板平行进入新的回转弧。

(4) 跳跃转弯

借助雪包或自身力量跳起,在空中改变雪板方向或变刃后着地。雪板蹬出,加大转动速度,注意保持重心位置及落地缓冲。适时跳跃转弯。起跳、空中动作的进行及调节、落地缓冲、继续滑进等动作应有机和连贯。

三、冰球

(一)冰球概述

冰球运动是以冰刀、冰球杆和冰球为工具,在冰上进行的一种相互对

第九章　具有极限挑战特色的户外休闲运动方法指导

抗的集体性竞赛活动。据记载，早在二三百年以前，世界上的一些国家和地区，如荷兰、俄罗斯、中国及北美、北欧等地就有不同形式的在冰上打"冰球"的游戏。而现代冰球运动起源于加拿大，距今已有一百余年的历史。

(二)冰球运动方法指导

冰球运动方法主要包括滑行技术，运球技术，传、接球技术，射门技术，抢截技术，跪挡技术，守门员技术几个方面，具体如下。

1. 滑行技术

冰球运动最基本和最常用的技术，就是滑行技术。具体来说，其主要包括：直线向前滑行，直线倒滑，正滑转弯滑行，倒滑转弯滑行，单脚的内、外刃转弯，正滑、倒滑压步，起跑，急停，转体，跳跃等具体技术。

2. 运球技术

运球技术是冰球运动中基本和常用的技术，主要包括拨球、推球、拉轩过人及倒滑运球等。这一技术往往在过人前的反向拉球假动作及传球和射门假动作，以及快速运球时用推球动作以加快速度时较为适用。

3. 传、接球技术

传、接球是完成进攻战术配合的主要手段，只有快速、准确和熟练的传接球，才能有效地完成各种进攻战术的配合。通常，传、接球技术的优劣是衡量一支球队技术水平高低的重要标志之一。

传球技术包括正拍传球、反拍传球、弹传、传腾空球和挑传球等。

接球技术包括正拍接球、反拍接球、冰刀接球和杆柄接球等。

4. 射门技术

在一场比赛中，一般射门为30～40次，多的可达70次以上，而只有快速且准确地射门才有可能得分。因此，射门技术是重点技术，是决定比赛胜负的关键。

射门技术包括正手拉射、反拍推射、弹射、击射、挑射和垫射。

5. 抢截技术

通常情况下，可以将抢截技术分为两种类型：一种是用杆抢截，其主要包括戳球、勾球、挑杆抢球和压杆抢球。另一种是合理冲撞，又可以将其进一步分为肩部冲撞、胸部冲撞、臀部冲撞和向界墙挤贴。

6. 跪挡技术

跪挡往往在防守和抢截时较为适用，通常，可以将其分为单腿跪挡和双腿跪挡两种具体形式。

7. 守门员技术

守门员是队内最重要的队员，在一支冰球队中，前锋队员作为两翼去摧城拔寨，中锋队员作为全队的灵魂来组织进攻，而守门员则作为全队的后盾以确保球门不失。

对于一名守门员来说，较强的自信心和意志力，较好的灵敏性和反应能力，以及较强的爆发力都是必备的重要素质。除此之外，以下防守技术的十大动作也是不能忽视的。

(1)用球拍挡球。用球拍的不同位置挡住并控制住来球并传出。
(2)抓球：当球射到膝部以上时可用抓手抓球。
(3)挡球：对射到门拍一侧的高球可使用挡手防守。
(4)全分腿挡球：两腿在冰上迅速分开，以阻挡射到远处的下角球。
(5)分腿挡球：一腿跪下、另一腿伸出，用于防守底角球。
(6)双腿侧躺挡球：多用于对付晃门和远侧冰面球。
(7)蝶式跪挡：多用于对付晃门和冰面球。
(8)侧踢球：对付侧面的快速低射球，可用护腿踢球。
(9)刀挡球：冰刀挡球多用于防守射底角球的快速动作。
(10)戳球：在门前混战的情况下，守门员可迅速果断地用球拍戳球完成防守动作。

四、雪上滑板

(一)雪上滑板概述

雪上滑板运动20世纪中叶起源于美国。雪上滑板通常可以分为两种类型，即高山滑板和自由式滑板。高山滑板是计时项目，自由式滑板则由裁判根据运动员的技巧和表演的难度水平来评分。冬奥会滑板滑雪项目一般设四个小项。男子项目设有平行大回转和雪上技巧两个小项；女子项目设有平行大回转和雪上技巧两个小项。

滑道技巧的场地为"U"形滑道，长120米，宽15米，深3.5米，平均坡度18°。滑板稍软，较宽，靴底较厚。比赛时运动员在"U"形滑道内边滑行边利用滑道做各种旋转和跳跃动作。裁判员根据完成的动作难度和效果评分。主要动作有跃起抓板、跃起非抓板、倒立、跃起倒立、旋转等。

(二)雪上滑板运动方法指导

一般来说，雪上滑板运动方法主要包括横滑，注视、转弯、滑行两个方

第九章　具有极限挑战特色的户外休闲运动方法指导

面,具体如下。

1. 横滑

横滑,是初学滑板所要学的重要入门课程;滑板滑雪跟滑雪板一样,也是有钢边用于控制速度、转弯及刹车。选择一处整理过的缓坡,尝试性地站起来。假如没有任何控制,脚上的滑板会依惯性原理开始直直地向下移动;如果屁股坐地就压住脚跟边的钢边撑起;若是向前跪倒,想当然是用脚尖边的钢边撑起来。体会钢边对雪地的动作,慢慢地你会逐渐平衡,千万别蹲着,要站起来,这是成功的第一步。

在雪上滑板的动作里,几乎每一个动作都可分为"脚踵边"(面向山谷)和"脚趾边"(背向山谷)。练习动作时,脚踵和脚趾两边都要练习,否则练习转弯时,可能会造成动作不顺畅的问题。

在刚刚学会雪地上滑板的初期,往往会出现滑板无法保持横向的情况,这时候,可以利用前脚拉、后脚推的方式,努力把滑板摆成横向。开始下滑时,利用钢边控制速度。膝盖保持弯曲,如此可以有效地操控滑板,更重要的是能降低重心保持平衡。钢边压得多,速度就慢;想要速度快一点,压边的力量就放小一点,交互练习脚踵和脚尖的压边动作。

在熟悉横滑动作后,就要进行"Z"字形滑降(又称落叶飘)的练习;这个像似落叶漂流的动作,对于初学者是十分安全而有用的,能够不用转弯又可以安全的下滑,可说是一举两得。和滑雪一样,眼光随着移动的方向望去;想要做一个右移的动作,随着目光的右移,同时也将身体重量移至右脚,左侧移动作相同。滑板自一方移至另一方的"Z"字,称为"交换站姿",也有人称为"飞骑",这个动作利用倒压边的动作,来控制速度与方向,多多练习对正式学习转弯动作十分有帮助。

2. 注视、转弯、滑行

要想做一个漂亮的转弯,需要具备的前提条件有两个:一个是正确的站姿,另一个就是基本滑行法——横滑。转弯时身体是随着滑板而移动的。以左脚在前、右脚在后为例(面向右侧)。

当准备以脚跟压边左转时,首先要两眼注视左方,肩膀及身体转为面向下方,滑板将向山谷方前行。大部分人在无法接受速度感时,重心都是会向后;和滑雪理论一样,雪上滑板时重心后坐者得摔跤。要保持原来的姿势,缓缓地、逐渐将力量压往脚跟。两眼注视着将转弯的方向。再将部分重心移至前脚,使雪板后端顺势推出去。动作要领就是要平顺。大多数的初学者会舞动着双手,以利滑板能甩动,但结果总是惨不忍睹。如上述动作,在完成转弯后,放松压住的钢边,注视转向另一方向,准备下一个转弯动作。以脚尖压边转弯,其原理也是相同的。

雪上滑板的转弯动作,同样也需要上下动作。一直压着滑板,是不可能做好转弯的。若是转弯动作练习多时仍不顺畅,建议重新回到横滑、"Z"字形滑降的基础练习。

第三节　水上运动

一、潜水

(一)潜水概述

潜水原是为进行水下勘查、打捞、修理和水下工程等作业而进入水面以下所进行的活动。后逐渐发展成为一项以在水下活动为主要内容,从而达到锻炼身体和休闲娱乐目的的一种休闲体育运动项目。

现在的职业潜水运动来源于头盔式潜水。近几年来,潜水运动获得蓬勃发展,潜水器材也不断获得进步,这使得投身于潜水事业的人与潜水运动爱好者也越来越多,潜水运动已在全世界范围内获得蓬勃的发展。

进行潜水运动能为潜水爱好者带来一个新的世界和全新的体验,使潜水者成为一个探险家亲身投入大自然的怀抱。潜水者也可以抑制自己的呼吸而潜入清澈透明的水中,也可以随自己的意识向任何方向移动,享受无重力拘束自由解放的感受,更重要的是能够提高并改善人体的心肺功能,使潜水者身心受益。

(二)潜水运动方法指导

在进行潜水运动之前,首先一定要做好下海前的准备工作,其主要包括熟练掌握呼吸管和调节器的使用方法、水面休息方法以及紧急情况处理等方面。具体的运动方法主要包括以下几个方面。

1. 入水的姿势

正确的入水姿势对潜水者来说也很重要。正面直立跳水时,水深需在1.5米以上,双脚前后开立,一手按住面罩,一手按空气筒背带。背向坐姿入水时,面向里坐于船帮上,向后仰面入水。正面坐姿入水,可供游泳初学者使用。侧身入水,在橡皮艇上浮卧滚身入水。

第九章　具有极限挑战特色的户外休闲运动方法指导

2. 潜降

潜水者在进行潜降时常采用 BC（浮力调解器）法，此方法是使用浮力调节器，并配合配重带，头上脚下地进行潜降。不用浮力调解器时，头下脚上。

3. 上升

潜水者在上升时应将上升速度控制在每分钟 18 米以内，简单地说，即不要超过自己呼出的气泡的上升速度；上升过程中应始终保持呼吸不要停止；上升时抬头看水面，可以伸出右手指定方向。注意背后，身体缓缓自转。

二、冲浪

（一）冲浪概述

冲浪运动是运动员先俯卧或跪在冲浪板上，用手划到有适宜海浪的地方做起点，当海浪推动冲浪板滑动时，运动员使冲浪板保持在浪峰的前面站起身体，两腿前后自然开立（通常是平衡腿在前，控制腿在后），两膝微屈，随波逐浪，快速滑行。

冲浪运动以海浪为动力，因此多在有风浪的海滨开展。冲浪时，海浪的高度应在 1 米左右，最少不低于 30 厘米。夏威夷群岛常年有适合于冲浪运动的海浪，特别是冬天或春天都有从北太平洋涌来的海浪，浪高达 4 米，可以使运动员滑行 800 米以上。因此夏威夷群岛一直是世界冲浪运动中心。

在冲浪运动不断发展的同时，冲浪救生活动也获得逐步发展。由于在冲浪时运动员脚踏冲浪板，穿梭于惊涛骇浪之间，即使熟悉水性，具有高超的冲浪技巧，也难免发生危险。因此，冲浪运动是一项惊险且具有一定挑战性的户外运动。

（二）冲浪运动方法指导

冲浪运动的运动方法有很多种，其中，较为常见的玩法主要有以下几种，具体要根据自身的技巧来加以控制。

1. 竞速和曲道的玩法

在冲浪运动中，竞速和曲道两种冲浪玩法讲求的是速度和过弯的技巧。二者的不同之处在于，竞速是直线竞速，大都在极强的风浪下进行。

曲道则是采用绕浮标的方式来进行比赛,除了速度之外,稳定性、过弯与角度都是曲道最吸引冲浪者的地方,也由于曲道的水域大都是浪况较小的环境,因此如果玩家不慎落水,一般也很少出现受伤或装备损坏的情形。

2. 浪区和花式的玩法

浪区的玩法是一种难度更高的玩法,从基本的过浪、浪前转向,一直到下浪、上浪、飞跃、空翻、浪上360°空翻等,每一个动作都需要高度的技巧,而在浪区玩风浪板的玩家必须是已经有一定的冲浪基础,对海流、潮汐、地形及浪况的分析也需有所认识,否则会很难进入状态。冲浪的学习必须是循序渐进的。

花式玩法往往都是在碎浪区或平水区做跳跃、空翻、花式转帆和空中转向等动作。花式玩法有着非常高的难度和危险性,因此,这就要求在采用这一玩法时,一定要有一定的冲浪基础才可以学习,而且最好是有专业教练进行指导,否则,人受伤或装备损坏等情况就会发生。

三、溯溪

(一)溯溪概述

溯溪是由峡谷溪流的下游向上游,克服地形上的各种障碍,穷水之源而登山之巅的一项探险活动。溯溪本是登山行进中的技术之一,由峡谷溪流的下游到上游,直至顶峰,称为完全溯溪。溯溪是一项可以结合登山、攀岩、游泳、绳索操作、野外求生、定位等综合性技术的户外活动。在溯溪过程中,溯行者借助一定的装备,具备一定的技术,去克服诸如急流险滩、深潭飞瀑等许多艰难险阻,充满了挑战性。也正是由于地形复杂,不同地方须以不同的装备和方式行进,因而使得这项活动富于变化而魅力无穷。溯溪活动需要同伴之间的密切配合,利用团队协作精神,去完成艰难的攀登,对于溯溪者是考验,同时又可得到信任和满足,得到克服困难后的自信与成就感。所有的困难和未知都是启发你思考和向上的动力,这就是溯溪的时尚魅力。

(二)溯溪运动方法指导

溯溪对参与者的技能要求非常高,不仅要会判读地图,还要掌握很多专业技术方法,具体如下。

1. 攀登技术

攀登技术的基本要领为"三点式"攀登,即在攀登时四肢中的三点固

第九章　具有极限挑战特色的户外休闲运动方法指导

定,使身体保持平衡,另一点向上移动。

2. 溯溪专用技术

溯溪专用技术主要保留以下几个方面。

(1)穿越乱石

峡谷溪流中多滚石岩块,且湿滑难行,在溪流中行走应以踩踏小碎石为主,在小碎石上行走一般不会滑倒。要踩踏大石块行进时,应看准踩踏地点踏稳,想好万一站不稳时的解决办法,从而使因踏上无根岩块跌跤或被急流冲倒受到伤害的情况得到有效避免。

(2)横移

在岩壁瀑布下有深潭阻路,可尝试由两侧岩壁的岩根横移前进。岩石多湿滑,支点不易掌握,横移时须特别谨慎,有时支点隐藏于水下,这时候就可以以脚探测摸索移动,如果困难非常大,就可以采用最简单的方法,即涉水或泳渡。

(3)涉水、泳渡

涉水或泳渡时,必须清楚地判断水流的缓急、深度、有无暗流,必要时借助绳索保护技术。在溯溪过程中经常使用绳索横渡过河,涉及一系列的绳网、绳桥技术,这里不作详细介绍。

(4)攀登瀑布

这是溯溪过程中最刺激,也是难度最大的技术。攀登前必须事先观察好路线,熟记支点,要充分考虑好进退两难时的解决办法。瀑布主体水流湍急,但苔藓少,有时反而容易攀登。瀑布攀登虽然刺激,但难度大,经验和技术要求高,不具备娴熟技术经验或初学者不要轻易做这种尝试。

(5)爬行高绕

在遇到瀑布绝壁,其他方法不能实现时,就可以对爬行高绕前进的方式进行考虑。具体来说,就是从侧面较缓的山坡绕过去,高绕时小心在丛林中迷路,同时避免偏离原路线过远,并确认好原溪流。

四、溪降

(一)溪降概述

在溪降运动是一种刚刚兴起的户外休闲活动,在阿尔卑斯地区特别盛行,意思是进入峡谷溪流中去体验大自然。溪降是从现代登山运动演化而来的,溪降与其他户外运动相比,更具刺激性与挑战性,对参加者的心理和技术要求都较高。我国的南部地区地形以丘陵和山地为主,溪涧和瀑布分布甚广,是开展溯溪和溪降运动的极佳地区。

溪降过程中,由于岩壁长期被瀑布冲刷,长满青苔,踩上去很滑,再加上溪水对下降者的冲击,会影响判断力,所以溪降比普通的岩壁下降更富变化,更有挑战性。

与溯溪运动方向相反,溪降是由上游向下游,顺瀑布主体沿绳索下降,或顺水滑降。溪降运动具有很强的娱乐性,是一项适合于普遍开展的大众户外休闲运动,是特别适合于青年大学生的一项新兴锻炼项目。

(二)溪降运动方法指导

1. 溪降运动技术

对于溪降运动来说,参与者应该具备一些基本的技术,具体来说,主要有以下几个方面。

(1)下降器下降

下降者在腰部系好安全带,挂好铁锁,再将下降器和铁锁连接,左手握下降器,右手在胯后紧握从下降器穿绕出来的主绳。面向岩壁,两腿分开成 60°~80°,蹬住崖壁,身体后倾,便可开始下降。如果是悬空状态,脚自然分开、悬垂,身体靠向绳子。

(2)单环结下降

这是一种在没有下降器的情况下,以铁锁和单环结的连接代替下降器下降的方法。这种下降方法和动作要领与下降器下降法相同。

(3)缘绳下降

在坡度近于 90°时,可采用缘绳下降法。此方法简单易学,只要有一条主绳就可进行下降操作。将主绳一端在陡壁上方固定,另一端扔至崖下,下降者在绳上打好抓结,并与腰部安全带上的铁锁连接。抓结到连接处的距离不能过长,也不能过短,以臂伸开能抓住抓结为限。下降者面向固定点,两腿分开站到崖棱时一定要拉紧主绳,并握住抓结,方可开始下降。

2. 溪降运动方法

溪降运动的方法并不是单一和固定的,而是多种多样的,具体要根据个人的喜爱和实际情况来选用。

(1)下降方法

溪降中最常用的技术是下降法,即利用下降器进行瀑布下降。沿瀑布下降时,由于瀑布主体水流急、流量大,一般应避免主流而选择水流较小的路线。绳索则选用防水登山绳,下降时因绳子湿,操作不如干绳便利。沿

第九章　具有极限挑战特色的户外休闲运动方法指导

瀑布下降时一定要小心谨慎,控制下滑速度。

(2)悬崖跳水方法

悬崖跳水一般采用脚朝下的直体跳水方法,即所谓的"跳冰棍儿"。起跳前身体要平稳,同时两臂曲于胸前、两肘紧夹身体两侧,一手捏住鼻子,以防入水时灌水。跃出的距离视悬崖的具体情况而定,一般距离崖壁2米左右,要避免碰撞岩壁,且落水方向为潭水最深处,身体在空中垂直并保持平衡,入水时一条腿微前伸,另一只脚则微上抬屈膝,这样能缓冲下降速度。从心理上说,要沉着、稳定、果断,同时需要有足够的勇气和胆量。

在选择跳水悬崖时,首先要探测悬崖的高度和崖下潭水的深度。如有5米左右的悬崖,潭水深度2~3米即可,超过10米的悬崖,则潭水深度不少于3米。对有经验的溪降者,跳水时可以在空中做团身旋转动作,而这对于初学者来说是不允许的,因为没有掌握跳水技能这样做是非常危险的。

(3)滑降方法

自然光滑岩面是由水流冲刷而形成的,顺水滑降就是利用这种光滑岩面来进行的,滑降者可以利用这个方法快速下滑。一般来说,滑降的方法主要有两种:一种是匍匐头向下游坐"飞机",另一种是仰身滑水。匍匐滑水时两臂前平伸,抬头目视前方,入水时要低头,当身体几乎全部没水后再抬头钻出水面;仰身滑水时两臂侧直并于体侧,抬头,身体呈直线,或两腿直并拢,呈坐式,上体稍后仰。

需要强调的是,滑降的地形应较平滑,切忌在有突出明显的尖棱角岩块上滑行,同时,滑降面坡度不宜太大,下方边缘距潭不宜过高。

第十章 现代社会不同群体的休闲体育运动指导

从社会结构的角度看,休闲体育是社会时间结构、活动结构和心理结构的复杂统一体,是人们生活方式的重要组成部分。然而,不同的社会群体和社会阶层,由于在年龄、性别、职业、收入、受教育程度等方面的差异,从而产生不同的社会态度、价值观念、生活方式和不同的精神文化,生理与心理需求,进而导致不同的社会群体和社会阶层在休闲的时间、活动和心理结构上也表现出不同的特点,包括体育休闲时所选择的活动内容、方式、场所也存在差异。探讨、比较不同社会群体、阶层的休闲生活与休闲体育现状,一方面对于转变人们的休闲观念,科学安排休闲时间,选择合理的休闲方式和体育休闲内容,形成科学、健康、文明的生活方式具有一定的积极意义;另一方面,在以休闲、文化等精神需要为主的现代社会,利用结构调整的时机掌握休闲经济的特点,生产更丰富、更健康、更具有文化品位的休闲产品,以满足不同层次群体的休闲消费需求,促进休闲经济的发展。

第一节 不同性别群体的休闲体育运动

一、不同性别群体的休闲生活特点

(一)休闲时间长短不同

社会性别分工的传统格局基本没有改变,男人仍是社会责任的主要承担者,而女人则在家庭责任上扮演主要角色,那些承担社会工作的女性仍然承担着大部分家务。由于家务劳动占用了女性工作以外的大部分时间,使得职业女性的休闲时间相对较少。

形成这种差别的原因是男女传统型的分工模式造成的,即在我国女性保持较高的就业率,女性虽然比男性的平均职业工作时间支出少些,但家务劳动耗时却大大高于男性。无论是每天的做饭、洗衣、室内卫生、照看孩

第十章　现代社会不同群体的休闲体育运动指导

子和老人、辅导与陪送子女上学方面,女性花费的时间均高于男性,男性只是在修理物品这一家务劳动上的时间支出超过女性。

(二)休闲活动内容相同

人们每天有近一半的休闲时间花费在了接收大众传媒上,而其中大部分时间是看电视。尽管男女性别群体的休闲时间占有量、休闲活动丰富程度存在一定的差别,但看电视的时间支出却差别不大。看电视是人们每天获取信息、进行娱乐和社会参与的重要手段,是同当前人们传统的生活方式相吻合的,是人们获取新闻的主要途径。

看电视不但构成人们休闲生活的主要内容,而且也起到了组织调配社会成员家庭休闲时间的作用。看电视不但主导着人们的休闲时间结构,也组织着人们休闲活动的空间结构,它把人们晚间大部分时间的活动拉回到家庭中来。起到了稳定社会、家庭的积极作用,但同时也带来了一定的负面影响,其中重要的一点就是人们被动接收型休闲活动的增加和户外活动包括体育休闲活动的减少。

(三)娱乐活动项目不同

尤其是男性在下棋、打牌、玩"电脑"、看录像与影碟、养花鸟鱼虫等项活动时间的支出上均高于女性。总的来看,男性的消遣方式突出在"玩"。而在不以购物为目的的逛街、逛商店活动上则是女性高于男性。如果从花在逛街、逛商店上的时间各占男女休闲时间总量的比重上看,女性就更高了,这体现出女性在休闲活动上特定的心理偏好。但在现实生活中,女性的休闲活动往往充斥着更多的商业气息,被专门为女性消费而营造的一种社会环境所围绕,其休闲再多也不过是为商人们创造了商机。

(四)社会交往方式不同

在社会交往和人际互动上,男性用于聚会型的社会交往活动(聚会、聚餐等)的时间比女性高。而且女性交往范围较小,仍以家庭为主。虽然两性都是更多地与配偶、家人及亲属在一起进行休闲活动,但女性选择此三者的比例更大,而选择与业务伙伴、同事、朋友一起进行休闲活动,则是男性更多。男人一般在结婚以后往往不会失去个人的朋友圈子,而女人在结婚后,尤其是生子之后将会从以往的社交圈中消失。此外,女性用于电话聊天和与人聊天上的时间均高于男性,电话里没完没了是女人的"通病",喜欢与人聊天更是女人的嗜好。这些反映了在当代社会互动方式上男性更注重聚会式的交往,女性更注重人际间的沟通。

目前我国多数职业女性的活动范围仍然是以家庭为轴心,亲属是家庭关系的扩大,邻居则是家庭范围的延展。当然这种现象不是绝对的,随着女性参与社会生活程度的加深,女性的交往方式也在发生巨大的变化,其社会关系也变得更加复杂,只是在程度上与男性相比还存在一定的差距。

(五)休闲时间分配不同

为了充当"主外"的角色,在休闲时间里一般男性比女性更喜欢从事一些工作外有收入的活动,如炒股票、经商、办培训班等,即使在与朋友聚会闲聊时也不忘捕获与商机有关的任何信息。相比较而言,女性的休闲更注重自身素质的提高和社会公益活动。在女性每天占有的休闲时间数量明显少于男性的情况下,她们平均每天用于学习与自修的时间却同男性大体相同,但其在休闲时间中所占的比重却比男性高,这在一定程度上反映了中国城市女性更加自强的特点。另外,在休闲时间中女性比男性更愿意从事一些社会工作与社会公益活动,女性用于无事休息等打发时间的时耗也明显低于男性,利用电脑学习和休闲的女性人数也在逐年增加。因此,从总体上看,女性的休闲活动还是比较积极向上的。

二、不同性别群体休闲体育活动特点

体育作为一种最健康、文明、积极的休闲方式已经得到了人们的普遍认同,花钱买运动、健康和通过休闲体育来提高现代生活质量已成为当今人们新的社会时尚追求。经济的繁荣和社会的进步,又为人们提供了各具特色的形式较为丰富的休闲体育项目和从事体育休闲活动的条件。但由于不同性别群体的角色身份不同,各有自己特殊的性别期望与行为准则和生理、心理需求,从而产生不同的体育态度和行为,导致对体育休闲活动内容与方式的选择上也存在一定差异。

(一)对休闲体育本质的理解不同

一些男士,特别是成功男士在进行体育休闲活动时并不在乎其锻炼的效果,而是特别在意参与活动的群体构成。注意选择与自己职业、身份、年龄、兴趣、爱好相当的人组成一个相对固定的体育休闲群体。其目的主要是想通过体育休闲活动一方面放松身心,另一方面拓宽社会交往,沟通人际关系增进情感交流。而女性似乎不太在意休闲体育群体的人员构成,她们特别看重体育休闲活动本身的健身和娱乐价值,以健康和娱乐为主题,以健康第一为取向,在休闲体育中体验健康、锻炼体型、健美肌肤、愉悦身

第十章 现代社会不同群体的休闲体育运动指导

心。现代社会对女人的要求就是"传统女性美德＋苗条＋性感",去健美馆、健身俱乐部消费的绝大多数都是女性群体,她们的交流、谈论始终都离不开健康、美丽等话题,保持青春的容貌与优美的体型被多数都市女性所津津乐道,而这些都大量耗费了女性并不十分充裕的闲暇时间。

(二)观赏体育喜好程度不同

观赏体育,就是指那些把自己置身于一种特殊的体育环境,主要通过视觉器官和心理体验去享受体育的乐趣,感受体育比赛所带来的紧张、激烈,以及扣人心弦的氛围,如看体育电视转播和去现场观摩体育比赛、表演等。由于社会对男性角色的要求,一般男性比女性更加关注近期国内外的重大体育赛事信息,他们从电视、报纸杂志、网络等多种大众媒体渠道全面了解、收集体育比赛信息,与朋友、同事谈论的话题中免不了与近期有关的体育消息。

无论是通过电视间接地观看体育比赛、表演,还是亲临赛场直接观摩体育比赛的时间支出,男性群体都远远高于女性群体。赛场上男性球迷远远超过女性球迷就是一个很好的说明。各地的男性球迷还常常远渡重洋,结伴而游,成千上万地云集赛地,或为自己钟爱的球队呐喊、助威,或去现场欣赏那些极具魅力和富有观赏与审美价值的体育比赛、表演,以助威和观赏体育比赛为主要目的的奥运观光团、亚运助威团、世界杯观摩团等也应运而生,形成了一道独特亮丽的体育休闲旅游风景线。

所谓非运动的娱乐性休闲体育,主要是指那些无身体练习的集趣味、娱乐、游戏为一体的棋牌等休闲体育项目。这类项目不以锻炼身体、增强体质为主要目的,甚至连体育的基本手段身体练习也不具备,只是因其具有一定的趣味性、娱乐性和竞赛性而纳入体育的范畴。这些寓智于乐、培养思维和启迪智慧的智力游戏,正好迎合了男人们的性格特点:擅长逻辑思维,喜欢斗智斗勇,"宁愿在体力上输给对手,也不愿在智力上败下阵来"。所以,尽管一盘对局下来耗时不少,他们仍然乐此不疲。而女人们对过于费脑费神的项目大都缺乏耐心,眼下各地的棋院以及象棋、围棋俱乐部已被男性同胞们所主宰也就不足为奇了。

(三)选择休闲体育的内容不同

据调查,散步、跑步、打球、游泳等是城市居民最常见的休闲体育内容,在活动频度和所占余暇时间的比重上都不低。这些活动在时间节奏上往往形成了早晨和傍晚两大体育休闲高峰时段,在活动空间上基本上集中在居住地附近。这是男女性别群体在休闲体育内容上表现出来的共性特征。

但社会性别作为一种文化标签不仅影响到男女性别群体的休闲生活,而且还要直接影响到他(她)们对多数休闲体育内容的选择。两性在生理和心理特征上的差异,也导致不同性别群体有各自喜爱的休闲体育方式与内容,这使得男女性别群体在休闲体育内容和方式上又表现出一定的个性特征。

男性肌肉发达、骨骼粗壮、意志顽强,为了突出个性,展现阳刚魅力,丰富生活阅历,他们大多偏好具有身体碰撞、集体对抗、角逐力量性和冒险性的户外休闲运动,尤其喜欢追逐既刺激又新颖时尚的新兴休闲体育项目。如足球、篮球、散打、拳击、登山、攀岩、野营、徒步穿越、驾车远游、赛车运动、极限自行车、轮滑、高山滑雪、滑冰、溜索、潜水、冲浪、滑水、赛艇、漂流、溪降、溯溪、悬崖跳水、空中滑翔、跳伞、热气球等。

体型上女性的肩部较窄,上身较长,下肢相对较短,骨盆较大。这种体型使女性的身体重心较低,平衡力强,女性体内的脂肪含量占其体重的30%,皮下脂肪较厚,但骨骼和肌肉的发育较差。女性的韧带、关节囊的弹性较强,腰部及其他一些部位的关节活动范围较大。但女性的胸腔、肺和心脏的容积较小,因此,肺通气功能和换气功能较低。心输出量比男性少10%,血压较低,心率略快于男性,心肺功能的潜力较小。女性的生理特征由于具有平衡性强、韧带弹性好的特点,妇女适合选择一些符合自身生理特征的、协调性强的休闲体育项目。另外,由于女性的骨骼和肌肉承受力较差,胸腔及心脏的容积较男性小,妇女宜多选择一些对力量和耐力素质要求不高、运动量较小的休闲体育项目。

从女性的心理特征来看,人的心理现象多种多样,相互之间关系复杂,总地说来,可分为心理过程与个性心理特征的一般规律。心理过程主要包含认识、情感和意志三种心理过程。女性在认识的心理过程中,多为感性,较为表浅;在情感的心理过程中,多为温和、均衡;在意志的心理过程中,多为薄弱、松散。为此,妇女宜选择一些轻快柔和,对意志要求不高的、多为个人参与形式的休闲体育项目。

踢毽子是民间女子最喜爱的休闲体育活动之一。毽子有鸡毛毽、纸条毽、绒线毽等。踢毽子的基本动作有盘、磕、拐、绷四种踢法。盘,主要指用两脚的内侧交替踢。磕,主要指用两腿膝部互换踢。拐,主要指用脚的外侧反踢。绷,主要指用脚尖踢。踢毽子的花样繁多,如旋转踢、脚尖和膝盖交替踢。远吊、近吊、高吊、前踢和后勾,还可以用头、肩、背、胸、腹代足接毽等。踢毽子是一项良好的全身运动,尤其有助于培养和锻炼女性的灵敏性和协调性。

跳绳也是女子喜爱的休闲体育活动之一,这种游戏,一边做各种跳跃

第十章　现代社会不同群体的休闲体育运动指导

动作,一边伴唱,女性尤其喜欢。跳绳有单脚跳、单脚换跳、双脚并跳等多种方法。跳时,摆绳与跳跃的动作要合拍,可一摇一跳、一摇二跳、一摇三跳。摇绳的方法可前可后,用长绳可两人同时摇,集体轮流或同时跳。跳跃时还可按不同情况编排各种动作花样,伴以节奏与旋律适宜的歌谣。

女性所喜爱的球类项目,常常都是一些小球类项目,这些项目与大球类项目相比,具有运动量较适宜、动作或运动技术的难度不复杂、对小肌肉群和协调能力要求较高的特点。有板羽球、羽毛球、地滚球等项目。

大多数女性也非常喜好散步和慢跑,这是一种十分有益的健身方法,可以采用散步、慢跑、走、跑交替以及退步走等形式。

男性群体比女性群体从事的体育休闲活动更广泛,可供选择的休闲体育项目更多。许多休闲体育项目都具有较突出的性别特征,如上述的足球、拳击、散打、跆拳道和多数的极限运动与冒险运动以及围棋、象棋、垂钓、高尔夫等都是偏男性化的项目,而女性化特征较突出的只有健美操、健身操、体育舞蹈、踢毽、跳绳、跳皮筋、荡秋千、扭秧歌等。所以,相比之下,女性在个人偏爱和可供选择的休闲体育方面,不管是活动形式还是活动内容,都远不如男性,男性群体比女性群体具有更大的活动空间和选择余地。

人在社会化过程中,不管是男性或是女性,都要学习和接受各自的社会规范,学习如何做一个合格的男人或女人,履行不同性别的角色期待与要求,这恐怕是产生项目的性别差异的主要原因。例如,人在儿童期往往被鼓励进行各种游戏与玩耍,但其所从事的活动内容却往往由于性别的原因而大不相同。男孩被鼓励进行各种冒险、探索性的活动,男孩之间相互打斗等带有攻击性的行为虽被视为调皮,但不会被完全禁止;而女孩被认为应该文静,她们往往被指派做一些安静的活动,现在的家长往往让女孩从小学习绘画、弹琴或舞蹈等被视为女孩应该学习并能学好的项目,而男孩则被鼓励去学习运动类项目。儿童被指派的活动内容,往往是家长认为符合其天性的,而事实上这样的活动也正在塑造着所谓的"天性"。女孩在游戏中逐渐了解、接受了社会对于女性的角色期待,温顺、善良、依恋、体贴、以他人为重,家庭责任等,这些都将使女性在以后的人生历程中较多地约束自己,从而在休闲体育项目的选择上也受到约束,减少了她们自由自在的休闲体育享受。

当然,少数女孩存在一定的反叛心理,观念新潮,自我意识和主动休闲意识强,为了追逐时尚探新求异,对具有危险性、刺激性、冒险性的项目,如登山、攀岩、漂流、驾车远游、散打、拳击、跆拳道等也在逐渐产生兴趣,她们以她们的特质正改变着这些刚烈的运动。

第二节　不同年龄群体的休闲体育运动

我们每个人都有一个生命周期,从不谙世事到中年盛时,最后到耄耋之年。伴随着生命周期的推进,我们也会经历不同的家庭生命周期,并处于不同的家庭地位,承担不同的家庭责任。同时,在不同的年龄阶段,我们也会产生不同的认识,因为心理的成熟与年龄的增长相伴随;而人们的心理成熟程度、认知能力和道德判断能力都会在一定程度上影响到他们所参与的休闲活动。对于不同年龄的人,社会也会以不同的标准评价其各项活动。年轻人经常看电影,会被认为是正常的;老年人如果去老年活动中心打打麻将,下下象棋之类的活动,也会被完全接受。但是,如果反过来,老年人去看电影或年轻人打麻将,则会被认为是不适宜的。前者是由于对老年人身体状况的怀疑,后者则被认为是不务正业,有赌博之嫌。人们总是试图以一种惯常的标准来衡量别人的行为举止,而年龄便是这种惯常性标准之一,因为年龄具有个人、社会、文化和历史等各个方面的意义。

一、不同年龄群体休闲生活特点

(一)休闲时间长短不同

老年群体占有的休闲时间最多,其次是青年群体,这两个年龄群体休闲时间占有量偏多的原因各不相同。青年群体休闲时间占有量较多的主要原因是家务劳动时间消耗少。多数25岁以下的未婚青年,往往生活在父母家庭中,自然大部分家务劳动就由父母承担了,他们比起中青年和中年群体就轻松、自由了许多。老年群体的家务劳动时耗最长,但他们平均的工作时间却最短,这就是构成他们休闲时间占有量在各年龄群体中最多的唯一因素。

平均每个休息日休闲时间最多的仍然是青年和老年群体,休息日青年、老年群体休闲时间多的共同原因是工作时间少,青年群体的休闲时间多,除工作时间偏少外,更主要的是承担家务劳动的时间少。

无论是工作日还是休息日,两个休闲时间占有量偏少的群体都是中青年群体和中年群体,他们休闲时间少主要是因从事工作的时间支出较多(尤其是在工作日)和家务劳动时间消耗较多(尤其与青年人相比)所造成的。这说明他们是工作压力较重和家庭负担较重的两个年龄群体,是社会

第十章 现代社会不同群体的休闲体育运动指导

发展的中坚力量和"上有老、下有小"家务繁忙的一代,反映了他们正处于职业角色和家庭角色紧张的生命周期之中,同目前的现实生活相吻合。

(二)休闲活动结构不同

各年龄群体利用大众传媒进行休闲活动的时间所占的比重最大,但比较起来,在看电视、读报刊、听广播的三项时间消费中以老年、青年群体为最多,这还不包括青年群体常常利用电脑上网获取信息所花费的时间。中青年群体和中年群体用于大众传媒的时间均少于青年和老年群体,但由于他们的休闲时间总量少,其所占休闲时间总量的比重并不小。这从总体上反映出所有年龄群体的很大一部分休闲时间是在大众传媒中度过的,而且每天的休闲时间节律多是由电视安排的。

在每个工作日或休息日休闲时间的分配上,一个最明显的特点是青年群体用于学习与自修,利用电脑学习或获取信息的时间明显高于其他年龄群体。这反映了提高自身素质是青年群体从事休闲活动的重要动机之一,说明在知识经济时代,青年群体更想通过提高自身的素质和技能来增加自己在职业选择上的机会。

在娱乐消遣活动上,越是年龄偏小的群体越多采用现代化的娱乐休闲方式,越是年龄偏大的群体则越多采用传统的娱乐休闲方式。例如,看录像、听音响、去影剧院和玩电脑游戏、上网聊天、玩游戏机等活动都以青年、中青年群体所花费的时间偏多,而用于打牌、下棋和养花鸟鱼虫等活动的时间以老年和中年群体明显偏多。上述情况从一个方面反映了在娱乐消遣活动上不同年龄群体追寻时尚程度的差别。

走亲访友、聚会聚餐等社交活动方面,在工作日,各年龄群体的时间差异不是特别明显,但在休息日差异显著,以青年群体所用时间最多,且呈年龄越大所用时间越少的态势。这说明越是年龄偏小的群体越愿意从事朋友聚会聚餐等动感、热闹的活动方式,这也是与他们所处年龄的心理需求和职业需要相一致的。另外,青年人交友比较注重志同道合,兴趣爱好是组成小团体的主要动力,而随着年龄的增长和职业的需要,人们交往的目的会发生转变,寻求心理满足的需求渐渐减弱,而变得更为务实。加之时间、精力所限,交往的目的性更强,往往看对方对自己的工作、事业是否有所帮助。这样的社交活动实际上也被看成是一种投入,特别是当社会上功利性较强的时候。

随着现代网络技术的迅猛发展,青年和中青年群体将是利用电脑进行学习和娱乐休闲的主力军。现在网络技术不断普及,电脑游戏、网上聊天、网上学习、网上购物等娱乐、休闲功能不断增强,科技为人们所提供的学习与休闲的空间越来越广阔,电子世界对现代人的休闲理念和休闲方式都会产生很大影响。在这种情形下,人们利用网络进行各种休闲活动的机会越来越多,网络休闲这一现代休闲方式将成为一种普遍的大众文化现象。特别随着社会的发展和时代的变化,在开放社会中成长起来的青年人和中青年人受传统的影响较少,受教育的程度较高,思想进步,观念解放,善于接受世界先进文化、技术,不管是现在还是将来,他们都是这一休闲群体的主力军。

二、不同年龄群体休闲体育活动特点

(一)青年人和中青年群体

处于青年和中青年年龄阶段的人,肌肉、骨骼和各器官系统的机能均已发展到生命周期中的最佳水平,是人的一生中体格最健壮的时期,尤其是青年期基本上是人的运动素质和运动能力最为鼎盛的时期,具备了从事所有休闲体育的身体条件。如果不考虑其他因素的影响,他们可以参加任何形式的休闲体育,是所有体育休闲人群中参与内容最为广泛的两个群体。

与其他年龄群体相比,他们体力充沛、精力旺盛,竞争意识比较强,喜欢有明确规则的竞赛性体育休闲活动,在运动活动中偏好中等强度以上的运动负荷,休闲体育内容多以各种对抗性与竞技性较强的篮球、足球、羽毛球、网球、拳击、散打等项目为主。

一些青年和中青年人,兴趣广泛、爱好多样,自我意识强,喜欢探新求异、追逐时尚展示个性魅力,加上良好的身体基础和经济上的独立,除了传统的体育项目外,对一些诸如登山、攀岩、徒步穿越、驾车远游、赛车、山地自行车、轮滑、高山滑雪、潜水、冲浪、江河漂流、空中滑翔等冒险运动和极限运动特别青睐,也比较乐于接受如溪降、溜索、蹦极等新兴休闲运动,以满足他们追求新颖刺激与挑战,征服自然的心理需求。

一个人从青年到中青年要扮演不同的社会角色,是人生中角色转换跨度最大的时期,也是个体建立各种复杂人际关系的重要时期,社会交往比较频繁,而休闲体育不仅是休养身心的一种积极有效的方法,同时也是一种健康、文明的社交手段。所以,作为此年龄段的人们,应经常走出家门参加一些大众体育休闲娱乐活动,以球会友,以棋会友,以武会友,拓宽社会交往,增进情感交流,建立良好的人际关系,使自己在人生的旅途中工作愉快,生活充满青春与活力。

第十章 现代社会不同群体的休闲体育运动指导

青年和中青年人自控能力比较差,情绪不稳定易冲动对某事物易产生过度的狂热、着迷,所以要随时注意在休闲体育的群体活动中严格遵循体育运动中特有的体育道德规范和行为准则,养成良好的体育习惯,履行法律规定公民必须遵守的义务,扮演好自己应该承担的社会角色,避免在体育休闲活动中出现体育赌博,赛场闹事以及球场暴力等不良行为和违法行为。

由青年到中青年,随着社会角色的生活环境的改变(从青少年到公民、从单身到组成家庭、从为人子女到为人父母、从学习到工作),一个人的生理、心理都要发生一系列变化,体育休闲内容和活动方式也必然要发生改变。一般随年龄的增长逐渐降低运动负荷,减少高强度、高对抗的运动项目,以免造成运动损伤,影响今后的休闲生活。在成家立业之后,家庭和工作所带来的双重压力,使休闲时间减少,这时在生活习惯和生活方式上都要做出适当调整,学会并积极利用空闲时间,选择一些耗时不多又能达到休闲目的体育娱乐项目,为步入中年打下健康基础。

(二)中年群体

生理机能方面,人到中年骨骼的弹性、韧性明显较青年人差,身体的各个器官机能都有不同程度的下降,其中最普遍的现象就是脂肪组织增厚,身体逐渐发胖,皮肤开始失去弹性,面部出现皱纹。所以作为中年人,他们对休闲体育的价值取向已从青年时代展现青春活力和感受运动超越为主逐渐转向以追求休闲品质和树立健康理念为主,注重休闲体育的内涵及运动养生与健身价值,特别偏爱散步、慢跑、自行车骑游、爬山、游泳、跳操、跳舞等有氧运动和体能要求不高的小球运动,对一些能修身养性和愉悦身心的诸如象棋、扑克、麻将、垂钓等非运动性休闲体育也比较喜欢。

身体素质方面,进入中年以后身体素质和运动能力水平一般很难再提高,只能在某一时段内保持较高水平,然后随着年龄的增长,呈逐渐衰退之势。身体的灵活性和反应能力也明显下降,运动中承受大负荷的能力和激烈对抗的能力降低。所以根据中年人的运动状况,不要过多地参与那些运动负荷较大,对抗激烈,要求快反应、高速度、高强度、短时间完成动作的运动项目,尤其是前面所述的一些冒险运动和极限运动项目,而应选择负荷适宜的健身类、健美类、娱乐类、保健康复类运动休闲项目。当然,一些竞技类项目如篮球、足球也可以作为中年群体进行体育休闲活动的手段,但活动的目的应以健身、娱乐为主。

中年群体具有比其他群体更有能力和意愿进行高档体育休闲消费的特点。中年期是个体事业趋于成熟并达到巅峰的时期,一些事业有成、经济条件相对较好的中年人群,他们喜欢出入高档体育休闲场所,享受休闲大餐或加入高档体育俱乐部,享受俱乐部提供的优美的环境设施和高品质的服务。

在休闲体育兴趣方面,中年群体的休闲体育兴趣受到多种因素和不同层面的影响,同青年人相比,其兴趣爱好呈现出由宽变窄,逐步个性化的特征。在兴趣的广度方面,大多数中年人远不如青年人,他们不仅不对一些陌生的休闲体育项目感兴趣,甚至抛弃了青年时代热衷的一些运动项目。在兴趣的稳定性方面,中年人的兴趣更具有持久性和稳定性。青年人可能对任何运动项目都发生浓厚的兴趣,甚至达到狂热和迷恋的程度,但这种兴趣又会很快地被另一种兴趣所替代。

中年人通常一旦确定了对某一休闲项目的兴趣,很少为其他兴趣所干扰。中年人的兴趣还具有个性化特征,即个人独特的体育偏好非常突出。处于中年期的人除经常从事自己比较偏爱的某项休闲活动外,还应选择1～2项不同类型的体育休闲内容,如室外的与室内的、陆地的与水中的、运动的与静止的、健身的与娱乐的。注意休闲体育的活动性质、内容结构和时间结构的合理搭配,并与个人的兴趣爱好相结合,形成良好的体育休闲习惯,丰富余暇生活,终身享受休闲体育给人们带来的健康与快乐。

在球类项目中,除了传统的乒乓球、羽毛球、网球、门球外,一些趣味性、娱乐性强的大众化休闲体育项目,如3人制篮球、3～5人制足球、沙滩排球等,也是中年群体可以选择和比较喜爱的休闲项目。但在与年轻人或同龄人同场竞技时由于体力和精力大不如前,活动中不要过分追求胜负、计较输赢,以免受伤失去休闲的意义。

应该说中年人在理论上具备了一定的体育健身知识,在活动上具备了一些运动健身技能,在物质上具备了体育休闲条件,但一些人因工作和家务繁忙,惰性较大,缺乏主动参与休闲体育的积极性。那么,增强其参与意识,提高体育健身休闲的内驱力,选择社区、单位等组织的体育协会、俱乐部,或群众自发组织的体育休闲群体,应该说是一种比较行之有效的办法。因为这类体育休闲群体,都是非功利性的群体组织,尽管组织比较松散,一切活动都是自愿的,但其活动时间、内容有一定的规律性,在活动过程中便形成了一种约定。

(三)老年群体

人随着年龄的增长不可避免地会出现衰老。尤其人到中老年时,常常是肢体活动不便,行动缓慢,不爱活动,结果导致身体的新陈代谢减弱,血液循环变慢,肌肉松弛,胃肠蠕动与吸收减弱,呼吸表浅。衰老伴随着人体

第十章　现代社会不同群体的休闲体育运动指导

的抵抗力降低,使上了年纪的人容易生病,因而人们常常把"老"与"病"联系在一起。但是,只要老年人按照自身机体的生理特点,适量安排合理的体育锻炼和参加适当的休闲活动,就可在一定程度上延缓机体的衰老。保持良好的身体功能,促进和维护健康,不但可预防和减少老年人疾病的发生,更可起到延年益寿的效果。

老年人大脑细胞随年龄增加而逐渐减少,坚持参加适当的休闲体育活动能延缓老年人脑动脉硬化的过程,使脑动脉血中的氧含量增加,从而改善脑细胞的供氧状况,减轻脑血管和脑细胞的萎缩,维持其正常的功能。

老年人的心肌组织退变表现在心肌纤维萎缩、数量减少,结缔组织增生,脂肪沉积,因而使心肌收缩力量减弱,心脏排血量少,对体力活动负荷的适应能力下降。老年人动脉血管壁的硬化使其弹性降低,管强变窄,血流阻力增大,血液循环减慢,血压升高。适当的休闲体育活动可使身体对血液循环系统功能的要求大大提高,促进心脏工作能力的加强。经过一段时间的锻炼,可使心肌的收缩力加强,心脏每搏输出量增加,心搏频率减慢。

老年人肺组织逐渐纤维化,肺泡壁的弹性降低,胸廓活动的范围逐渐缩小,因而,肺功能逐渐减退,进而影响全身的氧气供应。参加休闲体育活动,特别是坚持以中国传统的医疗体育方法以及专门的呼吸操为锻炼手段,可缓解老年人肺组织的纤维化过程。

老年人的腹壁肌肉常常出现松弛无力的现象。由于胃肠道运动变弱,消化能力减退,因而易引起内脏下垂和便秘等疾患。坚持锻炼身体并经常参加休闲体育活动的老年人多为腹肌不松,胃肠张力和蠕动力较好。

老年人的运动器官随年龄的增长而发生一系列的退行性变化,老年人中容易发生骨折、劳损以及颈、肩、腰、背等病症。体育锻炼和适当的休闲活动能有效地增强肌肉力量,改善韧带弹性和关节的灵活性,防止肌肉萎缩,使动作保持一定的协调和灵活,减慢这些组织的退行性变化而引起的老年人运动器官的劳损等常见病。

老年人身体内部整个新陈代谢缓慢,能量转换不畅,脂肪和糖代谢障碍更为明显和突出,因而常引起体质变弱、肥胖和糖尿病等。身体锻炼和休闲体育活动可活跃体内新陈代谢,加强体内氧化过程,增加细胞的物质能量储备,维持机体工作能力的正常进行。

老年人的体育休闲的任务是要发动和组织老年人参加适当的体育锻炼和有益于身心的休闲活动,以达到增进健康,增强体质,延缓衰老和防治老年性疾病的目的。但是,鉴于老年人的生理和心理特点,所从事的体育锻炼项目和要求不可与年轻人相提并论,更不能采取激烈竞争和身体对抗的方式,否则对老年人健康不但无益,反而有害。因此,老年人在进行休闲体育活动时,应注意以下事项。

1. 循序渐进

老年人从事任何形式的身体锻炼,在运动项目和休闲活动方式上都必须注意循序渐进。老年人关键要在于能持久坚持参加各种锻炼活动,最理想的是,每天都有规律地进行身体锻炼,每周参加体育锻炼不能少于两次,否则锻炼效果会基本消失。当然,老年人在进行身体锻炼和从事休闲体育活动时,也应当注意人体机能的适应规律和人体生理机能活动能力的变化规律。并且,老年人还应注意,随着年龄的增长和机能的减退,活动量应相应地减少。

2. 量力而行

老年人参加体育休闲活动和身体锻炼时必须遵循量力而行的基本原则。量的掌握应以不感疲倦和无不适感为宜,活动时注意调节运动量和活动范围,如感觉疲劳和吃力,就应适当休息或减少运动量;如果对某一项目不能适应,就应更换项目。

3. 医务监督

老年人的体育锻炼必须尊重科学。锻炼之前应做全面的体格检查,根据自身状况以及医务人员的建议选择活动项目,并确定适当的运动量。患疾期间一般不要从事体力活动,应及时抓紧治疗。

运动量要因人而异。对老年人来说,适量运动,适度掌握十分重要,特别是对患有心脏病、高血压等病症的老年人,运动尤应适宜。不能向老年人推荐剧烈运动项目,而是主张适量运动。

适合老年人身体锻炼的休闲体育项目多种多样,如散步与慢跑就有很好的健身作用,特别是对冠心病、高血压、肥胖和糖尿病等常见的老年病状有良好的防治作用。气功有助于改善中枢神经系统、血液循环系统以及呼吸系统的功能,调节血液循环并降低血压,增进机体的免疫力,提高新陈代谢和内分泌系统的功能。拳、操可使老年人增进体力,改善运动素质,对健康大有裨益。各种保健功和医疗体操,均有助于防治运动系统的老年病,如颈椎病、肩周炎和腰腿病等。另外,老年人只要有条件、有兴趣、有基础,身体状况许可,还可以参加一些非直接对抗性的运动项目和娱乐活动,如游泳、登山、郊游、网球、门球、垂钓、乒乓球和自行车等。老年人可根据自己的爱好、健康情况,选择其中几项并持之以恒,并将有助于身心健康。

第三节 残障人群的休闲体育运动

残障人群是指在心理、生理、人体结构上某种组织、功能丧失或者不正常,全部或者部分丧失以正常方式从事某种活动能力的人。残疾人包括视力残疾、听力残疾、语言残疾、肢体残疾、智力残疾、精神残疾多重残疾和其他残疾的人。由于目前社会福利制度和保护残疾人措施的不完善等各种客观原因,使残疾人的心理与正常人迥异,给生活、交流带来了巨大的困难。残疾人不仅因身上的残疾而特殊,而且他们的生活环境也具有一定的特殊性。适合于残疾人开展的参与性、趣味性较强的休闲运动项目,可以改善和提高他们的适应社会的能力,使他们向自强、自立、自信的方向去发展,提高他们的生活和交往能力,为社会主义和谐社会的发展做出贡献。

一、残障人群休闲体育的概念和意义

(一)残障人群休闲体育的概念

2008年广州国际休闲体育研讨会对休闲及休闲体育的概念进行研讨,国内外著名专家基本达成共识,即"休闲是人们在自由时间里自愿选择的,能获得自由和愉悦感的一切有益于身心健康和追求生活意义的活动与生活方式。""休闲体育则是指适用于个人、社会的、使人身体健康,情绪和心理状态良好的文化性活动。"对于残障人休闲体育的定义,认为是社会人群中在视力、听力、语言、智力、肢体等方面有缺损者,通过身体练习,帮助其达到保健康复、培养意志品质、提高其生活自理能力及使之充分享受体育的乐趣,提高生活质量和享受人生的体育活动。包括残障人的康复、健身、娱乐、竞技、放松、消遣、社交、探新寻奇和寻求刺激等活动,是残障人在自由支配的闲暇时间里,进行有益于身心健康体育活动的生活方式。

(二)残障人群休闲体育的意义

1. 社会意义

体育的社会性功能有多种政治、经济、文化、军事等,同样残障人休闲体育也具有,它是构建和谐社会的重要组成部分。残障人休闲体育运动具有强大的亲和力和包容性。平等、互助的体育精神为残障人了解社会、融入社会提供了理想的桥梁。通过休闲运动不但可以使残疾人体育事业得到发展,而且使残障人的生存价值也得到了应有的尊重和保障,使其更可能成为社会财富的创造者,以及社会稳定的维护者。同时,残障人休闲体育运动能改善和提高人的素质,尤其是身体素质。身体素质的提高对提高劳动能力,减轻社会医疗保障和就业压力起着至关重要的作用。可见,残障人体育活动的开展对于促进社会文明、进步和发展,实现社会和谐具有积极的推动作用。经常参加体育健身活动的残障人可以减轻对他人的依赖,提高自身的基本生活能力。一方面,全社会的人都有义务和责任关心每一个残障人;另一方面,每个残障人也应该具有这样一种观念,尽力为自己的生活负起责任,减少他人的负担。

2. 身体意义

1944年,应英国政府的要求,路德维格·古特曼博士在斯托克曼德维尔医院开办了一个脊髓损伤康复中心,以一种新的方式把体育作为一个主要部分引入残疾人整体康复治疗计划,并取得了良好的效果。从此,残障人康复性运动很快就演进为休闲运动。可见,休闲体育活动对于残障人的身体康复大有裨益。残障人休闲体育能增强和改善血液循环系统、呼吸系统的功能,提高机体的抵抗能力,促进新陈代谢,有利于疾病的康复。同时,体育运动能改变人体的身体形态和功能障碍、调节肌肉张力、提高肌纤维合成酶的活性、使肌纤维增粗增强,从而有助于改善机体的形态和功能。参加体育休闲活动不仅有利于使残障人的身体得到康复,而且还能在康复的基础上进一步提高残障人的身体机能水平、运动能力。经常参加体育活动,对残障人来讲具有特殊的保健意义。以盲童为例,经常系统地参加体育健身活动,可以提高盲童的肌体灵活性,皮肤感觉的灵敏性,并能发展和平衡身体的能力,这样就可以使盲童的各个器官和系统以及各种身体运动能力得到统一协调的发展,以弥补在视觉方面的缺陷。

3. 心理意义

残障人作为一个特殊群体,由于多种原因造成了具有特色的心理特点,形成与正常人不同的生活和行为模式。其主要表现在:自卑、孤独、敏感多疑、自尊心极强、怨恨情绪、情绪不稳定但富有同情心等。而休闲体育作为一种运动生活方式,在对残障人的心理康复方面起着积极作用。有专家分析认为休闲体育不仅是增进健康、愉悦身心的载体,而且是拓展人际交往、增进情感交流、提高社会适应能力、创造新生活的积极方式,调节精神生活、陶冶性情、改善心态的有效手段,同时也是拓宽生活时空,扩大信息来源与人际交往的重要渠道。

第十章　现代社会不同群体的休闲体育运动指导

通过活动把残障人从病房和家庭里解放出来,走向社会,享受与健全人同等待遇,帮助残障人解除精神上的痛苦,学习和掌握各种生产和生活技能,使他们能够重新获得就业机会,为社会创造财富,从而实现残障人的社会价值。此外,由于残障人在身体和精神方面的缺陷,致使他们与正常的社会生活产生一定程度的隔阂。对残障人来说,最可怕的并不是身体方面的障碍,而在于精神上的失落。我们的先贤认为,"哀莫大于心死"。世上最可悲的事情就是对生活失去兴趣和信心。但是著名心理学家阿德勒认为,自卑感有时可以成为人们取得成就的主要推动力。阿德勒最初把自卑感与身体的缺陷联系起来,认为有缺陷的人可能会通过努力来加强发展其他器官的机能以补偿缺陷。一种过度补偿可以使一位残障人获得超出常人的发展。

二、残障人群的休闲体育活动

(一)盲人休闲体育活动

盲人可以参加多种体育活动,如游泳、田径、舞蹈、体操、骑马(双人,1人有视力)、双人自行车、铃球、摔跤等。

1. 触觉训练

触觉是盲人感知周围世界的重要途径,触觉训练的方式有:用手触摸各种体育器材和设备,了解其形状、硬度及用途等;用手触摸他人的身体或某个部分,了解做某个动作时的身体姿势;用脚触摸地面,感知地面的光滑度和硬度,便于运动,如跑步至转弯处时,脚感知地面凸起和变硬,就会主动转弯跑步。用身体各个部位都可以起到触觉作用,以弥补视盲的缺陷。

2. 听觉训练

听觉是盲人感知外界事物最重要的器官,补偿作用最大。听觉训练主要采用声音信号引导盲人进行体育活动。从效果看,连续的声音比间歇的声音好;声源在正前方比后方为好,声源最好不要在侧方。例如,跟着正前方声音向前走或跑;辨别地上滚动的球的方向,并通过此项训练能够截住或踢到自己左、右侧或正面滚过来的球;跟随铃声或其他声音在水中行走、游泳等。

3. 定向行走训练

了解自己在空间的位置,学会占有空间并合理地使用空间,对盲人非常重要。例如,以长绳为引导线,盲人直线走或跑;在他人陪同下,在生活或学习地区内进行短距离的快乐的散步,熟悉以后,盲人独立进行;教师站在某处,拍一下手,训练盲人找到教师;盲人滚出带音响的球,球停在某处后,盲人自己去找到这个球。

(二)聋人休闲体育

聋人可以参加多种体育活动,但是强烈旋转,增大头颅内压的运动应尽量避免。

1. 反应动作的练习

看教师的手势做向各方向移动的动作;看不同颜色的卡片做出相应的动作;双人"影人跑":学前面正常人的动作;看对方手势后,做出相反动作。

2. 协调性练习

原地拍球,转身拍球;直臂拍球,用手接球,跳起接球;用单手拍球;各种"耍球"练习:两脚开立,绕两脚做"∞"字绕环球;并腿直腿坐,球经脚一臀部绕环,分腿坐,再绕环;分腿站立,左右手互相传接球,或向上抛球后,双手击掌再接球。手指或抬平肘关节托住直立的木棍,可以原地踏步,也可以行进间做,使木棍不倒;坐姿双脚夹球,抛球自己用手接住;抛起球坐下后接住;或抛起球起立接住;左手或右手将静止的球拍起来。

3. 节奏感练习

有节奏地跳跃:按教师的手势,匀速而准确地跳跃。先是几人手拉手练习,然后个人独立练习。

4. 平衡练习

头顶轻物,臂侧平举,沿直(曲)线行走,轻物不掉下来;用球拍托球走或跑;单腿站立;前滚翻;平衡木上走或单腿站立等;绷床上跳跃等。

(三)截肢人休闲体育

截肢人可以参加田径、游泳、篮球、排球、乒乓球、舞蹈等多种体育活动。乘坐轮椅是下肢截肢人行动的主要方式,既可参加身体锻炼,又可参加体育竞赛。学驾驶轮椅,应使轮椅与身体紧密地结合为一体。轮椅一般用手驱动前进和制动,就当学会驱动、变向、转圈、上下坡和急停等技术。轮椅应在不同地面上行驶。老年人的轮椅后轮要大些,这样轮椅后倒时,扶手可以支在地上,上面乘坐者不致摔伤。截肢人要学会自己上轮椅。坐10分钟左右可用手支撑"站立"一段时间,一方面防止褥疮,另一方面可促进血液循环,提高机体平衡能力。乘轮椅出发时,轮子要正,不要打横。起

第十章 现代社会不同群体的休闲体育运动指导

动时要推大轮的辐条,移动3～5米时,再推小轮子;手轮处于髋关节水平部位为好。手用力要匀,不要突然发力;出发时,手在身体前边推辐条,否则轮椅前部要翘起来。轮椅转弯时外面手的力量要大些,身体向内倾斜。手握推手轮不要太紧,较好的方法是推一压一。乘坐轮椅可以参加打篮球、乒乓球以及舞蹈、田径等项活动。

(四)截瘫人休闲体育

截瘫是由于脊髓受伤所致。截瘫可影响肌肉逐渐萎缩、丧失有关的感觉和知觉、某些器官功能受损(如膀胱失控等)或失去某些活动能力等,严重的有生命危险。所以,外伤性截瘫者应积极进行早期抢救与合理治疗,加强护理工作,争取脊椎骨折、脱臼达到复位和脊髓功能早期最大限度地恢复。对脊髓功能未能得到恢复的人,应积极加强功能训练,开展康复活动,以促进麻痹肌肉的恢复,防止关节、韧带和附近肌腱粘连,保持肢体关节正常活动。

体育运动是一种良好的康复手段,对于促进全身肢体的血液循环和正常的新陈代谢、恢复机体及肢体的功能有积极作用。对于截瘫人,体育具有更重要的作用。卧床初期,活动急剧减少,机体代谢能力降低,内脏功能减弱,严重影响健康;情绪烦躁。影响正常的心理,康复体育有助于加强健康肌肉和麻痹肌肉的功能,增加腹压和腹肌的力量,排尿时借助腹压而减少残存尿量,有利于避免泌尿道感染;促进肢体肌肉群血液循环,增加肌肉血液回流量,有利于排出肌肉代谢产物,防止水肿发生,保证肌肉正常的生理活动,维持一定的紧张度和收缩力量;促进了关节周围组织的血液循环,加强新陈代谢,减少肌肉、韧带的互相粘连和水肿,并能使关节保持一定的灵活性和生理韧性,防止关节囊挛缩,保持关节正常的功能;可使骨骼和肌肉受到一定力量的牵张刺激,改善营养的供给,有利于调整体内正态平衡,防止钙质脱失,保持骨骼的正常结构及功能;增强工作和生活的信心。体质的康复与增强,良好心境的维持,人际交往的扩大,有利于增强对生活的乐趣、信心和勇气。截瘫病人体育活动以保持关节正常的结构功能为基本内容。

(五)脑瘫人休闲体育

脑瘫分为身体和精神上的障碍,轻者经过康复训练后,生活能够自理,严重者一生都需要监护。脑瘫病人临床上分为痉挛型、强直型、手足徐动型、共济失调型四种类型。体育是脑瘫病人康复的重要内容,国外学者提出的14种疗法是:按摩;被动活动;助力活动;主动活动;抗阻活动;条件活动;混合活动;复合活动;休息;松弛;松弛位活动;平衡;盼咐患者做握、取、放物品等动作;技能练习。

脑瘫病人的体育练习主要有协调练习,练习时不要有心理压力。走、跑练习,先练习增强踝关节肌肉韧带力量的动作;先沿直线行走(注意脚型正确),距离逐渐加长,然后过渡到能跑步。骑三轮车,脑瘫患者手能握把,要将脚固定在脚蹬子上。就能蹬车行进,直线或曲线均可。协调性和准确性练习,如摆放积木和插板练习;按照口令将手和足指向一定方向或放在一定的位置;向一定方向投球、踢球、滚球;与医务人员练接球、玩球、传球等。对于不能步行的患者,可以集体练习某些游戏性的动作,如在地板上滚圈;俯卧在垫子上成圆形,距离适当,互相传球等。还可以进行"球浴"(用许多颜色不同的小塑料球堆积到一起,患者在护理人员帮助下,在球堆中坐、爬或站)和"水浴"(用特制的浴盆,有人照料做各种肢体活动)。

三、残障人群休闲体育活动的特点和发展趋势

(一)残障人群休闲体育活动的特点

1. 适合残障人群开展的休闲体育活动

体育活动的项目有许多种类,残疾人体育中哪些适合残疾人体育活动,如何进一步开发一些残疾人喜爱的运动项目,是开展好残疾人体育工作的重要环节。在残疾人参加体育活动项目与正常人比较分析中,表现出了非竞技体育运动项目。除散步、跑步外,在参加竞技体育项目活动上的比率明显少于正常。由此可见,绝大多数竞技体育项目都不太适合残疾人参加,仅有一些健身体操、舞蹈、气功、棋类、太极拳等活动幅度和量都不大的项目,受到残疾人的喜爱。开发一些掷飞镖、握力、弹弹珠、门球、钓鱼、滚铁环等一些具有简单易学的休闲运动项目,以及根据民族特点演进而来的趣味性强的休闲体育项目,将会吸引残疾人积极参与。

2. 参加休闲体育运动的状态

目前,残疾人参加休闲运动的形式,主要以自发的、松散的、无序自由组合状态为主。要使其向主动的、较为严谨的、按照一定规律有组织的状态转变,是残疾人休闲运动开展过程中亟待解决的问题之一。这为我们大力普及残障人群休闲运动提供了重要参考依据。

3. 对身心的影响

残疾人参与休闲运动后,将会促进身体健康,增强体质,改善残疾人各器官的功能,增强生活自理能力,使其不断地挑战自我,发挥自我潜能,保

第十章 现代社会不同群体的休闲体育运动指导

持良好的工作状态,增强残疾人人际交往和沟通的机会,使他们回归主流社会,提高其生活质量,寻找乐趣,增加情趣,陶冶情操,使个体正常化,消除他们低人一等的心态,增强自信,树立自我观念,提高自我效能感。

4. 对休闲运动的科学化管理

在残疾人不参加体育活动的主要原因是没有兴趣,缺少活动场所和器材、没有时间、怕人讥笑不理解。我们应该创造条件,加强宣传力度,提高残疾人经济收入水平,吸引残疾人参与到休闲运动中来;并对休闲运动进行细化管理,组织细致,加强残疾人之间,残疾人和正常人之间的互动和交流,为深入普及和开展残疾人休闲运动发挥积极的作用。

(二)残障人群休闲体育活动的发展趋势

1. 以政府为主导

残障人事业的发展上政府是主导,国家应给予残障人体育组织一定的帮助,特别是在开展残障人体育运动、健身工作方面,政府负有保障计划实施和服务的责任。在与残障人体育相关的政治、经济政策的实施上高层和基层应协调配合加大执行力度,以提高残障人经济收入和生活待遇,保障残障人体育生活向更高方向发展。同时,各级政府应出台相应的优惠政策,鼓励企业和社会团体资助残障人参与体育健身活动,多方位筹集资金,保障和促进残疾人体育生活质量的提高。

国家在制定政策时,应充分考虑和保障残疾人的就业,提高他们的经济收入,使他们受到社会的尊重,为他们自觉地参加体育活动创造一个良好的工作环境和经济条件。社会、企业要有责任感,充分尊重和理解残疾人,为他们提供条件,帮助他们自食其力,自尊、自信、自强地生活。残疾人在参与体育和休闲活动过程中,应把竞技体育、大众体育和学校体育相结合,才能最终为实现"和谐社会"提供重要的推动力。特别是各级体委主管群体工作的部门和残联主管体育的部门要把残疾人休闲运动工作纳入议事日程,做到实处,组织社会力量全心全意地为残疾人体育和休闲活动的开展出力。

2. 社会参与相结合

残障人休闲体育的发展离不开社会大家庭。需要教育部门,社区加强残障人自身文化素质的教育,多组织与开展残障人休闲体育活动。同时,相关部门应充分利用电视、广播、杂志、报纸等大众传媒,宣传残障人休闲体育生活、大众健身方法,讲述残障人体育人生。开创残疾人体育生活专栏,创造良好的氛围,吸引更多的残疾人参与体育健身活动。使其自身明白体育健身的重要意义和价值。应该大力加强研究和开发符合残疾人运动规律的体育和休闲活动项目。吸收国外先进的理论与实践经验,好的形式和器材,为推动我国的残疾人休闲体育事业的发展打好基础。对参与企业、个人实行税收等部分优惠,引导和吸引他们的重视和参与,充分利用社会资金和力量,补充国家资金投入的不足。

3. 基础设施为保障

残障人参与体育活动的软件(体育活动指导员)、硬件(场地设施)已成为影响残障人体育生活重要因素,建议政府和有关主管部门在社区、公园修建有助残障人运动的体育场地设施,建立残障人活动中心,免费向残疾人开放,为残疾人的体育生活提供充足的硬件保障。同时,高等体育院校的运动人体科学、社会体育、特殊体育教育专业应增设残障人休闲体育健身课程,为残疾人体育健身培养专门人才。体育院校要开设残疾人休闲体育专业课程,开发适合的专门教材,对师资进行专门的专业培训,培养专门的特殊体育教师。提升对残疾人休闲运动的管理水平,鼓励和支持体育科研人员进行残疾人体质、机能水平、运动学习能力等方面的研究。

4. 构建残障人健身休闲服务体系

残障人体育缺乏有效的组织和管理,是阻碍开展的因素之一。就目前我国残障人参加健身体育活动的形式主要是以个人或自由组合形式为主,地市一级城市的残障人体育健身辅导站、健身协会等管理组织几乎是空白。必须采取有效的手段弥补。因此,构建残障人全面健身休闲服务体系十分必要。娱乐消费市场,改变这种体育消费结构不合理的现状。大力培养残疾人体育健身指导员,将休闲运动的内容纳入其中,并分级管理,提高他们的待遇条件,为残疾人休闲运动提供人员服务和指导的保障。

开发休闲体育多媒体视频、为特殊群体学习或康复治疗而改进或设计教具、为行动不便学生提供网上教学;特别教室、无障碍设施等应作为常规化设施而存在,保障特殊群体参与各种活动。辅助器具主要针对特殊个体差异,设计出符合他们身体特点的教学器具,比如针对盲人学生设计的带响声的乒乓球和特制乒乓球台、改变体积和重量的排球等,使他们最大程度上参与体育活动;利用计算机网络和多媒体辅助技术为特殊群体提供便利学习的同时,也增加获取知识和技能的途径;在场地、器材的设计方面,设计出更利于特殊群体出行和参与休闲体育活动的场地、辅助器材等。管理上坚持以人为本,体现人文关怀,可以利用学校社会实践的环节,培训大学生残疾人体育指导员,鼓励大学生利用假期,深入残疾人工作的一线,帮助特殊群体运用休闲运动进行康复或治疗。

参考文献

[1]李相如,凌平,卢锋.休闲体育概论[M].北京:高等教育出版社,2011.

[2]周兵.休闲体育[M].桂林:广西师范大学出版社,2005.

[3]李泰舞,吴小茂.休闲体育理论与实践[M].哈尔滨:哈尔滨地图出版社,2007.

[4]马惠娣.休闲、休闲体育、后北京奥运会[J].广州体育学院学报,2008(2).

[5]陈玉忠.论休闲体育与体育休闲[J].上海体育学院学报,2010,34(1).

[6]钱利安.休闲体育理论与实践调查研究[M].杭州:浙江大学出版社,2008.

[7]谢卫.休闲体育概论[M].成都:四川大学出版社,2014.

[8]胡小明,虞重干.体育休闲娱乐理论与实践[M].北京:高等教育出版社,2004.

[9]卢锋.休闲体育学[M].北京:人民体育出版社,2005.

[10]王宝军.基于文化社会学视角的当下休闲体育文化探析[J].体育与科学,2011,32(3).

[11]谭志丽.浅析体育与人的社会化[J].中北大学学报,2008(24).

[12]钟秉枢,李相如.中国休闲体育发展实践与探索[M].北京:北京体育大学出版社,2015.

[13]杨其冉.论我国当代休闲体育文化价值的实现条件[D].华中师范大学,2009.

[14]雷春杨.中西休闲体育文化比较分析[D].成都体育学院,2013.

[15]王德洪.现代休闲体育[M].北京:中国原子能出版社,2006.

[16]杨彬.多维视角下休闲体育的价值与发展研究[D].安徽师范大学,2005.

[17]何春林.构建和谐社会中休闲体育的发展对策研究[C].第十六届全国高校田径科研论文报告会论文专辑[A],2006.

[18]张群力,唐建忠,吴智林.户外休闲体育研究[M].哈尔滨:东北林业大学出版社,2007.

[19]张启明,俞金英.休闲体育经营与管理(第3版)[M].厦门:厦门大学出版社,2012.

[20]张宏,陈华.休闲体育管理[M].北京:中国人民大学出版社,2015.

[21]邢金善,续俊,田颖.时尚健身理论与运动方法[M].哈尔滨:东北林业大学出版社,2008.

[22]李恩荆,曹东平,王大平.太极柔力球与小球运动[M].武汉:华中师范大学出版社,2007.

[23]张斌.瑜伽基础入门大全[M].北京:科学技术文献出版社,2012.

[24]张选惠.民族传统体育概论[M].北京:人民体育出版社,2005.

[25]曲小锋,罗平,白永恒.民族传统体育研究[M].北京:中国商务出版社,2007.

[26]江雯等.运动无极限——休闲运动大全[M].呼和浩特:内蒙古人民出版社,2003.

[27]杨汉.山地户外运动[M].武汉:中国地质大学出版社,2006.

[28]邹纯学,李远乐.户外运动[M].长沙:湖南科学技术出版社,2005.

[29]董立.大学生户外运动[M].成都:西南交通大学出版社,2010.